GARY CHAPMAN

EL AMOR COMO FORMA DE VIDA

Gary Chapman es un ministro ordenado y consejero matrimonial. Es el autor del bestseller *Los cinco lenguajes del amor*, que ha vendido más de cuatro millones de copias y fue el primero de una popular serie de libros sobre los lenguajes del amor. Es el presentador de un programa de radio y un solicitado conferenciante. Vive en Winston-Salem, Carolina del Norte.

EL AMOR COMO FORMA DE VIDA

El amor

COMO FORMA DE VIDA

SIETE CLAVES PARA
TRANSFORMAR SU VIDA

GARY CHAPMAN
Traducción de Joan Quesada

VINTAGE ESPAÑOL
Una división de Random House, Inc.
Nueva York

PRIMERA EDICIÓN VINTAGE ESPAÑOL, NOVIEMBRE 2008

Copyright de la traducción © 2008 por Joan Quesada Navidad

Todos los derechos reservados. Publicado en los Estados Unidos de América por Vintage Español, una división de Random House, Inc., Nueva York y en Canadá por Random House of Canada Limited, Toronto. Originalmente publicado en inglés en EE.UU. como *Love as a Way of Life*, por Doubleday y WaterBrook Multnomah, sellos de The Doubleday Publishing Group, una división de Random House, Inc., Nueva York, en 2008. Copyright © 2008 por Gary Chapman. Traducción cedida por Ediciones Urano, S. A., Barcelona.

Vintage es una marca registrada y Vintage Español y su colofón son marcas de Random House, Inc.

Información de catalogación de publicaciones disponible en la Biblioteca del Congreso de los Estados Unidos.

Vintage ISBN: 978-0-307-45457-7

www.grupodelectura.com

Impreso en los Estados Unidos de América
10 9 8 7 6 5 4 3 2 1

A Davy Grace, Elliot Isaac y a los niños de su generación,
con la esperanza de que puedan crear
un mundo donde el amor sea una forma de vida.

Índice

Agradecimientos

No podría haber escrito este libro sin los montones de personas que me han enseñado el amor como forma de vida. Mi primera impresión del amor vino de mis papás, Sam y Grace. Mientras mi papá ya murió, sigo intentando devolverle a mi mamá el amor que ella me dio. Karolyn, mi esposa durante más de cuatro décadas, ha sido mi más íntima fuente de amor. Habla mis lenguajes del amor, y lo hace sin forzar. Las vidas de amor de mis dos hijos, Shelley y Derek, me proporcionan una gran satisfacción. Nada puede hacer más feliz a un papá.

Estoy en deuda con Jim Bell, quien no solo compartió la idea del libro, pero además me apoyó en cada giro del camino. Tricia Kube ha sido mi asistente durante veintiséis años. Computerizó el manuscrito y, como siempre, manejó los detalles administrativos dejando que yo me concentrara en la escritura. Kay Tatum fue de inmensa ayuda en el área técnica.

En el proceso de escritura, Elisa Fryiling Stanford compartió sus habilidades editoriales y narrativas para darle cohesión al manuscrito. Trace Murphy y el equipo editorial de Doubleday hicieron un trabajo excepcional al darle forma al producto final.

También debo agradecer a la mucha gente que ha compartido conmigo sus observaciones sobre el amor a través del camino de la vida. En mis seminarios y en Internet, he pedido historias de gente que han "cazado" a otros expresando el amor como forma de vida. Después de todo, son los ejemplos de la "vida real" los que nos tocan el corazón y nos motivan a aspirar al amor. Sin su ayuda, este libro no tendría vida. Espero que sean recompensados al ver sus historias animando a otros a buscar el amor como forma de vida.

Introducción

Al subir al avión en Phoenix, mi hija Shelley y yo sentíamos que habíamos tenido suerte de que nos hubieran colocado en primera clase. Sin embargo, a mí me habían dado el asiento 4A y a mi hija el 7A, ambos junto a la ventana. Los veintiocho asientos de primera clase estaban llenos, así que esperábamos que alguien fuera tan amable de cambiarnos el asiento para poder estar juntos en un vuelo que duraba veinticuatro horas.

Shelley le preguntó al hombre que tenía el asiento de pasillo junto al 7A:

—¿Le importaría cambiar su asiento para que pueda sentarme con mi padre?

—¿Es un asiento de pasillo? —respondió el hombre.

—No, de ventana.

—Lo siento, pero no —dijo él—. No me gusta tener que pasar por encima de la gente para salir.

—Lo comprendo —contestó Shelley, y se sentó en el asiento que le había tocado.

Poco después llegó el hombre al que le habían asignado el asiento de pasillo que había junto al mío, y le dije:

—¿Le gustaría sentarse en el 7A para que mi hija y yo podamos estar juntos?

Miró hacia el asiento 7A y dijo:

—Será un placer.

—Se lo agradezco mucho —contesté.

—No es ningún problema —respondió él, con una sonrisa, mientras recogía el periódico y se dirigía hacia el 7A.

Un rato después reflexionaba sobre lo sucedido. ¿Cómo se explicaban las dos respuestas distintas? Ambos hombres tenían más o menos la misma edad: cincuenta y muchos o sesenta y pocos, suponía. Ambos iban vestidos como hombres de negocios. Sin embargo, uno de ellos se había aferrado tenazmente a su asiento de pasillo, mientras que el otro había cedido libremente el pasillo para satisfacer nuestros deseos.

¿Podía ser que uno de los hombres tuviera una hija y el otro no? ¿Era tal vez que el hombre que había cedido libremente el asiento prefería en realidad un asiento de ventana? ¿O era simplemente que habían ido a distintos parvularios y tenían madres diferentes? ¿Acaso a uno lo habían enseñado a compartir y ayudar a la gente, mientras que el otro había aprendido a luchar por ser "el número uno"? ¿Tal vez uno tenía un gen del amor que el otro no había heredado?

Durante décadas he observado casos parecidos, de mayor o menor importancia, y me he preguntado: ¿cuál es la diferencia entre las personas que regalan amor y las que raras veces muestran una actitud de interés y preocupación por los demás? ¿Cuáles son las cualidades de las personas que demuestran amor? ¿Cómo se han desarrollado esos rasgos de carácter?

El año pasado, en un intento de responder a todas esas preguntas, hice un viaje por todo el país para observar los comportamientos, hablar con la gente, leer los estudios existentes y examinar las enseñanzas y prácticas religiosas. También me he basado en mis treinta y cinco años de experiencia como asesor matrimonial y familiar.

A lo largo del presente estudio sobre el amor, he dado nombre a las que creo que son las siete cualidades de una persona amante:

- La amabilidad
- La paciencia
- El perdón
- La cortesía

- La humildad
- La generosidad
- La sinceridad

Esas siete cualidades no consisten en sentimientos vagos ni buenas intenciones. Son hábitos que aprendemos a practicar cuando decidimos transformarnos en personas que aman genuinamente. Son cualidades prácticas y fundamentales que podemos hacer efectivas en la vida diaria. Sin embargo, el resultado de convertir esas cualidades en un hábito es extraordinario: la satisfacción en nuestras relaciones.

El amor tiene múltiples caras. Es como un diamante, que tiene muchas superficies pero una sola belleza. De forma parecida, cuando aunamos las siete cualidades esenciales del amor, el resultado es una persona que ama verdaderamente. Todas y cada una de las cualidades son indispensables. Si a tus relaciones les falta una de ellas, les falta algo importante.

Creo que esas siete cualidades son la clave, no solo para tener éxito en las relaciones, sino para tener éxito en la vida, ya que la única forma de encontrar la verdadera satisfacción en la vida es amar bien a los demás.

Cómo utilizar este libro

En *El amor como forma de vida* encontrarás numerosas historias de personas de todo el país que han descubierto, o intentan descubrir, la dicha de hacer realidad las siete cualidades de la persona que ama. Encontrarás también ideas prácticas sobre cómo desarrollar esas cualidades en tu propia vida. Te sugiero que no te precipites en leer apresuradamente el libro, sino que te tomes el tiempo necesario para explorar cada una de las facetas del amor en todos los tipos de relación que hay en tu vida. Teniendo eso presente, fíjate por favor que cada uno de los capítulos de la Segunda Parte incluye los siguientes elementos:

- *Un cuestionario.* Una sencilla autoevaluación que te incitará a pensar detenidamente en la presencia que una en particular de las siete cualidades mencionadas tiene en tu vida. Te aconsejo que contestes el cuestionario antes de leer el capítulo, para que, de ese modo, puedas estar atento a los puntos fuertes y débiles de tus relaciones mientras lees sobre ese rasgo de carácter en particular.

- *Una nueva definición.* Al principio de cada capítulo ofrezco mi propia definición de una de esas cualidades desde la perspectiva del amor auténtico.

- *Hábitos a adquirir.* Dado que cada una de las siete cualidades de la persona que ama de verdad es un hábito, para llegar a comportarse de acuerdo con dicha cualidad en la vida diaria hay que apoyarse en hábitos más pequeños. Los cuadros que aparecen a lo largo del capítulo te ofrecen ideas sobre cómo hacer que la idea del amor verdadero se haga realidad en tu vida.

- *Rivales.* No necesitaríamos un libro sobre el amor si en nuestras relaciones no hubiera emociones, debilidades personales y circunstancias que nos superan. Cada una de esas siete cualidades del carácter de una persona cuenta con muchos rivales, o enemigos, pero normalmente hay uno que sobresale. En esta sección de cada uno de los capítulos, examino brevemente una de las cosas que podrían estar dificultando el desarrollo de una cualidad determinada en la vida diaria. Cuando estamos prevenidos sobre cuáles son los rivales del amor, aumenta nuestra capacidad para superarlos.

- *"¿Cómo sería tu relación si...?"* A lo largo de mi vida, he descubierto que es útil soñar con cómo podrían ser las cosas y, después, intentar hacer realidad esos sueños. Esta sección, al final de cada capítulo, te anima a cobrar conciencia de lo distintas que pueden ser tus relaciones si introduces algunos cambios, por pequeños que sean, en la forma que tienes de relacionarte con los demás.

- **Adáptalo a tu vida.** Tanto si lees el libro solo, como si compartes este viaje con un grupo de personas, las preguntas que aparecen al final de cada capítulo te ayudarán a reflexionar sobre la relación específica que guarda el tema del capítulo con tu propia vida. Dado que el objetivo de este libro es, no solo que aprendas sobre el amor, sino que te conviertas en una persona que ama de verdad, al final de esta sección te ofrezco también algunas sugerencias para tu propio desarrollo personal.

El *amor como forma de vida* va dirigido a todo aquel que desee tener unas mejores relaciones y tener éxito en la vida. No hay nada con mayor potencial para hacer de este un mundo mejor que los actos de amor que emanan de quienes realmente valoran sus relaciones. Y, tal y como descubriremos, no hay nada que haga más felices a las personas que el hecho de recibir de los demás verdadero amor.

El libro no está escrito en el lenguaje técnico de la psicología o la sociología, sino en el lenguaje de los hombres y mujeres comunes. Creo que son las personas comunes, como tú y como yo, las que tienen la clave para crear un mundo en el que las relaciones se valoren por encima de todo lo demás, en el que servir a los demás sea un hecho normal y sea lo que se espere de las personas, en el que los niños crezcan en el respeto mutuo... incluso en el amor mutuo. No es un sueño imposible. Es en realidad un sueño al alcance de todos y cada uno de nosotros.

Primera parte

¿POR QUÉ DESEAMOS AMAR?

CAPÍTULO 1

La satisfacción de una vida de amor

Una de las más bellas compensaciones de esta vida es que ningún hombre puede tratar de ayudar a otro sinceramente sin ayudarse a sí mismo.
—RALPH WALDO EMERSON

Eres una persona que tiene múltiples relaciones. Entre ellas, es posible que haya vecinos, colegas de trabajo, hijos, una esposa o un esposo, padres, hermanos y amigos. Sin duda, entre tus relaciones figuran el dependiente de la tienda de comestibles, el hombre que acaba de venir a arreglar la instalación del agua e, incluso, la mujer que ayer por la noche llamó a tu puerta mientras cenabas para que "echaras un vistazo rápido" a lo que traía, aunque no es que quisiera "venderte nada". De hecho, tienes algún tipo de relación con todas las personas con las que interactúas a diario.

Si eres como la mayoría de personas, quieres tener las mejores relaciones posibles. Sin embargo, es probable que ya hayas descubierto lo difícil que pueden ser las relaciones. A menudo tenemos diferencias sobre quién utiliza el auto, quién lava los platos o, incluso, por qué alguien se ha dejado la cafetera eléctrica encendida toda la noche en la sala de descanso en el trabajo.

Cuando las relaciones cercanas se vuelven tirantes, te preguntas si no te falta algo, algo que tal vez otras personas han encontrado. Si amar es importante, y tú sabes que de verdad amas a alguien, ¿por qué la relación sigue resultando dolorosa?

El éxito verdadero

En mi agencia de asesoría, he oído a cientos de personas compartir sus historias de relaciones truncadas y sueños rotos. Sin ir más lejos, la semana pasada un hombre me decía: "Nunca pensé que estaría así a los cuarenta y dos años. Me he separado de dos mujeres, veo poquísimo a mis hijos y no tengo ningún objetivo en la vida".

La mayoría de nosotros emprendemos nuestro viaje de adultos con grandes aspiraciones. Nuestras expectativas son trabajar mucho, ganar dinero, acumular cosas, tener una familia que nos quiera y disfrutar de la vida. Para muchas personas, todos esos sueños se transforman en pesadillas antes de llegar a la mitad de la vida. El mensaje de esperanza que he procurado compartir en mi asesoría a lo largo de los años es que la vida no se acaba hasta que nos llega el final. Hoy mismo puedes hacer que tu vida tome un rumbo positivo.

Creo que la clave del éxito está en descubrir el poder de amar a los demás. ¿Qué significa en verdad tener éxito? Parece que cada persona tiene una respuesta distinta: dinero, ascensos, fama, un trabajo estable, ser un vencedor. Todas ellas son aspiraciones legítimas, pero ¿qué es lo que nos proporciona un sentimiento de verdadera realización? Mi definición de éxito consiste en: "dejar tu rincón en este mundo mejor que lo encontraste". Tu "rincón" tal vez sea una localidad, o un barrio de una ciudad, o puede que te lleve a docenas de ciudades. Sea cual sea tu esfera de influencia, cuando lo que pretendes es enriquecer la vida de los demás, encuentras la forma de éxito que mayor satisfacción proporciona.

Lo cierto es que estás hecho para sostener relaciones. Experimentar la riqueza de una relación de amor es mejor que cualquier otra cosa que te puedan aportar el dinero, la fama o el prestigio profesional. Si en estos momentos la palabra "amor" te parece nebulosa, espero que este libro te ayude a entender en qué consiste el amor en la vida de cada día. Cuando amamos a los demás porque los valoramos como individuos, la dicha que sentimos es inigualable.

> Cuando lo que pretendes es enriquecer la vida de los demás, encuentras la forma de éxito que mayor satisfacción proporciona.

¿Por qué un libro más sobre el amor?

La clave para sentirse dichoso de amar a los demás está en centrarse en dar amor, y no en recibirlo. Es sobre todo esa realidad la que me ha llevado a añadir un libro más sobre el amor a los miles de artículos y cientos de libros que se han escrito sobre el tema en los últimos cincuenta años. La mayoría de lo que se ha escrito se centra en "cómo lograr el amor deseado". Recibir amor es una de las preciadas consecuencias de amar a los demás, pero la pura dicha de amar procede antes de tener una actitud amorosa hacia los demás, sin importar lo que obtenemos a cambio.

UNA ACTITUD AMOROSA

Hace más de una década, escribí un libro sobre cómo expresar efectivamente el amor en nuestras relaciones. *Los cinco lenguajes del amor* ha vendido ya más de cuatro millones de ejemplares en los Estados Unidos y ha sido traducido a más de treinta y cinco idiomas de todo el mundo.[1] En dicho libro examinaba básicamente las formas en que damos y recibimos amor:

- Palabras de afirmación
- Tiempo de calidad
- Recibir regalos
- Actos de servicio
- Contacto físico

Todos hablamos un cierto lenguaje con más naturalidad que otros. Si hablamos el lenguaje amoroso de otra persona, esta se sentirá amada. Si no conseguimos hablar su lenguaje, se sentirá falta de amor aunque hablemos alguno de los otros lenguajes del amor.

Las respuestas de los lectores me han animado enormemente. Miles de ellos me han escrito para decirme efectivamente "gracias por ayudarme a hacer lo que siempre he querido hacer: amar bien a los demás".

Lo que me ha inquietado es la cantidad de personas que me han señalado que entienden el concepto de los lenguajes del amor, pero no tienen ganas de aprender el lenguaje amoroso de las personas de la familia. Hubo un marido que me dijo en tono desafiante: "Si es necesario lavarle los platos, pasarle la aspiradora y lavarle la ropa a mi mujer para que se sienta amada, olvídate". Sabía lo que había que saber con respecto al amor, pero no tenía una actitud amorosa.

Yo suponía que, si las personas sabían cómo expresar su amor de forma efectiva, estarían deseosas de hacerlo. Ahora me doy cuenta de que dicha suposición estaba equivocada. Los lenguajes del amor son formas importantes de transmitir amor, pero si carecen de base, las palabras y las acciones están vacías.

Las siete cualidades de la persona que ama de verdad no son un añadido a los cinco lenguajes del amor. Son los cimientos del lenguaje cotidiano del amor. Para amar de modo efectivo en cualquier relación, es necesario practicar esos siete hábitos a fin de cultivar una actitud amorosa en las interacciones más cotidianas.

LA VÍA HACIA LA EXCELENCIA

Estoy convencido de que la mayoría de nosotros queremos amar mejor. No solo queremos preocuparnos por los demás, sino también amarlos de forma genuina en todas nuestras interacciones. Nos sentimos a gusto con nosotros mismos cuando empleamos nuestra energía en ayudar a los demás. Nos parece justo y noble. Nos sentimos mal cuando pensamos en las acciones que hemos hecho de forma egoísta.

Cuando ya todo está dicho y hecho, las personas que llegan más satisfechas a la vejez son las que han invertido la vida en regalar amor. Tal vez sean personas que han acumulado grandes riquezas, o quizás vivan con pocos ingresos. Tal vez ocupen una posición notoria, o quizás sean personas desconocidas para el mundo en general. Pero si han invertido sus esfuerzos en hacer que el mundo sea un lugar más habitable, llevan en la cara una radiante sonrisa de satisfacción. Desconozco los detalles de la vida de mis lectores, pero sé que cuando las siete cualidades de la persona que ama pasen a ser parte natural de su forma de relacionarse con los demás, entonces encontrarán esa clase de dicha.

Mi deseo es que *El amor como forma de vida* ayude a que el marido que dijo "olvídate" al hecho de amar a su esposa se dé cuenta de que el amor es la vía a la excelencia. Espero que a ti, lector, te ayude a descubrir lo mismo. Como alguien dijo una vez: Todos amamos a las personas que aman de verdad. Una vida excesivamente centrada en uno mismo nos deja solos y vacíos. El amor como forma de vida nos proporciona la mayor satisfacción posible.

El significado del amor auténtico

El significado de palabras como "amor" y "amar" puede resultar confuso, ya que se utilizan en sentidos muy distintos. Las usamos en frases como "por el amor de Dios", "hacer el amor", "por amor al arte", "de mil amores" o "mi mamá me ama". En una noche romántica, hay quien dice: "Te amo". Las personas hablan incluso de "enamorarse".

El amor no es una emoción que nos asalta ni un objetivo difícil de alcanzar que depende de las acciones de los demás. El amor auténtico es algo que está dentro de nuestras capacidades, que se origina en nuestras actitudes y culmina con nuestras acciones. Si pensamos en el amor como en un sentimiento, nos sentiremos frustrados cuando no siempre seamos capaces de despertar dicho sentimiento. Cuando nos damos cuenta de que el amor es ante todo una forma de actuar, entonces estamos preparados para usar las herramientas de que disponemos para amar mejor.

El amor auténtico extrae lo mejor de nosotros, la persona que queremos llegar a ser.

LA BELLEZA DEL AMOR AUTÉNTICO

El amor auténtico es tan simple y tan real como el tipo de amor que hace falta para escuchar a un empleado que tiene un día difícil, para llevar a los hijos a una cena de celebración de la vuelta al colegio a finales de agosto, para donar dinero a los bomberos locales, para elogiar a un amigo, para frotarle cariñosamente la espalda a tu cónyuge antes de ir a dormir o para limpiar la cocina para tu compañero de piso cuando estás cansado después de un largo día de trabajo.

El amor auténtico puede ser tan osado como el tipo de amor que motiva a personas como Ruby Jones, de Nueva Orleans. Esta enfermera de sesenta y siete años optó por resistir al huracán Katrina con sus ocho pacientes moribundos en la unidad de enfermos terminales del Centro Médico Lindy Boggs cuando la tormenta alcanzó las costas de la ciudad. "No quieras ser *superwoman*", le dijeron sus hijos. Ruby solo pretendía cumplir con su obligación. Acudió el domingo a trabajar y no salió de allí hasta el jueves, cuando evacuaron a los pacientes. Cuando la tormenta rompía las ventanas y abría las puertas, ella les decía a sus pacientes: "Estamos aquí con ustedes y no los vamos a dejar solos". Cuando el centro médico se quedó sin electricidad ni agua potable y empezó a inundarse, Jones siguió bañando a las personas que tenía a su cuidado, dándoles de comer y curándoles las heridas. Cuando abandonó el lugar el jueves, después de que sus pacientes hubieran sido evacuados, tenía hambre y sed, pero había mantenido la promesa de estar con ellos hasta el final. En los momentos más angustiosos, lo que la mantenía en pie era el amor que sentía por sus pacientes.[2]

Hace poco visité a una madre de cincuenta y dos años con cinco hijos que se estaba muriendo de cáncer. Llevaba años observándola y pensaba que era una de las personas con más amor que había conocido nunca. Se enfrentaba a la muerte con realismo, pero con un espíritu positivo. Nunca olvidaré lo que me dijo: "He enseñado a mis hijos a vivir. Ahora quiero enseñarlos a morir". El amor auténtico ve incluso en la muerte una oportunidad para amar a los demás.

ESCOGER AMAR

Es verdad que las personas que viven una vida de amor no están exentas de las dificultades que presenta la vida. Si alguien te ha dicho que el amor aliviará todos tus problemas, te han informado mal. La historia muestra que muchas personas, incluso las que más aman, no solo han tenido que sufrir terremotos, inundaciones, tornados, huracanes, accidentes de auto, enfermedades y otras aflicciones, sino que también han sido perseguidas por defender una vida llena de amor.

¿Cómo puede alguien soportar todo ese dolor y, aun así, mantener vivo el deseo de perseguir una vida repleta de amor? Es a veces en medio de las dificultades cuando encontramos la mejor oportunidad para experimentar y compartir el amor. Una de las cosas buenas que tiene vivir una vida llena de amor es que nuestra satisfacción no depende de las circunstancias. Somos dichosos cuando elegimos amar a los demás, tanto si estos nos dan su amor a cambio, como si no, y tanto si las cosas van como deseamos, como si no.

El amor puede ir acompañado de un sentimiento de compasión por las personas a las que ayudamos, pero, por encima de eso, el amor es una actitud que resulta del hecho de decir: "Yo elijo centrar mi vida en ayudar a los demás".

AMOR RADICAL

Cuando amamos de forma auténtica, nos damos cuenta de lo radical que puede llegar a ser el verdadero amor. Basta con el amor para transformar toda una superpotencia. Por ejemplo, ocupándose de los pobres y amando incluso a sus enemigos, los cristianos se sobrepusieron en sus primeros siglos a una cultura decadente y egocéntrica. Empezaron amándose en las cosas pequeñas, compartiendo sus posesiones y la comida y mostrando compasión hacia las mujeres, los niños y otras personas marginadas en la época. La cultura decadente y ansiosa de poder del Imperio romano acabó aceptando a la nueva secta porque quienes la observaban decían: "Mira cómo se aman los unos a los otros".

Servir a los demás va en contra de la norma cultural consistente en dar para recibir. Tal vez no encajemos en el mundo que nos rodea cuando decidimos amar a los demás, pero el amor auténtico nos proporciona la oportunidad de descubrir una dicha más profunda que la que pueden darnos las formas habituales de actuar que hay en el mundo.

Una cuestión de supervivencia

Todo eso tal vez suene muy bien, pero, en un mundo de constantes conflictos, ¿realmente tiene el amor oportunidad alguna de prosperar? Los periódicos y la televisión están llenos todos los días de noticias que nos hablan de las crueldades entre los hombres, gran parte perpetradas en nombre de la religión o de la codicia individual. Basta con mirar cualquier programa coloquio para ver que se ha perdido el arte del diálogo significativo. Cualquier programa de noticias nos recuerda el poco respeto que mostramos hacia quienes no están de acuerdo con nosotros. Políticos y líderes religiosos parece que pasan la mayor parte del tiempo a la ofensiva y raras veces están dispuestos a escucharse entre sí.

Creo que no sólo el amor tiene la oportunidad de prosperar en este mundo, sino que, de hecho, es nuestra única oportunidad. Si somos capaces de llegar a respetarnos como seres humanos que se necesitan el uno al otro y si escogemos la opción de estar atentos al bienestar mutuo, nuestro potencial para el bien es ilimitado. Si, por el contrario, fracasamos a la hora de adoptar dicha actitud, perderemos la dignidad y utilizaremos los avances tecnológicos de los últimos cincuenta años para destruirnos. Si pensamos resolver los problemas de nuestra sociedad global, necesitamos el respeto y el diálogo significativo que emanan del amor.

¿Realmente va a cambiar el mundo el hecho de comprarle un cuenco de sopa a una mujer sin techo, o de llevar a tu hija al parque, o de llevar a un compañero de trabajo con tu auto al mecánico cuando se le ha averiado el suyo? La respuesta es un sí rotundo. Tal vez tengamos una idea más elevada de lo que significa amar, cosas como hacer un enorme sacrificio de tiempo o de dinero, o incluso dar la propia vida, pero ¿por qué deberíamos de estar dispuestos a morir por alguien cuando ni siquiera somos capaces de llenarle el depósito de gasolina? Cada una de las cualidades del amor auténtico empieza por las cosas pequeñas.

Si todos nos convertimos en personas que aman de manera auténtica, podemos cambiar un mundo lleno de conflictos. El amor no es solo una opción realista, sino la única esperanza que tenemos de sobrevivir.

Si de verdad quieres amar a alguien, empieza por las cosas pequeñas.

¿Cómo acrecentar el amor?

Independientemente de cuál sea nuestro pasado, sin esfuerzo es imposible llegar a ser una persona que ama de verdad. Hay algo en nuestro carácter humano que se opone a nuestro deseo de amar de manera auténtica.

Podríamos considerar que la parte de nuestra naturaleza que sitúa nuestro propio bienestar por encima del de los demás es nuestro yo falso. El impulso egocéntrico de ese yo falso es tan dominante que, para muchos, se ha convertido en una forma de vida. Es por eso por lo que, cuando las personas que aman de verdad, como algunas de las que encontraremos a lo largo de este libro, hacen su aparición, nos sentimos atraídos hacia ellas. Esas personas que aman genuinamente realizan con su comportamiento la parte de nuestra naturaleza que nos impulsa a amar a los demás. Ese yo verdadero sirve a los demás porque solo cuando servimos a los demás encontramos la verdadera satisfacción en nuestras relaciones. Tanto si somos conscientes de ello como si no, cuando actuamos sin amor, no estamos siendo sinceros con la esencia de nuestra propia identidad. Como estamos hechos para sostener relaciones, cuando le ofrecemos a alguien un amor auténtico, estamos siendo la persona que en realidad somos.

Cultivar las siete cualidades del amor nos ayuda a construir las relaciones más sólidas que es posible construir gracias a la actitud que llegamos a adoptar, a nuestra forma de vida y a nuestras acciones. Cuando no acertamos a valorar nuestras relaciones según nos dictan esas siete cualidades, entonces somos negativos hacia los demás, nos sentimos inquietos y adoptamos un comportamiento de ataque o de defensa.

Cuando decidimos amar de manera auténtica, nuestro corazón se transforma y de él empieza a emanar de una forma más natural un deseo de acrecentar nuestro amor y mostrar nuestro yo verdadero. El papel que deberíamos adoptar es el de abrir nuestro corazón y nuestra mente cada día para recibir amor, y buscar oportunidades para compartirlo con los demás. Cuanto más lo hagamos, más fácil nos será amar a los demás.

EL PODER DEL AMOR AUTÉNTICO

El político Lee Atwater es un ejemplo de persona que ha aprendido a vivir según su yo verdadero. En la década de 1980, era un exitoso asesor del Partido Republicano en la escala nacional. Su enfoque consistía en arruinar la reputación de sus enemigos políticos sembrando historias denigrantes en los medios de comunicación. En mitad de su carrera política, le diagnosticaron una enfermedad mortal. Antes de morir, llamó y escribió a las personas a las que había atacado para pedirles perdón y expresarles su arrepentimiento por lo que había hecho.

Uno de los destinatarios de sus cartas era un político del Partido Demócrata cuya vida política había quedado prácticamente destruida cuando Atwater había desvelado un episodio de su pasado. En su carta a dicho político, Atwater le decía: "Es muy importante para mí que sepa que, de todo lo que me ha pasado a lo largo de mi carrera, uno de los puntos más bajos ha sido [ese] episodio".

El político demócrata quedó profundamente conmovido por las disculpas de Atwater. Más tarde acudió al funeral de Atwater y dijo: "Espero que los asesores políticos más jóvenes que imitan la táctica de Atwater, consistente en destacar los puntos negativos de sus oponentes con una política de miedo, se den cuenta de que, al enfrentarse a la muerte, este se convirtió [...] en defensor de la política del amor y la reconciliación".[3] Atwater nos recuerda la dicha y la riqueza de nuestras relaciones cuando escogemos actuar según nuestro yo verdadero y expresar auténtico amor.

Lo que yo espero es que, al avanzar por la vía del amor auténtico, sientas la alegría de ver cómo se transforman tanto tus actitudes como tus comportamientos. El viaje hacia un nivel de amor más elevado no se acaba con la última página de este libro, sino que el hecho de leer estos relatos sobre las siete cualidades de la persona que ama de verdad lo que te permitirá es probar los frutos del amor y no contentarte nunca más con la mediocridad de una forma de vida egocéntrica. Si lo consigues, el hecho de establecer unas relaciones de autenticidad se convertirá en un hábito tal que la mayor dicha que conocerás será la de hacer del amor una forma de vida.

Adáptalo a tu vida

¿Estás listo para iniciar el viaje? Si es así, tal vez quieras firmar el siguiente compromiso.

"Me comprometo a leer y descubrir las siete cualidades del amor que se discuten en este libro. Intentaré cultivar mi corazón con el amor a los demás. Quiero amar a los demás igual que yo, a mi vez, merezco ser amado".

Nombre_____Fecha _____

1. ¿Cómo definirías el éxito? ¿Cómo refleja tu vida actual tu forma de entender el éxito?
2. ¿En qué medida dirías que dedicas ahora tu vida a expresar amor hacia los demás?
3. ¿Puedes recordar un acto de amor específico que hayas realizado la semana pasada? ¿Cómo te hace sentir lo que hiciste?
4. De las siete cualidades de la persona que ama auténticamente —amabilidad, paciencia, capacidad de perdón, humildad, cortesía, generosidad y sinceridad—, ¿cuál te resulta ahora mismo más natural? ¿Cuál de ellas te supone un mayor esfuerzo?

Segunda parte

LOS SIETE SECRETOS PARA AMAR

CAPÍTULO 2

La amabilidad

**DESCUBRIR LA DICHA DE PENSAR EN LOS DEMÁS
ANTES QUE EN TI MISMO**

*No hay ningún acto de amabilidad, por pequeño que sea,
que se pierda.*

—ATRIBUIDO A ESOPO

"Siempre me han atraído las personas excluidas", dice Sylvia.
"Cuando lo vi entrar el primer día, hice todo lo que pude para encontrar la manera de saludarlo. Tenía un aspecto tan dejado que
me sentía atraída por él".

A sus más de cincuenta años, James pasaba la mayor parte
del tiempo durmiendo y bebiendo. No tenía casa, pero el refu-
gio de la zona no aceptaba a las personas dadas a la bebida. Así
pues, James, con un pequeño grupo de amigos, dormía en el
parque de la localidad. Empezó a trabajar en el despacho donde
trabajaba Sylvia después de que una pareja que ayudaba a las
personas sin techo que había en la comunidad lo ayudara a encontrar trabajo.

Sylvia, una mujer ya con nietos, llena de energía y que trabajaba de recepcionista a media jornada, decidió que procuraría pasar un rato con James cada vez que fuera a la oficina. Él le hablaba
de su familia y de su pasado, y poco a poco se fueron conociendo
mejor.

Cuando James le dijo a Sylvia que se iba a Nuevo México
una temporada, Sylvia no estaba segura de volver a verlo jamás.
Cuatro meses después, James volvió con una noticia: tenía cáncer. Había ido a despedirse de su madre, pero lo había echado.
Ahora, solo y asustado, había vuelto a la ciudad.

"Estuvo viviendo un tiempo en un motel destartalado porque
no estaba lo bastante enfermo para ingresar en el hospital", re-

cuerda Sylvia, "pero pocos meses después ingresó en una clínica con la ayuda del gobierno".

Como nadie de su familia visitaba a James, Sylvia empezó a visitarlo regularmente mientras su salud iba decayendo. Hablaban de los recuerdos de la infancia y de los sueños que tenía sobre el cielo. Hablaban con absoluta libertad de sus miedos y esperanzas con respecto a la muerte. Con el paso de los meses, Sylvia veía cómo el cuerpo se le iba deteriorando y aumentaban los dolores. Cuando James estaba demasiado débil para hablar, Sylvia lo cogía de la mano y le cantaba. Cuando murió, Sylvia era la única persona que había a su lado.

"No recuerdo pensar que estaba siendo amable con él", recuerda ahora. "Se trataba tan solo de hacer lo que había que hacer. Le hablaba. Escuchaba lo que me decía. Hay tantas personas solas en el mundo. No quería que James también lo estuviera".

Ser amable implica reconocer la presencia de los demás y darse cuenta de sus necesidades. Implica apreciar el valor de todas y cada una de las personas que conocemos. E, igual que los demás rasgos de la persona que ama, la amabilidad puede ser mucho más sencilla y más poderosa de lo que creemos.

¿Tengo el hábito de ser amable?

Mientras respondes al siguiente cuestionario de autoevaluación, piensa en las palabras y acciones más habituales en ti. Verás rápidamente que, para ser una persona que ama de verdad, el objetivo es que la respuesta más natural a todas las preguntas sea la respuesta c. Aun así, es importante que seas consciente de dónde estás ahora para dar los pasos necesarios para amar de forma más auténtica.

1. Cuando estoy en un lugar público, como una tienda de ropa...
a. veo que salto enseguida contra todo el que me molesta.
b. procuro relacionarme con las mínimas personas posibles.
c. disfruto con cualquier ocasión que tengo de sonreír a los demás.

2. Cuando hacer el bien a alguien implica un sacrificio de tiempo, de dinero o de comodidad por mi parte...

a. descarto la idea antes de considerarla seriamente.

b. estoy dispuesto a hacer el sacrificio si sé que obtendré algo a cambio.

c. pienso si vale la pena el sacrificio e intento hacer que funcione.

3. Cuando alguien es desagradable conmigo...

a. reacciono con ira.

b. intento evitar a la persona tanto como puedo.

c. busco la manera de ser amable con la persona.

4. Cuando oigo que otras personas dedican el sábado por la tarde a actos de caridad...

a. espero que no me pidan que participe, ya que está claro que tienen más libertad horaria que yo.

b. me siento culpable por no participar.

c. pienso cómo puedo hacer yo algo parecido en mi propio barrio.

5. Cuando veo que alguien se viste o se comporta de forma muy distinta a mí...

a. me siento superior a él.

b. procuro evitarlo porque me hace sentir incómodo.

c. intento entablar cualquier tipo de contacto con él, porque es posible que pueda enseñarme algo.

La clave para amar

Cuando crecíamos, a mis amigos de la infancia y a mí nos enseñaban, a partir de la Biblia, a ser amables con los demás, pero no todos los niños de la escuela dominical eran amables. Algunos lo eran hasta que alguien les robaba los juguetes, les arruinaba el trabajo manual que estaban haciendo o los echaban a la fuente de un empujón. Cuando alguien los provocaba, se olvidaban de la amabilidad y volvían a ser unos niños egocéntricos. Con su conducta, lo que decían era: "No te metas conmigo ni con mis cosas". Había unos cuantos niños que no eran amables nunca. En conjunto, los niños con los que crecí parecía que eran amables con quienes eran amables con ellos, y no lo eran con quienes los trataban mal.

Lo que he observado es que los adultos no son muy distintos de los niños a ese respecto. Un marido es amable con su esposa cuando ella lo es con él. Se ofrece de buen grado a sacar la basura cuando ella le ha preparado una buena cena. Le habla con amabilidad cuando ella también le habla del mismo modo. Se ofrece para lavar el auto cuando ella le ha proporcionado una experiencia sexual placentera.

Pero, ¿qué pasa cuando somos amables a pesar de las injusticias y los malos tratos? Un marido me explicó un día su experiencia. "Había sido muy duro con mi esposa. Había cortado de raíz todas sus ideas y le había dicho que era ilógico lo que decía. Había levantado la voz y le había dicho exactamente lo que pensaba. Ella salió de la habitación y yo volví a mirar el partido que estaba viendo en la televisión. Media hora después, volvió con una bandeja en la que traía un sándwich, unas papas fritas y una Coca-cola perfectamente dispuestos. Me puso la bandeja en el regazo y me dijo: 'Te quiero'. Después me dio un beso en la mejilla y volvió a salir. Yo me quedé allí sentado y pensando: *Esto no está bien; no es esto lo que se supone que tiene que pasar.* Me sentía como un idiota. La amabilidad que me mostraba me abrumaba. Dejé la bandeja sobre la mesa, fui a la cocina y le pedí perdón". La mujer había demostrado la amabilidad propia del amor auténtico, y eso hizo que cambiaran los sentimientos de su marido.

Lo irónico es que hacer de la amabilidad una forma de vida no solo hace dichosos a los demás, sino también a nosotros mismos. Cuando somos amables a pesar de todo, vemos los efectos que tiene cada una de nuestras opciones cotidianas.

Amabilidad: la dicha de satisfacer las necesidades de otra persona antes que las propias por el mero hecho de favorecer la relación.

El gran efecto de los pequeños actos de amabilidad

Las cuatro mujeres que había en la mesa del rincón de la cafetería Starbucks no dejaban de reír y de hablar. También tenían la mirada fija en la zona donde estaba la caja registradora. Con antelación ese mismo día, todas habían puesto dinero y habían comprado una tarjeta-regalo de Starbucks. "Por favor, invite a todos los que pidan algo hasta que se agote la tarjeta", le habían dicho al chico de la caja. Después se habían sentado a disfrutar de la compañía mutua, así como de la cara que ponía la gente al enterarse de que ese día el café les salía gratis.

Ese mismo grupo de mujeres habían pasado un frío sábado por la mañana repartiendo chocolate caliente a los niños y padres que habían acudido a un partido de fútbol del instituto. Habían plantado en macetas docenas de pensamientos y los habían distribuido entre los internos de la residencia de la tercera edad de la localidad. Cuando a su amiga Marcy le diagnosticaron artritis reumática, contrataron a una persona para que le limpiara la casa una vez al mes y así ella tuviera un poco más de energía para emplear en sus adolescentes.

Lo que más me sorprende de ese grupo de mujeres no es solo su dedicación a ser amables en los lugares menos esperados, sino el gran placer que obtienen al serlo. Aman a los demás porque saben que el amor vale la pena por sí mismo.

HÁBITOS A ADQUIRIR
Estar atento a la manera en que la gente que te rodea es amable contigo. Darse cuenta de cómo la amabilidad hace que un encuentro o una relación sea diferente.

Uno de los pasos para aprender a tener un comportamiento amable es observar los comportamientos amables de los demás. Es frecuente que, sobre todo en la familia, pensemos que los actos de amabilidad son sencillamente lo normal. Alguien nos hace la comida y alguien lava los platos después, pero nadie reconoce todas esas atenciones, sencillas pero importantes. Alguien lava las toallas, barre el suelo, limpia los espejos y corta el césped. Es posible que sean más que meros comportamientos utilitarios, que sean la forma que tiene esa esposa de expresar amor. Sin embargo, ¿quién reconoce todas esas acciones como formas de amar?

A veces propongo a la gente que haga una lista con todos los comportamientos amables que observan a lo largo del día. Esta es la lista de los actos de amabilidad que un hombre observó en un día.

- Cuando no he hecho caso al despertador, mi esposa me ha despertado para que no llegara tarde al trabajo.
- En la salida de la urbanización, un hombre se ha parado un momento y me ha señalado con la mano cuando podía incorporarme al tráfico.
- Al llegar a la oficina, el auxiliar administrativo ya me había encendido el ordenador.
- En un descanso, al ir a sacar un café de la máquina, no tenía cambio, y un compañero me ha dejado suelto.
- He ido a comer solo y dos hombres de otro departamento me han invitado a sentarme con ellos. He disfrutado con su conversación.
- Por la tarde, he recibido un correo electrónico de uno de nuestros clientes en el que me daba las gracias por la rapidez con que había gestionado su pedido. (No recibo muchos mensajes así.)
- Cuando he salido del edificio del despacho, un empleado de seguridad me ha abierto la puerta.
- Al salir del aparcamiento a la calle, una mujer me ha dejado que me incorporara a su carril delante de ella.
- Al llegar a casa, Weasels (nuestro perro) ha venido moviendo la cola hasta el auto para recibirme.
- Cuando he entrado en casa, mi mujer me ha recibido con un abrazo y un beso.
- Mi mujer estaba preparando la cena. Me he lavado las manos

y me he puesto a ayudarla. Ha sido mi acto de amabilidad. Después de cenar, he puesto los platos en el lavavajillas.

- Después de cenar, mi mujer se ha ofrecido a sacar el perro a pasear mientras yo echaba un último vistazo al correo electrónico.
- Mi mujer se ha sentado conmigo a ver las noticias.
- Después, me ha acompañado al centro comercial a comprar una mochila.
- Antes de ir a dormir, me ha dado un beso y me ha dicho que me quiere. Ha sido un buen día.

Muchas veces la gente se sorprende por la gran cantidad de acciones amables que observan en un corto periodo. Cuando somos conscientes de todos esos actos y aprendemos a expresar aprecio por ellos, aumenta también nuestro deseo de ser amables. Una vez que sentimos deseos de ser personas amables, nos resulta más fácil darnos cuenta de las oportunidades que se nos presentan a lo largo del día para serlo. En casa, en el trabajo, en la tienda de alimentación y en cualquier otro lugar en que estemos con otras personas, ese tipo de oportunidades son abundantes.

Recuerdo un día que llevé las camisas a la tintorería. Cuando volví al auto, estaba encajonado entre dos camionetas sin vidrios. No había forma de ver el tráfico que venía en ninguna de las dos direcciones. Un hombre de mediana edad que pasaba por el aparcamiento se dio cuenta del problema. Miró a ambos lados y me hizo señales para que saliera de la cueva en que estaba atrapado. Lo saludé amablemente con la mano y le dije "gracias". Al salir del aparcamiento, pensé: "¡Qué hombre tan amable! No tenía por qué hacerlo. Podría haber mirado hacia otra parte, pero ha visto la situación en la que me encontraba y ha decidido responder con un acto de amabilidad".

Aún recuerdo su comportamiento, aunque hace ya casi dos años que sucedió. Esa sencilla decisión de pararse y ayudarme me ha incitado a mí a hacer lo mismo por los demás. Es la belleza de ser amable en nuestras relaciones y encuentros con los demás: una acción amable da pie a otra.

¿Por qué me dedico a presentar "pequeñas" muestras de amor para hablar de esta cualidad crucial de la persona que ama? Porque los actos amables, sean grandes o pequeños, reflejan el deseo de servir a los demás, y el hecho de servir a los demás es un aspecto central de cualquier persona que ame. Ser amable implica servir al prójimo aunque eso implique algún sacrificio. Las mujeres de la cafetería Starbucks sacrificaban su dinero para hacer dichosos a los demás. El hombre que me ayudó a salir del aparcamiento sacrificó unos instantes de su tiempo ese día. Grandes o pequeños, los comportamientos amables nos dicen, "Eres una persona valiosa".

No podemos amar auténticamente si no estamos dispuestos a sacrificarnos.

Cuestión de supervivencia

Hace unos cuantos años, George H. W. Bush, el entonces presidente de los Estados Unidos, insistió en el valor de los voluntarios comunitarios y los describió como "miles de puntos de luz" en la nación.[1] La imagen, así como el noble reto que planteaba, recibieron una gran atención de los medios de comunicación. La Fundación Puntos de Luz surgió de dicho desafío y hoy en día sigue coordinando los esfuerzos de voluntarios de todo el país.[2]

La amabilidad no es un tema político. Es cuestión de supervivencia humana. En un mundo en el que los unos se devoran a los otros, al final no quedará más que una sola persona. Sin comportamientos amables, el mundo se convierte en una prisión oscura y solitaria para cada uno de nosotros. Con comportamientos amables, podemos ayudarnos mutuamente a sobrevivir.

En un mundo en el que los unos se devoran a los otros, al final no quedará más que una sola persona.

Amabilidad empresarial

Todos conocemos historias de grupos de personas que se unen para mostrar amor hacia los demás. La popularidad en los Estados Unidos de la serie de televisión *Extreme Makeover: Home Edition* demuestra la fuerte atracción que ejercen sobre las personas los actos de amabilidad. Muchas personas me han dicho que no pueden evitar las lágrimas de alegría por las familias a las que ayudan Ty Pennington y su equipo.

En el terreno local, tenemos la oportunidad de servir como voluntarios de distintas maneras. Por ejemplo, cada año la población de Longview, Washington, celebra la Semana de los Voluntarios. Las iglesias y organizaciones de Longview convocan a las organizaciones cívicas y les preguntan: "¿Qué podemos hacer para prestarles algún servicio?" Durante una semana, cientos de voluntarios sacan tiempo de su agenda para ayudar en todo tipo de cosas, desde pintar la valla del club de golf hasta organizar los archivos del ayuntamiento o cubrir con mantillo nuevo los parques de la ciudad. Participan personas de todas las edades y condiciones. No piden nada a cambio.

Todos esos actos de amabilidad son muestras de amor auténtico. Las catástrofes globales, tales como atentados terroristas, el huracán Katrina, el tsunami del océano Índico y la epidemia de sida en África, suelen dar lugar a generosas muestras de amabilidad empresarial también. Sin embargo, si preguntas a cualquier voluntario o cooperante, te responderá: "Yo soy quien se siente privilegiado por haber podido ayudar a quienes lo necesitaban".

AMABILIDAD INDIVIDUAL

Poco después de mudarse con su familia a un barrio residencial de Iowa City, Renee se dio cuenta de que había alumnos de la escuela primaria del barrio que tenían que ir a pie al colegio: por muy poco, sus casas estaban a menos de tres kilómetros de la escuela, por lo que no cumplían los requisitos para viajar en el autobús escolar. La mayoría de esos niños eran hijos de familias con pocos ingresos. Muchos de los padres no tenían auto, y ni siquiera tenían carnet de conducir. Algunos de los padres entraban a trabajar muy temprano, o trabajaban en el turno de noche y estaban durmiendo cuando sus hijos salían de casa por la mañana.

Renee sabía que era casi imposible ir en bicicleta en las mañanas nevadas de Iowa, que no tardarían en llegar, así que habló con el director de la escuela y le preguntó qué podía hacerse para llevar a todos esos niños al colegio por la mañana. Durante todo el año siguiente, el director les dio el número de Renee a todas las familias del barrio que necesitaban transporte. Renee recogía y devolvía con su camioneta a sus vecinos a la vez que llevaba a la escuela y recogía a su propio hijo. Era un sencillo acto de amabilidad, consecuencia de haber percibido una necesidad y haber querido hacer algo al respecto. El resultado fue que trabó amistad con muchos de sus vecinos y pudo enseñarle a su hijo lo fácil que es ayudar a los demás.

Aunque la amabilidad empresarial es extremadamente importante, sobre todo en épocas de catástrofes, lo que más falta hace son los actos individuales de amabilidad que se realizan como forma de vida. Casi cualquier persona es capaz de responder a una situación de crisis, cuando la necesidad es flagrante. Hace falta que una persona sea verdaderamente generosa para identificar las oportunidades de mostrar amabilidad en el curso de la vida diaria.

> La mejor amabilidad es la que surge sin que tengamos que pararnos a pensar en ella.

LO INEFICAZ QUE ES LA EXCESIVA OCUPACIÓN

A menudo estamos tan embebidos en nuestras propias preocupaciones que no alcanzamos a ver las necesidades de quienes nos rodean. Una vez que las hemos visto, aún debemos dar el paso de gigante que existe entre ver y responder, un paso que probablemente implique el sacrificio de una de nuestras dos posesiones más preciadas: dinero y tiempo.

Quizás creamos que tenemos demasiado poco de cada uno de

esos dos recursos como para ayudar a los demás. A menudo pensamos: me implicaría si pudiera, pero, como no puedo, haré un donativo a la caridad. Donar a la caridad es en realidad un acto de amabilidad, y a veces tal vez sea lo mejor que podemos hacer, pero la mayoría de nosotros tenemos todavía un margen de desarrollo cuando de lo que se trata es de expresar personalmente la amabilidad en la vida diaria.

Hace más de dos mil años (dos mil años antes de las prisas de los fax, los iPods y los teléfonos móviles), el filósofo griego Sócrates nos advertía: "Tengan cuidado ante la infecundidad de una vida demasiado ocupada". Tal vez creamos que no tenemos tiempo para decirle un cumplido a la recepcionista o para informar a la persona a la entrada del cine de que alguien se ha dejado las luces del auto encendidas en el aparcamiento. O tal vez estemos tan preocupados por el próximo compromiso que figura en nuestra agenda que ni siquiera pensamos en la opción de tomarnos el tiempo necesario para ser amables. Sin embargo, ¡cuánto más satisfactoria sería nuestra vida si concediéramos más importancia a las personas que al reloj!

Cuando la amabilidad se convierte en algo natural en nuestras vidas, no hace falta que nos paremos a pensar si vale la pena o no. Todos tenemos distintas habilidades y oportunidades. El reto es utilizar los conocimientos y las habilidades que tenemos para satisfacer las necesidades de las personas que nos rodean.

La belleza de ser amable

Una de las dichas de escribir este libro ha sido escuchar las historias de personas de todo el país sobre cómo han experimentado en sus vidas la amabilidad. Estos son algunos ejemplos de cómo nos amamos los unos a los otros.

- Karen, de Ithaca, Nueva York, me explicó que su amiga Kathy "pasó seis meses llevando a una compañera de trabajo a las sesiones de quimioterapia. También iba a comprarle los medicamentos que le recetaban y pasaba tiempo con ella, ayudándola en la casa".

- Spencer siempre le pone a su esposa en la maleta una nota para darle ánimos antes de que salga en viaje de negocios.
- Debbie le organizó una fiesta sorpresa al conserje del despacho para celebrar su aniversario en la empresa.
- Lauren le compró a Chris una hamburguesa con queso y un batido, su comida favorita, cuando esta no podía salir de casa después de una operación de espalda.
- Treinta años después, Robert todavía se acuerda del vecino que le trajo una lechuga que le había costado 29 centavos porque estaba de oferta.
- Cuando Kyle llegó al trabajo una mañana, descubrió que su ayudante le había comprado una estufa para el despacho simplemente porque se había dado cuenta de que la sala estaba fría.
- Joseph le escribe "te quiero" a su mujer en los márgenes del libro de cheques cada vez que le corrige un error en una suma.
- Cuando Helene y Alex volvieron de vacaciones, encontraron que su vecino les había cortado el césped.
- Un viejo amigo me explicó: "He crecido con un padre alcohólico y una madre sobrecargada de trabajo. La vida era difícil, pero tenía una abuela llena de amor que me cuidaba por las tardes cuando volvía a casa del colegio. Siempre tenía leche, galletas y un abrazo para mí. Me da miedo pensar dónde estaría hoy si mi abuela no hubiera estado en mi vida".
- Kim cuidaba gratis al bebé de Dorothy cuando Dorothy volvió a trabajar unos días a la semana.
- Mary llevó una olla de estofado a su departamento un día de nieve.
- "No importa cuántas preguntas le hiciera mientras mirábamos un partido", recuerda Nate, "mi padre siempre se tomaba el tiempo necesario para responderme y explicarme las reglas del juego".
- El día antes de que llegaran los suegros de Jasmine a conocer a su nuevo nieto, un grupo de amigas suyas bajaron a su casa con escobas, aspiradoras y fregonas y estuvieron toda la tarde haciéndole la limpieza.

Un cambio de actitud

La mayoría de nosotros admitiremos que, si hemos de ser personas verdaderamente amables, tenemos que cambiar de actitud. El yo falso de la vida egocéntrica dice: "Seré amable contigo si tú lo eres conmigo". El yo verdadero del amor auténtico dice: "Seré amable contigo independientemente de cómo me trates". ¿Cómo podemos alimentar nuestro yo verdadero? ¿Cómo podemos experimentar un cambio de actitud que nos incline a ser amables con los demás aunque estos sean desconocidos o (más difícil todavía) aunque los conozcamos bien y sepamos que nos tratarán con dureza?

LA AMABILIDAD TRANSFORMA A LAS PERSONAS

El matrimonio de Jake y Connie estaba lleno de escollos. Jake viajaba mucho por razones de trabajo y rara vez estaba disponible para ayudar en el cuidado de los hijos. Connie se quejaba, y Jake se ponía a la defensiva. Mientras tanto, Connie seguía luchando con su enfermedad mental, que empeoraba cada vez más. Había mañanas que no podía ir a trabajar ni llevar a los niños al colegio. Cuando Connie empezó a sentirse más débil y a necesitar cada vez más que Jake estuviera en la casa, la actitud de este hacia la familia empezó a cambiar gradualmente. Dejó el trabajo para poder estar más tiempo en casa y decidió probar a ver qué podía conseguir usando la amabilidad, en lugar del egoísmo.

"Me he dado cuenta", me explica, "que soy lo mejor que tienen ahora mismo. Voy a hacer todo lo que pueda para servirlos y dejar de preocuparme de si ellos me satisfacen a mí o no. Es el tipo de relación que algunas personas dejarían, pero no quiero perder el tiempo pensando en eso. Quiero lavar la ropa, los platos, ayudar a los niños con los deberes. No me siento a pensar qué es lo que ellos no hacen por mí o lo que no son para mí".

Sin un cambio de actitud, Jake quizás se habría sentido tentado a tirar la toalla. Pero ha escogido expresar un amor auténtico en las circunstancias más difíciles, convencido de que la amabilidad provoca la curación. Connie ríe más y tiene más energía para implicarse en la vida de los demás. Sus hijos disfrutan de un hogar más estructurado y con menos hostilidad entre los padres. Jake no sabía si notaría algún cambio en la familia cuando escogió ser amable antes que enojarse, pero sí sabía que solo el amor constante podía mantener a la familia unida.

Nuestro objetivo es no usar nunca la amabilidad para manipular a las personas. Pero, cuando nos damos cuenta de que una conducta amable puede cambiar a una persona —hacer que un mecánico cansado esboce una sonrisa, o calmar la tensión de un jefe muy exigente—, cada vez deseamos más ser amables.

En el plano global, la historia nos enseña que la amabilidad, más que la hostilidad, fortalece a las naciones. En los últimos años, por ejemplo, el centro de detención de la Bahía de Guantánamo ha sido objeto de un acalorado debate. Existe controversia sobre los métodos empleados para interrogar a los presos extranjeros sospechosos de colaborar con los talibanes o con Al Qaeda. Sin embargo, después de varios años de métodos de interrogación cada vez más rigurosos, los responsables están descubriendo que "la mayor parte de los resultados productivos que hemos observado con el tiempo [en términos de recolección de información] es consecuencia de la amabilidad de los hombres". Cuando los interrogadores se toman el tiempo necesario para ganarse el respeto de los presos y "enfocan la cuestión en términos amistosos y comerciales", es más probable que consigan la información necesaria.[3] No debemos subestimar nunca la influencia de la amabilidad humana.

VESTIRSE DE AMABILIDAD

Un segundo paso hacia un cambio de actitud es darse cuenta de que todos y cada uno de nosotros estamos capacitados para convertir el hecho de expresar amabilidad en una forma de vida. Uno de los hombres más amables que jamás he conocido me dijo una vez: "Cada mañana me pongo las gafas, los pantalones, la camisa y la gorra. Después, me imagino a mí mismo poniéndome un abrigo de amabilidad. Me envuelvo con él y ruego para que hoy pueda llegar a influir en las personas con mi amabilidad". El hombre ha influido, efectivamente, en la vida de cientos de personas.

Ha cortado el césped a vecinos que estaban enfermos, ha quitado las hojas del jardín con el rastrillo a los ancianos, ha regalado grabaciones de conferencias y libros a quienes creía que las escucharían o los leerían y ha pagado el precio de los campamentos a niños necesitados. Cuando murió, su funeral duró más de tres horas, ya que intervino gente de todo tipo que quería compartir su encuentro con la amabilidad de esa persona.

Cuando nos vestimos de amabilidad como si fuera parte de la ropa que llevamos, no nos paramos a pensar si deberíamos comportarnos amablemente en una determinada situación. Vayamos donde vayamos, la amabilidad siempre nos acompaña.

Una vez vi una entrevista en televisión con una mujer que había salido de un matrimonio terriblemente abusivo. Cuando el entrevistador le preguntó cómo había logrado sobrevivir, ella le respondió que, a veces, todo lo que necesitaba era que alguien le sonriera en el supermercado para ayudarla a superar aquel día.

No importa la personalidad, los hábitos o el pasado que tengamos, todos y cada uno de nosotros tenemos cada día incontables oportunidades de ser amables con la gente, al teléfono, en la oficina y en casa. Cuando nos visualizamos forrados de amabilidad cada día, ¿quién sabe a quién podemos cambiarle la vida?

CUANDO LA AMABILIDAD SE VE RECHAZADA

El tercer aspecto para presentar una actitud transformada es darse cuenta de que no es nuestra responsabilidad hacer que las personas respondan positivamente a nuestros gestos de amabilidad. Todos tenemos la capacidad de recibir amor y devolver el amor que recibimos, o de rechazar el amor que nos ofrecen. Cuando una persona rechaza nuestra amabilidad, es fácil dar marcha atrás o enojarse. Pero la gente es libre de aceptar la amabilidad y responder con gratitud, o rechazarla y acusarnos de hacerlo por motivos egoístas, o de actuar de forma recíproca y ofrecernos también expresiones de amabilidad. Su respuesta está fuera de nuestro control.

Blake se enganchó a las drogas a los diez años. Con trece años participó en su primer programa de desintoxicación y antes de los veinte pasó por cuatro tratamientos más. Incluso después de haberse convertido en un artista de éxito, seguía volviendo continuamente a las drogas. Durante todos los años en que duró el abuso, su madre, Marilyn, no dejó de mostrarle su amor. Cuando los médicos le decían que las drogas le estaban afectando al corazón, ella continuaba amándolo. Cuando las drogas llevaban a Blake a decirle cosas horribles a su madre, ella seguía amándolo. "Este no es mi hijo", decía, sin dejar de creer en la persona que ella sabía que era.

A veces, amar implicaba decirle que no a Blake cuando necesitaba dinero, o negarse a dejar que viviera con ella porque le robaba cosas de casa y las vendía para conseguir dinero para drogas. Pero ella siempre le recordaba que lo amaba. Ella sentía que su deber era ser fuente de esperanza y de aceptación en la vida de Blake.

Después de dos trasplantes de válvula en el corazón, a Blake le dieron dos años de vida. Su madre no quería que muriera solo ni en una clínica. Se dedicó a cuidar de él en su casa hasta el final.

Cuando le llegó la hora de la muerte, Blake no había pedido perdón por sus acciones, pero su actitud empezaba a suavizarse. Empezó a mirar a su madre a los ojos, aunque sin expresar gratitud por los cuidados.

El título de la homilía en el funeral de Blake era "Con amar basta", en homenaje a la esperanza que albergamos de que la amabilidad valga la pena. En un mundo deteriorado, las relaciones no siempre funcionan como nosotros queremos. Es posible que nunca lleguemos a ver la influencia que ejercen nuestros actos de amabilidad. No obstante, cuando amamos de forma auténtica, seguimos siendo fieles aun cuando amar resulta difícil.

El verdadero amor siempre implica hacer una elección. Si alguien nos devuelve la amabilidad que le ofrecemos, podemos entablar una relación plena de sentido. Si rechaza nuestras expresiones de generosidad, podemos mantener la esperanza de que llegará un momento en el que cambiará de actitud y se acercará a nosotros, en lugar de alejarse de nosotros. Mientras tanto, nuestra actitud es una actitud de amor: le deseamos lo mejor e intentamos expresar ese deseo a través de la amabilidad. Y creemos, aun en los momentos más difíciles, que con el amor bastará.

Para comenzar

Te ofrecemos a continuación algunas formas sencillas de mostrar amabilidad en la vida diaria. Estoy seguro de que se te ocurrirán muchas más.

- Decirle algún cumplido al dependiente de la tienda.
- Sostenerle a alguien la puerta.
- Sonreírle a un niño. Si te habla, escucharlo.
- Organizar un lavado gratuito de autos en tu comunidad.
- Dejar que la persona que va detrás de ti en la cola del supermercado pase delante.
- Compartir el paraguas con alguien cuando llueve.
- Al pasar por un peaje, pagar el peaje de la persona que va detrás de ti, además del tuyo.
- Cortarle el césped a tu vecino, recogerle las hojas muertas con el rastrillo o, con la pala, cubrir de guijarros el camino que atraviesa su jardín.
- Visitar a una persona anciana.
- Dar propinas generosas.
- Cuando alguien atraviesa por un momento difícil, proponer cosas concretas para ayudarlo, cosas como hacerle la compra, cuidar a sus hijos o limpiarle la casa, en lugar de decirle simplemente, "ya me dirá si hay algo que puedo hacer para ayudarlo".
- Reunir a un grupo de personas e ir de puerta en puerta por el barrio preguntando si pueden ayudar a las personas con la tareas del jardín sin cobrar nada por ello.
- Invitar a tu ayudante en el trabajo a comer el día de su cumpleaños.
- Estar atento a qué es lo que hace que un amigo o un familiar se sienta querido y esforzarse por transmitirle nuestro amor de esa manera.

- Si ves que alguien es muy eficiente en su trabajo, buscar la ocasión de decírselo a su jefe.
- Llamar por teléfono a alguien que haya perdido a una persona de la familia, aunque la pérdida no sea reciente.
- Pararte en un puesto de limonada organizado por niños y comprarles un refresco.

A palabras necias...

Muchos de nosotros hemos aprendido de niños algunos refranes que resultan ser más falsos que ciertos. Uno de ellos es: "A palabras necias, oídos sordos". Lo cierto es que las palabras de condena, negativas, nos pueden marcar para toda la vida.

Cuando Molly acababa de terminar la universidad, tenía poco dinero para amueblar su primer piso. Por eso buscó en el desván de la casa de sus padres, y allí encontró un escritorio antiguo que había sido de su abuela. Había que restaurarlo, pero quedaría muy bien en su casa.

Molly pasó todo un fin de semana reparando y puliendo el escritorio. Cuando su padre lo vio, en lugar de animarla por el trabajo que había hecho o de intentar hacerle alguna sugerencia útil, empezó a gruñir y sacudir la cabeza en señal de desaprobación. Molly colocó el escritorio en la sala de estar, sin olvidar la crítica silenciosa de su padre.

Diez años más tarde, el escritorio, con su nuevo acabado, estaba en la casa que Molly compartía con su marido y sus dos hijas.

"Habría sido mejor darle un acabado con aceite danés", le dijo un día su padre señalando hacia el escritorio.

"Lo que yo oí", explica Molly, "era que mi vida habría sido mejor con otro acabado. Simplemente, yo era incapaz de satisfacerlo".

Algunos de nosotros recibimos una cantidad injusta de palabras ingratas cuando crecíamos. El reto que se nos plantea al ser adultos es sustituir en nuestro vocabulario esas palabras ingratas por palabras de amor. La tendencia natural es a dar a los demás lo mismo que nosotros hemos recibido. Pero, cuando amamos deliberadamente, podemos aprender a tener palabras amables.

PALABRAS POSITIVAS

¿Sirven las palabras que utilizas en casa y en el trabajo para alabar a los demás? ¿O les hacen la vida más difícil?

Si vivimos una vida de amor auténtico, nuestros actos de amabilidad irán unidos a palabras amables. El padre que le dice a su hijo adolescente en un momento de exasperación: "Vale, te dejo salir, y ahora déjame en paz de una vez", ha hecho una afirmación positiva, pero con palabras poco amables. Cuando el hijo adolescente sale, se siente distante de su padre.

Un padre que ama diría: "Te dejo salir, y espero que te lo pases bien. Te quiero, así que ten cuidado". El tono de voz y la expresión de la cara son tan importantes como las palabras.

Puede ser fácil caer en el hábito de provocar y descalificar a los demás, sobre todo cuando la otra persona es un miembro de la familia. Por eso me encanta escuchar las conversaciones de las parejas que se hablan con amabilidad. El otro día escuché a un marido que se lamentaba de una vez que había cerrado la puerta con llave y había dejado a la familia fuera sin poder entrar. "Fue solo una vez, cariño, y al final todo se solucionó", le decía su esposa, sin reproche alguno. Estaba convirtiendo una ocasión para ser crítica en una oportunidad de infundir ánimos.

Hace algún tiempo, estaba asesorando a una hija de mediana edad cuyo padre había fallecido. Me decía:

—Mamá y papá estuvieron cuarenta y siete años criticándose. No entendía por qué seguían casados.

—¿Crees que habrían hablado de otro modo si hubieran estado casados con otra persona? —le pregunté.

—Probablemente, no —contestó—, porque ambos eran también muy negativos cuando hablaban conmigo. Y creo que yo era bastante buena hija. Creo que no eran más que dos personas negativas casadas entre sí.

¡Qué trágico que algunas personas escojan tener una actitud negativa hacia la vida y cada día salgan de su boca palabras ingratas!

> No hay que subestimar jamás el poder de las palabras amables para cambiar la vida de las personas.

PALABRAS DE AFIRMACIÓN

Hace años, Nicky Cruz, drogadicto y líder de una banda callejera de la ciudad de Nueva York, se enfrentó a David Wilkerson, un joven que se dedicaba a ayudar a gente como Nicky.

—Si te acercas a mí, te mataré —le advertió Nicky.

—Puedes hacerlo. Puedes cortarme en mil pedazos y esparcirlos por las calles, y cada uno de esos pedazos te seguirá amando —le respondió Wilkerson.[4]

¿Alguien se sorprende de que Nicky Cruz dejara la vida de la calle y ahora se dedique a tener una influencia positiva sobre el mundo?

La persona amable busca formas de ser verbalmente asertivo con los demás.

- ¿A qué esposa no le gustaría oír: "Te queda bien ese vestido"?
- ¿Qué marido no se sentiría animado si le dijeran: "Agradezco mucho todo lo que haces para hacerme la vida más fácil"?
- ¿Qué compañero de trabajo no se sentiría alabado si su jefe le dijera: "Gracias por trabajar tanto en este proyecto. Sé que has hecho más de lo que era tu obligación"?

Las palabras amables hacen que la gente se reafirme en lo que son y lo que hacen.

PALABRAS DE ESPERANZA

Hace poco que asistí a una reunión en la que participaba el psicólogo John Trent. Este explicó su propia historia de persona criada en un hogar monoparental. Su padre era alcohólico y había dejado a su madre cuando John era pequeño. John y sus hermanos estaban muy dolidos y muy enojados, lo que no dejaba de aflorar en su conducta. Tanto a él como a su hermano los expulsaron de la escuela primaria por mal comportamiento.

Cuando estaba acabando el bachillerato, John recibió una calificación deficiente en uno de los trabajos de fin de curso, y dijo: "Pensaba que lo había hecho bien. He trabajado mucho. Por supuesto, no me he puesto a hacer el trabajo hasta la noche antes de la fecha de presentación, pero he trabajado mucho".

Su madre miró el trabajo que había reprobado y le dijo: "No has puesto notas al pie, y te has olvidado el índice, pero está muy bien redactado. No me sorprendería que algún día alguien utilizara tus palabras para ayudar a los demás".[5] John cobró seguridad y creció a partir de aquella afirmación. En la actualidad, es un escritor muy prolífico y popular.

Las palabras amables aprecian lo mejor que tiene el individuo y propician su desarrollo.

PALABRAS SINCERAS

Las palabras amables no siempre son positivas. El amor genuino también sabe enfrentarse a las personas cuando estas tienen un comportamiento destructivo. Sonya me explica, hablando de su abuela materna: "Me ama incondicionalmente, hasta cuando me dice que hay cosas que debería hacer mejor. En todos mis altibajos, siempre me ha apoyado. Cuando me equivoco, me lo dice, pero nunca me retira su amor".

Cuando nos enfrentamos a alguien por su bien y con espíritu humilde, entonces la confrontación puede incluir palabras amables. El reto aquí es decir la verdad y decirla desde el amor.

HABLAR DESDE AMABILIDAD

¿Cómo aprender a usar palabras amables?

- **Sé consciente de la importancia de las palabras.** Las palabras que utilizas son lo bastante poderosas como para dar la vida o la muerte. Una forma de ser más consciente de eso es escuchar las palabras de los demás. Puedes incluso anotar las palabras amables que escuchas a los demás a lo largo del día y hacer una lista de las palabras desagradables que oyes. Puede ser una experiencia muy reveladora.

- **Escúchate atentamente cuando hablas.** Para convertirlo en un hábito, pregúntate después de cada interacción verbal con otra persona: ¿qué clase de palabras he utilizado y qué palabras poco edificantes he dicho? Después, vuelve con la persona con quien has sido poco edificante y pídele perdón. Como disculparse puede ser difícil, será un buen recordatorio para que cambies tu discurso.

- **Sustituye las palabras poco edificantes por palabras edificantes.** Un buen lugar para empezar es en privado. Cuando ves que les estás diciendo cosas desagradables a los otros conductores, ¿por qué no cambias las palabras? En lugar de decir: "Imbécil, vas a matar a alguien", tal vez puedas decir: "Ojalá llegues bien a casa, sin antes matarte ni matar a nadie". Cuando transformas las palabras en privado para convertir una afirmación negativa en una positiva, es más probable que lo hagas también en público.

- **Recuerda lo valiosa que es cada una de las personas que te encuentras.** Todos nosotros tenemos un papel único en la vida. Recibir y dar amor es parte de ese papel, aunque a veces haya personas a las que parezca imposible amar. Si tienes siempre presente lo importante que son todas las personas, es mucho más probable que les ofrezcas palabras amables.

HÁBITOS A ADQUIRIR

Descúbrete pensando negativamente sobre ti mismo o sobre otra persona. Sustituye las palabras que tienes en mente por algo positivo sobre ti o sobre la otra persona.

Rivales de la amabilidad: los malos hábitos

Si comportarte con amabilidad no es algo que te salga naturalmente, no es porque seas una persona poco amable. He escrito
este libro porque todos tenemos la capacidad de amar a los demás. A menudo, lo que nos falla a la hora de amar a los demás de
forma auténtica es consecuencia de la falta de práctica.

Solemos pensar que los malos hábitos son vicios, como mor-
derse las uñas o comer chocolate antes de acostarse. Sin embargo, los hábitos también dependen de las cosas que no
hacemos. Si no tenemos el hábito de mirar a los ojos a los cama-
reros mientras pedimos, no se nos ocurrirá hacerlo. Si estamos
acostumbrados a dejar la jarrita de la leche en el mármol de la cocina en la oficina para que sea otro quien la guarde, la mayoría de
los días ni siquiera nos daremos cuenta de lo que hemos hecho.

¿Saben ese viejo chiste que pregunta cuántos psiquiatras hacen falta para cambiar una bombilla? La respuesta es: "Uno, pero
la bombilla tiene que querer cambiar". El primer paso para cambiar el hábito de ser ingrato es desear ser amable.

Una mujer joven me dijo un día: "Sabía que a mi compañera
de piso le gustaba que el baño estuviera limpio, pero en algún
momento había cogido el hábito de dejar la toalla mojada en el
suelo. Cuando volvía a ducharme, la toalla estaba siempre colgada otra vez, y yo no hacía demasiado caso. Una mañana la toalla estaba allí, en el suelo, mirándome. Me di cuenta de que había
adquirido un patrón de comportamiento poco amable, sin ni siquiera ser consciente de ello. Convertí en hábito el hecho de recoger la toalla todos los días. Después empecé a darme cuenta de
otras formas en las que podía ser más amable con mi compañera
de piso, como bajar el volumen de la televisión cuando ella quería
dormir. ¡Era asombrosa la cantidad de malos hábitos que había
adquirido! Convertí en un juego el hecho de pensar en maneras
de ser amable con ella reconociendo lo que la hacía sentir
amada".

La amabilidad engendra amabilidad. Por eso es útil leer sobre los comportamientos amables que tienen otras personas. No
solo nos da ideas concretas, sino que también hace que nuestra

mente esté más atenta a las oportunidades que tenemos de ser amables. (Algunos periódicos, como el *Chicago Sun-Times*, han empezado no hace mucho a publicar historias de "acciones amables aleatorias" en la comunidad.)

Cuando la amabilidad se convierte en un hábito deliberado, es más probable que veamos lo valiosas que son todas y cada una de las personas. Cuando esa nueva visión de la gente se vuelve más nítida, deseamos ser amables sencillamente porque cada persona que encontramos merece verse reafirmada.

El desarrollo de la amabilidad

Un empresario de mediana edad vino a verme lleno de inquietud e insatisfecho con su vida. Richard solía discutir con su mujer, y sus hijos parecían evitarlo. Sabía que era una persona crítica con su familia y con sus empleados, pero no sabía cómo cambiar.

Lo primero que le sugerí a Richard es que hiciera una lista de las palabras que decía o de las cosas que hacía en el trabajo o en casa y que consideraba que podían resultar desagradables.

Volvió a la semana siguiente y me dijo: "Cuando repasé lo que había hecho aquel día e hice la lista de mis palabras y acciones desagradables, me di cuenta de que tenía que cambiar".

El mero hecho de darse cuenta de hasta qué punto podía ser desagradable fue un paso esencial para que Richard se convirtiera en una persona amable. A continuación, era el momento de que se enfrentara a sus fallos pasados. Cada noche pensaba en las maneras en que había podido herir a la gente ese día. Al día siguiente, volvía a ver a las personas con las que había sido ingrato y se disculpaba.

"Fue una de las semanas que más cambiaron mi vida en toda mi existencia", me dijo. "Antes de acabar la semana, tenía la sensación de haber roto con un modelo de comportamiento negativo". Sonreía. "No hay nada como disculparse para motivar a una persona a cambiar de conducta".

Las ruinas de los errores pasados ya habían sido retiradas. Ahora estaba listo para empezar a edificar un nuevo estilo de vida basado en la amabilidad. Le sugerí que comenzara por su familia. Me dijo:

—Creo que sería más fácil empezar por el trabajo.

—Gran parte de lo que la gente llama amabilidad— le dije— es simplemente manipulación para hacer que alguien compre nuestros productos o nos trate con amabilidad. No es esa la amabilidad a la que aspiramos nosotros. Estamos hablando de palabras y acciones amables pensadas para beneficiar a la otra persona. No hablamos de meros cumplidos por cuestión de buenos modales; hablamos de la amabilidad que emana del amor verdadero.

—De acuerdo —dijo Richard—, entonces empezaré por casa. Creo que lo he entendido.

Asentí con un gesto, pero sabía que era una lección que habría que repetirle, sobre todo porque conozco bien mi corazón y sé la cantidad de veces que me he sentido desalentado por mi propia tendencia a ser desagradable. Animé a Richard a que se dedicara cada mañana a buscar oportunidades de ser amable, tanto con la familia como en el trabajo.

Meses más tarde, Richard me dijo: "Fue el inicio del mejor capítulo de mi vida. Mi esposa y mis hijos están encantados con la amabilidad, y el ambiente en el trabajo es mucho más agradable ahora". Como asesor, estaba muy contento de ver cómo Richard recogía los frutos de ser amable.

Nadie se levanta una mañana y decide que, de ahora en adelante, será una persona amable. La amabilidad, como todas las demás características del verdadero amor, se desarrolla con el tiempo, cuando abrimos el corazón y la mente para convertirnos en personas que expresan más amor. Empezamos mostrando nuestra conformidad con el siguiente objetivo: sí, quiero tener una vida que se caracterice por la amabilidad. Sabiendo que nuestro yo falso es egocéntrico, debemos aprender conscientemente a hacer que la amabilidad figure diariamente en nuestra agenda.

∼ Cuerpo y alma

Una de las mejores cosas de amar de manera auténtica es que cura nuestra alma y nuestro cuerpo. Diversos estudios científicos han mostrado que comportarse amablemente tiene efectos beneficiosos tanto físicos como mentales. Por ejemplo:

- Las acciones amables liberan los analgésicos naturales del cuerpo: las endorfinas.
- El sentimiento de euforia y la paz subsiguiente al realizar una acción amable son algo tan común que reciben el nombre de "embriaguez de la persona que ayuda".
- Las acciones amables se ha demostrado que hacen retroceder los sentimientos de depresión, hostilidad y aislamiento. Como consecuencia, los problemas de salud relacionados con el estrés suelen mejorar después de ayudar a alguien.
- Los beneficios para la salud y la sensación de tranquilidad que provoca una acción amable siguen activos durante horas o días después del suceso, cada vez que recordamos la acción amable.
- Preocuparse por los demás en una relación positiva se ha demostrado que mejora el sistema inmunológico.
- Actuar con amabilidad hacia los demás aumenta el sentimiento de valía personal, el optimismo y la satisfacción general en la vida.[6]

Cadena de favores

Cuando nació el hijo de Erin, Jessie se ofreció para cuidarlo cuando Erin y su marido necesitaran salir juntos. Además, les pasaba los libros y los juegos que sus hijos ya no utilizaban, y siempre parecía tener un regalito para el bebé cada vez que lo veía. Una noche, mientras ataba a su hijo a la sillita del auto después de que Jessie hubiera cuidado de él todo el día, Erin le preguntó a Jessie si había algo que pudiera hacer por ella. Se lo preguntó tímidamente, ya que no estaba segura de tener el tiempo ni la energía para ayudarla en mucho.

"Ah, no", dijo Jessie. "Tanta gente nos ha ayudado estos años. Está bien tener una oportunidad para continuar la cadena".

Aunque Jessie no lo dice claramente, estaba mostrando el valor de corresponder después a la amabilidad recibida y crear una cadena de favores. Cuando alguien nos obsequia con su amabilidad, sentimos deseos de pasar esa misma amabilidad a los demás.

Muchos de nosotros conocemos la frase "cadena de favores" de la novela de Ryan Hyde del mismo título y la posterior adaptación cinematográfica de Warner Brothers. En realidad, escritores y filósofos hace décadas, incluso siglos, que exploran este aspecto de la amabilidad. Pensemos en la carta de Benjamin Franklin, escrita el 22 de abril de 1784.

Estimado señor:
He recibido su carta del 15 del corriente, así como el escrito
conmemorativo que adjunta. Las noticias que tengo sobre su
situación me entristecen enormemente. Le envío con la presente
un talón por diez luises de oro. No pretendo regalarle dicha
suma; solo se la presto. Cuando regrese a su país colmado de
prestigio, seguro de que se introducirá en algún negocio que,
con el tiempo, le permitirá saldar todas sus deudas. En ese caso,
cuando se encuentre con otro hombre honorable en parecidos
apuros, tendrá ocasión de pagarme prestándole a él esta suma
y encareciéndolo a devolver la deuda mediante una operación
similar, cuando le sea posible, y se le presente la ocasión. Espero
que así pase por muchas manos, antes de que llegue la persona
innoble que corte su progreso. Se trata de una estratagema mía
para hacer el bien con poco dinero. No soy lo bastante rico para
hacer profusamente el bien mediante buenas obras, de manera
que estoy obligado a usar el ingenio para sacar el máximo partido
a un poco. Con mis mejores deseos por el éxito de su escrito
conmemorativo y por su prosperidad futura, su más humilde
servidor,
B. Franklin.[7]

Franklin reconocía que la forma más poderosa de devolverle a alguien su amabilidad es transmitírsela a otra persona. De ese modo, podía aceptar lo poco que él podía darle y hacer que se multiplicara.

Una de las cosas buenas de amar genuinamente es que nos aporta energía. Cuando somos amables con los demás, buscamos nuevas formas de ser amables, y cuando los demás lo son con nosotros, eso nos motiva a transmitir su amabilidad y crear una cadena.

HÁBITOS A ADQUIRIR
Cuando alguien te ofrece su amabilidad, preocúpate de ofrecerle tú a otra persona un acto similar de amabilidad.

El sacrificio de un chico

Hace quince años, a Michael, el bebé de Jeff y Kristi Leeland, le quedaban unas semanas de vida. Lo único que podía salvarlo era un trasplante de médula ósea que costaba 200.000 dólares. La compañía aseguradora de los Leeland se negaba a pagar el trasplante y, con el salario de profesor de Jeff, la pareja no podía pagarlo por sí sola.

Fue entonces cuando Dameon, uno de los chicos con el que más se metían los compañeros en el instituto de enseñanza media en el que trabajaba Jeff, en Kirkland, Washington, le entregó a Jeff 12 billetes de 5 dólares, todo lo que había en su cuenta bancaria, que acababa de vaciar. Cuando se enteró de la donación de Dameon, el director de la escuela abrió una cuenta con los 60 dólares de Dameon y animó a los alumnos del Instituto Kamiakin a sumar sus contribuciones a la de Dameon. Pronto la comunidad entera se sumó a la campaña de los alumnos. En menos de cuatro semanas, el acto de amabilidad de Dameon había desatado una campaña en toda la ciudad que lograba recaudar 227.000 dólares para el trasplante que podía salvarle la vida a Michael.

Tras comprobar la influencia que había tenido el comportamiento servicial de un solo chico, los Leeland crearon los Sparrow Clubs (o Clubes Gorrión) de los Estados Unidos, una organización sin ánimo de lucro formada por clubes escolares que ofrecen a los chicos la oportunidad de ayudar a otros niños con problemas médicos. Desde 1995, los Clubes Gorrión han recaudado 2,5 millones de dólares para ayudar a más de 400 niños con enfermedades graves o discapacitación. Los niños, animados a hacer tareas voluntarias en nombre del "gorrión" que han adoptado, han contribuido colectivamente con más de 100.000 horas de servicios a la comunidad en todo el país.

Jeff dice que uno de los beneficios adicionales de los Clubes Gorrión es su "influencia sutil, pero muy positiva y efectiva, capaz de desarmar la cultura negativa de toda una escuela" cuando los niños trabajan juntos para mostrar su amabilidad. "La cultura de la escuela se impregna de un mayor sentimiento de unidad y de cortesía cuando los chicos sirven a la comunidad bajo la causa común de ayudar a los gorriones que han adoptado".[8]

Cuando nos comportamos de manera amable, tal vez ni siquiera lleguemos a ver los resultados de nuestro sacrificio, pero el amor auténtico nos lleva a servir al prójimo simplemente porque sabemos que con nuestros actos de servicio podemos cambiar su vida. Tanto si servimos a una persona sin techo, a un niño o a la persona que se sienta enfrente de nosotros en el comedor, cuando actuamos con amabilidad reconocemos el valor de la otra persona. La amabilidad puede ser muy simple. Sus efectos pueden durar toda una vida.

¿Cómo serían tus relaciones si...
- vieras en cada encuentro con otra persona una oportunidad para expresar tu amabilidad?
- decidieras ser amable no sólo los días que las cosas están bien, sino también los días difíciles?
- donaras una semana al año para colaborar con los demás en un proyecto amable hacia las personas necesitadas?
- emplearas palabras que benefician a los demás y te disculparas por cualquier palabra o acción desagradable?
- siempre buscaras oportunidades para reafirmar el valor de los demás?

Adáptalo a tu vida

TEMAS PARA REFLEXIONAR

1. Describe una ocasión en la que experimentaste el inmenso placer del que ayuda por el hecho de ser amable con alguien.
2. ¿Cuál es una de tus formas preferidas de ser amable?
3. ¿En qué ocasiones una palabra o un comportamiento amable te han animado a transmitir esa misma amabilidad a otra persona?
4. Cuando mires el cuestionario de autoevaluación de la página 49, ¿qué es lo que más te llama la atención en cuanto a la naturalidad con que la amabilidad es parte de tu vida?
5. ¿Cuándo te resulta más difícil ser amable?

POSIBILIDADES DE APLICACIÓN

1. Intenta visualizar a todas las personas con las que te encuentras como personas:
   - extremadamente valiosas
   - con gran talento
   - nacidas para tener un papel especial en esta vida
   - capaces de recibir y devolver verdadero amor
      Intenta visualizarte a ti mismo como:
   - una persona transformada que está en proceso de desarrollar las actitudes propias del amor verdadero
   - alguien con capacidad de vestirse de amabilidad
   - alguien con la fuerza necesaria para expresar amabilidad a pesar del rechazo o de un trato desagradable
   - alguien capaz de otorgar a las personas la libertad de recibir, rechazar o devolver los actos amables
   - alguien que ve en cada individuo una ocasión para expresar amabilidad
      Tal vez quieras escribir todos esos puntos en una ficha y dejar la ficha en un lugar que veas cada día, como, por ejemplo, el espejo del baño.
2. Escoge un día de esta semana y haz una lista de todas las acciones y palabras amables que observes durante el día.

Basta con que anotes quién es la persona y lo que hizo o dijo.

3. Al menos dos mañanas durante esta semana, piensa en cinco ocasiones que se te podrían presentar durante el día para expresarle a alguien tu amabilidad mediante palabras o acciones. Al final del día, anota las cinco acciones que hiciste para servir a los demás.

4. Practica la autoescucha. Después de cada interacción verbal, pregúntate a ti mismo: ¿qué he dicho que fuera amable y qué he dicho que fuera desagradable? Después, discúlpate por cada una de las cosas poco edificantes que has dicho.

CAPÍTULO 3

La paciencia

ACEPTAR LOS DEFECTOS DE LOS DEMÁS

También le sirven quienes inmóviles esperan.
—JOHN MILTON

Siempre me sorprende, como reflejo de la naturaleza humana, que cuando vamos andando hacia el auto en el aparcamiento, nos ponemos nerviosos con los conductores que quieren correr demasiado por los carriles por los que tenemos que atravesar. ¿Por qué no esperan unos segundos a que nos quitemos de en medio? Después, nada más entrar en el auto, nos ponen nerviosos los peatones que caminan despacio delante nuestro.

No es difícil encontrar historias de nervios al volante. En julio de 2007, el Departamento de Transporte de California clausuró temporalmente la carretera 138 porque los conductores estaban muy irritados con las obras que se estaban haciendo. El proyecto de ampliación de la calzada, con un presupuesto de 44 millones de dólares, pretendía reducir los accidentes en una vía muy transitada. Sin embargo, los inconvenientes que provocaban las obras para los conductores con prisas eran excesivos. Frustrados por la lentitud del tráfico, insultaban a los obreros y los amenazaban de muerte con pistolas de aire comprimido y, en una ocasión, incluso les arrojaron un burrito, la popular comida mexicana. La consecuencia de toda esa exhibición de cólera al volante no sirvió más que para acrecentar la impaciencia de los conductores: todos ellos se vieron forzados a dar un rodeo de media hora hasta que finalizaran las obras.[1]

En la cultura occidental no nos han enseñado a tener paciencia. Cuando un superior nos encarga una tarea y preguntamos:

"¿Para cuándo lo quiere?", la respuesta suele ser: "Para ayer". El mensaje está claro: no hay tiempo que perder; hazlo, y hazlo rápido.

En la vida personal, esperamos que las gratificaciones sean inmediatas. El solo hecho de esperar a que el ordenador se ponga en marcha ya es exasperante. Para comprar todo lo que no podemos permitirnos en un momento dado recurrimos a las tarjetas de crédito, aunque después tengamos que pagar más. Pagamos una cantidad extra para que nos entreguen la compra al día siguiente. Usamos las autopistas de largo recorrido para evitar la lentitud del tráfico fuera de ellas y, cuando salimos de la autopista, aporreamos el volante si el auto de delante no se mueve inmediatamente cuando el semáforo se pone verde.

Si somos tan impacientes con la tecnología, con los autos y con todo lo que tenemos, ¿a quién puede extrañarle que seamos impacientes con las personas? En realidad, la idea misma de ser pacientes con las personas va contra nuestra cultura. Sin embargo, la paciencia es una de las siete cualidades de la persona que ama de verdad. Solo la elección deliberada de amar a los demás nos puede ayudar a ser más pacientes en el mundo actual.

¿Soy una persona paciente?

Contesta al cuestionario para comprobar tu paciencia —respuesta c— con las personas y en situaciones difíciles.

1. Cuando alguien se cuela delante de mí en la carretera o en una cola...

a. toco la bocina, salto enseguida o hago algo para mostrarle mi enojo.

b. pienso que algo he hecho mal.

c. doy un respiro profundo.

2. La última vez que alguien se enojó conmigo...

a. me puse a la defensiva y empecé a gritarle.

b. di marcha atrás en lo que había provocado la ira.

c. escuché atentamente a la persona que se había enojado.

3. Cuando alguien falla en lo que espero de él...

a. me enojo con él.

b. lo dejo por imposible.

c. pienso cómo puedo animarlo.

4. Cuando —una vez más— un ser querido se complica la vida...

a. le digo que no estoy seguro que llegue jamás a tener todas las cosas en orden.

b. miro hacia otro lado.

c. le ofrezco mi apoyo como persona, aunque no esté de acuerdo con lo que ha hecho.

5. Cuando me equivoco...

a. me enojo tanto conmigo mismo que me cuesta concentrarme en cualquier otra cosa.

b. me siento como un inútil.

c. pido disculpas.

Todos estamos en proceso de transformación

Cuando Craig y Lauren se inscribieron para mantener correspondencia con reclusos, nunca se habrían imaginado que acabarían abriéndole las puertas de su casa a una convicta. Después de conocer por carta a Rebecca, se dieron cuenta de que era una mujer que luchaba como podía para salir adelante en la vida y, además, no tenía a nadie.

A punto de llegar a los cuarenta años, Rebecca estaba cumpliendo el cuarto año de una condena de ocho años de cárcel por desfalco en una empresa de construcción. Craig y Lauren empezaron a visitar a Rebecca en la cárcel y esta empezó a depender del apoyo que ellos le prestaban. Cuando la trasladaron a un centro de reinserción a media hora de distancia de la casa de la pareja, estos se comprometieron a ayudarla a efectuar la transición hacia una vida con un trabajo y, una vez más, con responsabilidades económicas.

La transición no resultó nada fácil. Más de una vez, angustiada por lo que acababa de hacer, Rebecca llamaba a Craig llorando desde el centro de reinserción. Primero, no informó a la empresa para la que trabajaba de las propinas que recibía en su trabajo de empleada de la limpieza; después, dejó un trabajo de camarera sin decirle nada a nadie; a continuación, se compró un teléfono móvil, cosa que no estaba autorizada a hacer. Después de conseguir por fin un puesto de recepcionista, con la ayuda de Craig y Lauren, un día tuvo tal explosión de cólera con su jefe que acabó despedida.

En el centro de reinserción, se saltaba todas las normas que podía, a pesar de las advertencias de que la próxima vez la devolverían a la cárcel a cumplir los años de condena que aún le quedaban. Sin embargo, cada vez que hacía algo mal, Craig y Lauren hablaban con ella, la reprendían y le decían que ellos todavía querían formar parte de su vida.

"Francamente, la mayor parte del tiempo resulta muy frustrante", me explica Lauren. "Le ofrecemos obstinadamente todo nuestro amor. Invertimos en ella nuestra energía aun sin saber si seguirá mintiendo, si será o no capaz de conservar alguno de los empleos que consigue".

Cuando le concedieron la libertad provisional, más de un año después de que Craig y Lauren la conocieran, la pareja la acogió en su casa hasta que encontrara un sitio para vivir.

"Vemos que intenta hacer lo correcto", dice Lauren, "y ha mejorado mucho. El hecho de que esté haciendo un gran esfuerzo hace que sigamos apoyándola. Como persona en libertad provisional, es como si viviera dentro de una pecera. En cuanto hace algo mal, todo el mundo se entera. Me pregunto qué pasaría si todo lo que yo hago estuviera constantemente expuesto al juicio de los demás. Tal vez sus defectos sean más visibles que los míos, pero lo que tenemos que hacer es identificarlos y ayudarla a corregirlos, y no rechazarla como persona".

Craig y Lauren son una muestra de cuál es la clave para llegar a tener una actitud paciente con los demás: saber que todos estamos en perpetuo proceso de transformación. La vida es un lento viaje para llegar a ser la persona que hemos elegido ser. De hecho, este mismo libro está escrito partiendo de la premisa de que las personas estamos siempre en proceso de cambio y de que muchas personas quieren amar más de lo que aman en la actualidad. Aunque nadie se *merece* la paciencia que los demás puedan tener con él, cuando somos pacientes con las personas con las que nos relacionamos, estamos recordándoles a los demás y a nosotros mismos que todos estamos en proceso de ser mejores personas.

Paciencia: permitir que los demás sean imperfectos.

Todo es cuestión de actitud

La paciencia toma diferentes formas según la relación. La paciencia que gastamos para perdonar a la camarera que nos trae algo que no hemos pedido es distinta de la paciencia necesaria para esperar que una hija pródiga vuelva a casa. Sin embargo, tener paciencia en una faceta de nuestra vida nos ayuda a ser pacientes en todas nuestras facetas.

Uno de mis ejemplos preferidos es la vida de Florence Nightingale. Nightingale nació en una familia rica y podría haber tenido una vida libre de preocupaciones. A pesar de ello, al alcanzar la juventud, se dedicó a visitar a los enfermos de los pueblos cercanos y se convirtió en defensora de los cuidados médicos en Londres. En 1845, comunicó a su familia que había decidido ser enfermera, a pesar de que esta se oponía. La enfermería no era una profesión que estuviera bien considerada y no era deseable para una señorita de clase alta. Sin embargo, Nightingale creía que había nacido para ser enfermera y, diligentemente, cursó estudios de enfermería, a la vez que iba en aumento su interés por los temas sociales de la época.

En 1854, Nightingale organizó una partida de 38 enfermeras que viajó hasta Turquía para ayudar a los heridos de la Guerra de

Crimea. Una vez más, hubo de enfrentarse al rechazo de los demás cuando los médicos británicos le comunicaron que ella y sus enfermeras no eran bienvenidas en aquel lugar. Después de mucho insistir, Nightingale obtuvo permiso para limpiar la sangre de los suelos. Diez días después, las nuevas víctimas llegadas del frente saturaron el hospital, y Nightingale y sus enfermeras pudieron finalmente demostrar sus habilidades.

La paciencia de Nightingale con las personas que pretendían acabar con su vocación se tradujo en paciencia con las personas a las que atendía. Los soldados la amaban, la llamaban la Chica de la Lámpara, por cómo los cuidaba por la noche. Se encargaba de enviarles las cartas que escribían y los salarios que recibían a casa, y creó varias salas de lectura en el hospital. Y, sobre todo, sistemáticamente mejoró las condiciones sanitarias del hospital, a pesar de la desaprobación inicial de los médicos. Sus diligentes investigaciones y su firme creencia en la importancia de la higiene salvaron miles de vidas. Años más tarde, escribió su popular obra *Notas sobre enfermería*, en la que defendía la observación y la sensibilidad en la relación con los pacientes, un enfoque de la enfermería que resultaba muy radical en su época.

La obra de Nightingale a lo largo de toda su vida transformó la profesión de enfermería y condujo a la creación de la Cruz Roja. Fue capaz de amar a los demás y de salvar vidas debido a la paciencia que demostró con quienes se opusieron a sus creencias. No podía transformar las condiciones sanitarias de inmediato, pero sabía que con el tiempo sus esfuerzos y su cuidado de los pacientes acabarían por influir en los demás.

Tener paciencia en una faceta de nuestra vida nos ayuda a ser pacientes en todas nuestras facetas.

Solo una actitud paciente hace que seamos capaces de mantener la diligencia con el paso de los años. Tanto si luchamos por la mejora de las condiciones sociales como si tratamos con un extraño en el banco, si hemos desarrollado una actitud paciente, seremos más plenamente capaces de amar a todas las personas que encontramos. Veamos ahora dos de las claves para desarrollar una actitud paciente en la vida diaria.

SER REALISTAS EN LO QUE ESPERAMOS DE LOS DEMÁS

Para tener paciencia tenemos que ver a los demás igual que nos gustaría que nos vieran a nosotros. Las personas no son máquinas de las que podamos esperar un producto perfecto. En el trajín de las interacciones diarias, es fácil olvidar que todos tenemos emociones, ideas, deseos y percepciones diferentes y que todos tenemos la capacidad de escoger. Tener paciencia implica amar a la persona aun cuando no estamos de acuerdo con sus elecciones.

No todo el mundo tiene las mismas prioridades que nosotros. Tenemos que aceptar que se trata de un elemento humano que forma parte de nuestras relaciones y tenerlo siempre presente en lo que esperamos de los demás. Si no, continuaremos siendo impacientes y expresaremos nuestra impaciencia condenando a los demás, lo cual no fomenta una buena relación humana.

El padre de un chico de dieciocho años me dijo una vez: "Yo querría que mi hijo fuera a la universidad, pero él ha elegido tomarse un año para viajar. No sé cómo se va a pagar el viaje, y no entiendo tampoco en qué lo va a ayudar eso. Sin embargo, he decidido respetar su elección". Me pareció encomiable que el padre hubiera elegido mostrar una actitud paciente aun cuando no estaba de acuerdo con lo que su hijo había escogido hacer. De modo parecido, una esposa joven me explicó un día que durante los dos primeros años de matrimonio no paraba de "fastidiar" a su marido quejándose continuamente de que los fines de semana perdiera las mañanas durmiendo cuando había muchas cosas que hacer en la casa. "Ahora me doy cuenta", me dijo, "de que él tiene que ser libre de usar su tiempo tal y como le parezca. A mí me parece que se pierde las mejores horas del día, pero él siente que eso es lo que necesita. Yo empiezo a hacer las tareas del jardín y espero que venga a ayudarme cuando le parezca bien".

Todos estamos en proceso de cambio, a veces a mejor y a veces a peor. Si somos conscientes de eso, tendremos más paciencia con nuestros familiares, con los compañeros de trabajo y con los amigos que, de momento, tal vez no toman las decisiones que nos gustaría que tomaran. Si respetamos ese proceso de cambio, es más fácil que influyamos de forma positiva en el resultado. No controlamos a los demás, pero sí que influimos los unos en los otros. La paciencia crea un ambiente propicio a ejercer una influencia positiva.

DARSE CUENTA DEL PODER QUE TIENE LA PACIENCIA

Todo eso me lleva a la segunda realidad que ayuda a desarrollar una actitud paciente. Igual que todas las demás cualidades del amor, la paciencia transforma a las personas. Eso me recuerda una de las fábulas de Esopo: "Bóreas y el Sol". Dice lo siguiente:

Bóreas y el Sol disputaban sobre sus poderes, y decidieron conceder la palma al que despojara a un viajero de sus vestidos.

Bóreas empezó de primero, soplando con violencia; y apretó el hombre contra sí sus ropas, Bóreas asaltó entonces con más fuerza; pero el hombre, molesto por el frío, se colocó otro vestido. Bóreas, vencido, se lo entregó al Sol.

Este empezó a iluminar suavemente, y el hombre se despojó de su segundo vestido; luego lentamente le envió el Sol sus rayos más ardientes, hasta que el hombre, no pudiendo resistir más el calor, se quitó sus ropas para ir a bañarse en el río vecino.[2]

Esta antigua fábula muestra una verdad relevante para todas nuestras relaciones. Las palabras rigurosas, tempestuosas, solo logran perjudicar la relación con los demás y, con frecuencia, hacen que las personas aumenten sus comportamientos inapropiados y poco afectuosos. Es el amor paciente y constante el que transformará a nuestros amigos, a nuestro cónyuge y a las personas con las que nos relacionamos en el trabajo.

Cuando me impaciento, pierdo los nervios y utilizo palabras de condena con mi mujer, Karolyn, me convierto en su enemigo, no en su amigo. La respuesta de Karolyn es luchar contra su enemigo o huir de él. Así que lo que tenemos es una soberana discusión de la que nadie sale vencedor, y ambos salimos heridos o nos distanciamos mutuamente e intentamos evitar al otro. En cualquier caso, hemos perdido el poder de ejercer una influencia positiva. Por otra parte, cuando me muestro paciente y controlo mi temperamento y expreso mi inquietud de manera afectuosa, mantengo intacta la relación y refuerzo la capacidad de ejercer una influencia positiva.

Veamos otro ejemplo del poder que tiene la paciencia. En la planta del hospital en la que trabajaba Carol de enfermera, nadie quería que le asignaran a la señora Bradley para cuidarla. La señora Bradley se recuperaba de una rotura de cadera y hacía correr todo el día arriba y abajo a las enfermeras: tenía mucho frío o mucho calor; quería agua fresca; la enfermera asistente no le había tomado bien la presión; quería que le cambiaran las sábanas… La luz de aviso de la sala de enfermeras se encendía cada dos o tres minutos. A veces, desde el vestíbulo se la oía gritar que le explicaría a su familia lo mal que la cuidaban en aquel hospital.

"Intenta que esté contenta", le dijo a Carol la enfermera del turno de noche cuando le pasó el relevo. En lugar de evitarla, Carol se planteó la relación con la señora Bradley como un reto. Ese día, a pesar del gran número de pacientes que tenía que atender, se propuso mostrarle a la señora Bradley toda la paciencia del mundo. Su objetivo era satisfacer sus demandas antes de que pudiera expresarlas.

"¿Tiene agua fresca, señora Bradley?", le preguntaba asomando la cabeza por la puerta. Cinco minutos después: "¿Está usted cómoda, señora Bradley?". Más tarde: "Parece que le iría bien algo de sol. ¿Quiere que le suba las persianas?". Por último: "¿Han sido puntuales hoy con la comida?".

Al principio, la señora Bradley seguía pulsando el botón cada pocos minutos, pero antes del mediodía la paciencia de Carol ya había empezado a suavizar su actitud. Pocas veces le hacía falta pedir ayuda antes de que Carol apareciera por allí a ver si necesitaba algo.

"Durante todo este tiempo hemos pensado que era una vieja gruñona, pero creo que lo único que le pasaba es que no quería estar sola", dice Carol. "Pensé que era porque tenía miedo. Cuando vio que yo estaba pendiente de ella, por fin pudo descansar". La paciencia de Carol había creado un ambiente en el que Carol aprendía a valorar a la señora Bradley como persona y en el que la señora Bradley poco a poco se iba relajando.

Al acabar el día, Carol estaba agotada, pero satisfecha. Cuando llegó el hijo de la señora Bradley a la hora de cenar, parecía de hecho que su madre estaba de buen humor. "Esta es Carol", le dijo. "Es la mejor enfermera que he tenido nunca".

Es mucho más fácil tener paciencia con las personas que son pacientes con nosotros. Pero, si damos las espalda a la gente impaciente, perdemos la oportunidad de comprobar el poder que puede tener la paciencia. Es posible que en las situaciones difíciles, más que en cualquier otra situación, sea cuando más nos sorprenda lo que la paciencia puede llegar a cambiar a las personas cuando decidimos amarlas de verdad.

HÁBITOS A ADQUIRIR
Cuando alguien se muestre especialmente impaciente contigo, tómatelo como una oportunidad de ser particularmente paciente con él.

La práctica de la paciencia

Tener paciencia no significa quedarse quieto sin hacer nada. He conocido a individuos capaces de quedarse sentados sin pestañear y oír cómo los demás despotrican y dicen disparates sin parar y que, después, se levantan y se van sin decir palabra. Eso no es tener paciencia, es aislamiento: egocentrismo. El individuo que aguanta sin pestañear no tiene ganas de entrar en lo ofendida que está la otra persona.

Tener paciencia es escuchar atentamente con ganas de entender lo que pasa en el interior del otro. Esa forma de escuchar requiere tiempo y es, en sí misma, una muestra de amor. La paciencia puede implicar a veces mantener la calma cuando lo que la otra persona dice resulta hiriente. La paciencia dice: "Me preocupas lo suficiente como para, digas lo que digas y lo digas como lo digas, seguir aquí contigo y seguirte escuchando en lugar de dejarte plantado".

LA ELECCIÓN DE ESCUCHAR

Caryn dice que aprendió este principio hace años, después de una discusión con su marido cuando sus hijos eran pequeños. La discusión empezó a gestarse cuando su marido, Steve, le dijo que llegaría de su nuevo trabajo a las cinco y media y después, casi cada día, no entraba por la puerta hasta las seis.

Caryn se decía a sí misma que los retrasos de Steve no tenían importancia, pero cualquier padre te dirá que media hora al final del día, cuando se tienen dos hijos de menos de cinco años, puede hacerse muy larga. Una noche en que Steve llegó otra vez tarde, Caryn perdió los estribos. "¡Creo que me estás mintiendo!", le dijo, entre sollozos.

En lugar de ponerse a la defensiva o de llevarle la contraria a Caryn, Steve se sentó con ella en el sofá y la estuvo escuchando. "No creo que te haya mentido", le dijo, "pero entiendo que te sientas así. Sé lo que de verdad duele que te mientan, y lo siento".

Con sus palabras, Steve reafirmaba los sentimientos y las necesidades de Caryn. Después le explicó que a menudo lo llamaban por teléfono al final de día y no quería perder la oportunidad de hablar con la persona, sobre todo cuando la llamada procedía de dos zonas horarias más allá, en la Costa Oeste.

Gracias a que la paciencia de Steve disipó su frustración, Caryn estuvo dispuesta a escuchar cuando él le explicó que no era su intención mentirle, era simplemente que no se había dado cuenta de lo importante que era para ella aquella media hora. Después de eso, Caryn decidió tener más paciencia con los retrasos de su marido. Más de treinta años después, Steve todavía la llama cuando sale del trabajo para decirle si ese día va a llegar más tarde de lo que le había dicho. La paciencia mutua permitió a esta pareja introducir cambios positivos en su relación que reafirmaron los sentimientos mutuos y lo que ambos se valoraban.

La paciencia consiste en estar dispuesto a tolerar temporalmente una conducta poco afectuosa o emocional para llegar a la cuestión que provoca la ira. La paciencia implica seguir escuchando cuando sientes que la otra persona está siendo injusta contigo. Implica comprender cómo se siente la persona y hacerla sentir escuchada.

ENTENDER LO QUE LE PASA AL OTRO

No puedes ofrecer una respuesta afectuosa hasta que has tenido la suficiente paciencia para entender lo que le pasa a la otra persona. Eso significa que hay que estar dispuesto a preguntar para entender lo que la otra persona piensa y siente.

Michael, padre soltero, estaba harto de que su hijo adolescente le pidiera constantemente un auto. Finalmente, Michael le preguntó:

—¿Me estás diciendo que crees que no te quiero porque no quiero comprarte un auto?

—No entiendo por qué tú sí puedes tener auto y yo no —le respondió Jason, su hijo.

—¿Dónde está la injusticia?

—¡Todos mis amigos tienen auto!

—¿Crees que sus padres los quieren más que yo a ti?

—No —dijo Jason—, pero no entiendo por qué no puedo tener un auto.

—¿Por qué piensas que no te lo compro?

—Dices que es porque no podemos pagarlo.

—Crees que te estoy mintiendo.

—No lo creo, pero ¿por qué no podemos pagarlo?

—¿Quieres que nos sentemos y te enseñe las cuentas? —le preguntó Michael—. Me encantaría enseñarte por qué no podemos comprarlo.

—No —dijo Jason—. Ya te creo.

—Si tuvieras un auto —le preguntó entonces Michael—, ¿qué es lo que podrías hacer que ahora no puedes?

—Podría pedirle a Helen que saliéramos juntos un día.

—¿Te gusta Helen?

—Bueno, me gustaría conocerla mejor. Pero si no puedo pedirle para salir, no sé cómo puedo conocerla.

—Tal vez yo pueda ayudarte en eso.

Discutieron la posibilidad de quedar con otra pareja que tuviera auto, de usar el auto de Michael, de invitar a Helen a cenar en casa. Al final de la conversación, Jason estaba entusiasmado con la posibilidad de llegar a conocer mejor a Helen.

En lugar de convertirse en una barrera entre Michael y Jason, la frustración de no tener un segundo auto fortaleció la comunicación entre ellos. Michael tuvo paciencia y escuchó lo necesario para descubrir qué era lo que realmente le pasaba a su hijo por la cabeza y darle una respuesta afectuosa y beneficiosa.

HÁBITOS A ADQUIRIR
Cuando una persona está enojada, prueba a escucharla para solventar su frustración.

Paciencia en las palabras

Era sábado por la noche y yo estaba en el Aeropuerto Internacional O'Hare de Chicago. Estaba sentado con todo el pasaje del avión frente a una puerta cerrada, y todos estábamos impacientes por llegar a nuestro destino final esa noche. Un empleado anunció que el avión despegaría con retraso a causa del mal tiempo. Fuera, la lluvia caía a torrentes desde el cielo y el viento soplaba con fuerza.

Después de esperar media hora, el empleado anunció un nuevo retraso. La lluvia y el viento no cesaban.

Un cuarto de hora después, la lluvia remitía y el viento aflojaba. Pensé que pronto podríamos subir al avión. En lugar de eso, a las once de la noche el empleado anunció la cancelación del vuelo.

Al oír la palabra "cancelado", el hombre que estaba sentado junto a mí se puso de pie de un salto, fue corriendo al mostrador y empezó a gritarle al empleado:

—¿Qué quiere decir —"cancelado"? Ha dejado de llover. Ya no hace viento. ¿Cómo han podido cancelar el vuelo?

—Señor, no he sido yo quien lo ha decidido. No es mi responsabilidad…—le respondió el empleado sin perder la calma.

—¡Alguien nos tiene que dar una explicación de por qué no va a salir el vuelo! —lo interrumpió el hombre—. Está claro que el tiempo ya no es el problema.

—Señor —respondió el empleado—, lo siento. No sé por qué han cancelado el vuelo.

—¿A qué hora sale el siguiente vuelo? —le preguntó el hombre, consciente de que había perdido la batalla.

—Mañana por la mañana, a las seis y veinte.

—¿Mañana por la mañana? ¿Qué significa "mañana por la mañana"? No puedo esperar hasta entonces. Tengo que llegar a casa esta misma noche. ¿Qué otra compañía vuela hoy? —le espetó a gritos.

—Ya no hay más vuelos hoy —contestó el empleado.

—¿Qué se supone que tengo que hacer, pues? ¿Pasar la noche en el aeropuerto?

—No, señor. Lo alojaremos en un hotel.

—¿Un hotel? —gritó el hombre—. No quiero pasar la noche en un hotel. Quiero ir a casa.

—Entonces puede pasar la noche en el aeropuerto, señor. O, si lo prefiere, puedo llamar a la policía.

Al oír nombrar a la policía, el hombre se calmó y dijo que aceptaría la habitación de hotel.

Mientras el empleado rellenaba los papeles para el vale del hotel, el hombre seguía diciendo: "No puedo dar crédito. ¿Qué tipo de compañía cancela un vuelo cuando ni siquiera está lloviendo? No volveré a volar jamás con esta compañía".

El empleado le dio el vale y le dijo que saliera por la puerta de las cintas de equipajes, cruzara la calle y cogiera el autobús que llevaba hasta el hotel. El hombre se fue sin dejar de rezongar para sus adentros.

Al marchar aquel hombre, la tensión se relajó y los restantes pasajeros obtuvimos nuestros vales de hotel y nos dirigimos hacia las cintas de recogida de equipajes. No dudo que nadie estaba contento de tener que pasar la noche en Chicago, pero las muestras de impaciencia de aquel pasajero nos habían recordado que por el hecho de ser desagradable las cosas no cambian. De hecho, después de aquel episodio los restantes pasajeros empezamos a hablar de experiencias anteriores con compañías aéreas. El consenso general era que ese tipo de cancelaciones eran inevitables y que mejor que disfrutáramos de aquella "noche de vacaciones" en Chicago. Por supuesto, todos teníamos derecho a preguntar por qué habían cancelado el vuelo, pero nadie lo hizo. Creo que todos pensábamos que el empleado ya lo había pasado lo bastante mal esa noche.

QUÉ HACER CUANDO SE ESTÁ ENOJADO

Todos hemos estado alguna vez en una situación en la que alguien ha generado una tensión extrema por tener una actitud impaciente y por no controlarse la lengua. La ira no es algo malo en sí mismo. Nos enfadamos de vez en cuando por una sencilla razón: no somos perfectos. Por eso, a veces nos sentimos heridos, molestos, decepcionados y frustrados. No hay nada malo en todas esas emociones. Lo importante es cómo respondemos a ellas. Si echamos manos de palabras duras, amargas y de condena, hacemos que la situación empeore. Si tenemos paciencia con los demás, nos damos tiempo para racionalizar los sentimientos.

La paciencia no consiste en "estar de acuerdo" con la otra persona para evitar la discusión. La paciencia es establecer un diálogo para comprender los pensamientos, los sentimientos y la conducta del otro. Tal vez no nos guste su comportamiento, pero si entendemos lo que pasa por su cabeza y en su corazón, podemos ofrecerle una respuesta más constructiva. Y además, cuando escuchamos antes de hablar, es más probable que nuestras palabras hagan cicatrizar la herida.

UNA VOZ POSITIVA

Te enfadas con tu amigo, que había quedado contigo a las seis esa tarde y todavía no ha llegado. Cuando aparece, treinta minutos tarde, puedes elegir: o te lanzas de cabeza a utilizar palabras que expresan tu ira y hieren a la otra persona, o le preguntas qué ha pasado y escuchas su respuesta.

Una vez que sabes lo que le ha pasado, tal vez te des cuenta de que, en realidad, el retardo no se puede atribuir a una gestión irresponsable del tiempo. Tal vez sientas que tu ira es legítima. Pero, aunque así sea, puedes elegir cuál va a ser tu respuesta. Puedes no tener paciencia y condenar su conducta. Es probable que eso provoque una discusión y eche a perder la noche. Por otra parte, puedes expresar tu ira y, aun así, mostrar paciencia y decir: "Tengo que decirte que estoy enojado, herido y decepcionado por el retardo, pero creo que ninguno de nosotros quiere estropear el tiempo que estamos juntos. Así pues, olvidémoslo y vamos a pasarlo bien esta noche". Con una respuesta paciente como esa, has salvado una noche que, de otro modo, estaba ya arruinada. Has sido sincero sobre lo que sientes, pero has escogido tener paciencia con los defectos de la otra persona y te has expresado en términos positivos.

Las palabras duras y de condena siempre crean tensión. La paciencia hace que hablemos sinceramente y con amor.

Hace poco que tuve ocasión de poner en práctica esta sabia idea. Mi mujer y yo acabábamos de cenar cuando me dijo:

—Cariño, ¿te acuerdas de cuando fuiste a Alemania hace un mes?

—Sí —respondí, mientras me preguntaba adónde quería ir a parar.

—¿Te acuerdas de que dijimos que yo pagaría los recibos mientras estabas fuera?

—Sí —le dije.

—Bueno, pagué algunos de ellos, pero esta mañana he encontrado esta pila de ellos en el armario y me he dado cuenta de que no los había pagado. Algunos de ellos ya han superado el plazo de pago.

La miré, sonreí y le dije:

—Karolyn, gracias por los recibos que pagaste. Yo me encargaré de los demás, también de los caducados.

Karolyn sonrió. Ambos sabíamos que durante mucho tiempo yo me habría enojado por lo de los recibos y habría gastado un montón de energía en mantener la ira. Lo que en épocas anteriores de nuestro matrimonio habría sido una velada catastrófica de palabras de condena, resultó ser un momento placentero. La diferencia era que yo había escogido ser paciente y expresarme en términos positivos.

Cada vez que me siento frustrado, puedo elegir: o contesto con palabras que pueden ser hirientes, o pregunto, escucho y procuro entender y, después, hablo en términos capaces de hacer que cicatrice la herida. No te conformes con menos.

La eficacia de la paciencia

En el capítulo anterior veíamos el valor que otorga nuestra cultura al tiempo. En muchos sentidos, acaparamos más tiempo que dinero. La idea de tener paciencia puede resultar casi imposible cuando nos enfrentamos a una larga lista de cosas que hacer durante el día. ¿Y si la paciencia se convierte en pereza o hace que no cumplamos con los plazos pactados? Si apenas tenemos tiempo de hacer las cosas tal y como están ahora, ¿cómo podemos añadir un elemento más a nuestras relaciones con los demás?

El amor auténtico nos dice que debemos amar a todas las personas con las que nos relacionamos, incluidos los compañeros de trabajo, los clientes y los jefes. Pero la paciencia no necesariamente comporta ineficiencia. Así pues, ¿cómo encontrar el equilibrio entre ser pacientes y cumplir con las obligaciones?

LA CALIDAD DEL TRABAJO

Las emociones, los conflictos y las necesidades humanas rara vez están bien organizados, y no podemos esperar que sea de otro modo. Sin embargo, aprender a procesar todos esos elementos de forma positiva es crucial. Cuando tenemos paciencia, nos damos cuenta de que las relaciones son más importantes que los horarios. Lo sorprendente es que, cuando concedemos prioridad a las relaciones y practicamos la paciencia en casa y en el trabajo, la productividad y la calidad del trabajo aumentan de hecho.

Una jefa de oficina me explicaba una vez la historia de cómo logró aumentar su paciencia aun cuando eso podía dañar el balance final. "Estaba desesperada por la falta de productividad de una de mis auxiliares administrativas. Cada noche lo comentaba con mi marido. Una noche, me miró y me dijo: 'Es probable que tenga algún problema que tú no sepas en su vida personal y que explica su falta de productividad. ¿Por qué no te tomas el tiempo necesario para hablar con ella?'

"Francamente, no quería pasar más tiempo con ella porque no era una persona que me gustara particularmente. Habría sido más fácil despedirla. Pero, a lo largo de las próximas semanas, tuve varias conversaciones breves con ella, no tanto sobre su trabajo como sobre su vida personal. A finales de mes, fui a comer con ella y otra auxiliar administrativa. Les hablé de mi hijo y de algunas de las peleas que tenía con él. Al hacer yo eso, la auxiliar administrativa me abrió su corazón y me explicó la lucha con su hijo adolescente que tomaba drogas. Ahora que conocía el problema, podía responder correctamente. En las semanas siguientes, la ayudé a conseguir que su hijo entrara en un programa de desintoxicación.

"Todo eso pasó hace más de un año, y ahora es una de las mejores auxiliares administrativas que tengo en el equipo. Me di cuenta con esa experiencia de que cuando la gente se siente amada es mucho más productiva en el trabajo. Le he dado mil veces las gracias a mi marido por animarme a hablar con mi empleada en lugar de despedirla".

Las relaciones no tienen atajos. Eso no significa que debamos abandonar todos los proyectos en los que trabajamos porque alguien necesita hablar con nosotros. Significa que debemos situar deliberadamente a las personas antes que los logros profesionales cada vez que hablamos o hacemos algo. El éxito está en nuestras relaciones, no en nuestros logros. Cada vez que escogemos ser pacientes con alguien en lugar de reaccionar apresuradamente cuando tiene un comportamiento confuso o inapropiado, ganamos una mejor comprensión del valor que tiene esa persona.

Elegir tener paciencia es una de las decisiones más eficientes que podemos tomar.

Liberarse de las prisas

En su libro *Be Quick—But Don't Hurry* (Sé rápido, pero sin prisas), Andrew Hill, ex presidente de la CBS, escribe sobre lo que aprendió del entrenador de baloncesto John Wooden. Considerado uno de los mejores entrenadores de la historia, Wooden llevó a UCLA a la victoria en diez campeonatos de la NCAA, o liga universitaria estadounidense, en doce años. Sus antiguos jugadores, Andrew Hill entre ellos, recuerdan que una de sus frases preferidas era "sé rápido, pero sin prisas".

Wooden reconocía la importancia de actuar con rapidez, pero sabía también que el trabajo hecho con prisas se acaba perdiendo. Todos los jóvenes de su equipo habían sido estrellas en el instituto. Todos se sentían capaces de hacer cualquier jugada que hiciera falta para ganar. "El problema era que no estaba en su naturaleza el pensar en reducir a veces la velocidad; siempre querían ir cada vez más rápido, razón por la cual era tan prioritario para el entrenador hacerlos bajar de velocidad".

Hill aplica ese principio a la vida fuera de la cancha de baloncesto y escribe que "la impaciencia y el hecho de fijarse objetivos poco realistas pueden sabotear a cualquier grupo de individuos con talento en cualquier lugar que trabajen".[3] En un mundo de mensajes instantáneos y tráfico en hora punta, podemos quedar tan atrapados en las prisas por acabar las cosas que nos olvidamos de cómo las estamos haciendo o de las personas a las que podemos estar hiriendo por querer ir tan deprisa.

Una actitud de prisa, aun cuando estás solo, afecta a tus relaciones. ¿Has intentado alguna vez andar deprisa por la cinta transportadora de los aeropuertos y salir de ella sin bajar el paso? El cuerpo se acostumbra tanto a estar en perpetuo movimiento que el suelo fijo le resulta extraño. Si estás todo el día impaciente, tendrás problemas para bajar el ritmo cuando por la noche tengas que relacionarte con la gente en la tienda o cuando saludes a la familia al llegar a casa. Cuando amamos deliberadamente, cobramos conciencia de todas esas ocasiones en que actuamos apresuradamente sin que sea necesario y bajamos el ritmo, pensando en todas nuestras relaciones.

LA PRUEBA DE LAS NUBES DE AZÚCAR

Hace más de cuarenta años, el doctor Walter Mischel llevó a cabo un estudio a largo plazo en la Universidad de Stanford que se hizo popular con el nombre del Marshmallow Test o "test de las nubes de azúcar". En el estudio, un investigador ponía unas nubes de azúcar frente a un niño de cuatro años y le decía: "Puedes tomar una ahora mismo, o puedes esperar quince minutos mientras voy a hacer otra cosa y tomar dos cuando vuelva".

Hubo niños que cogieron inmediatamente el dulce. Otros esperaron unos minutos antes de saborearlo. Un tercio de los niños esperaron a que el investigador regresara y, entonces, disfrutaron del premio de recibir dos golosinas. (Muchos de esos niños empezaban a cantar, conversaban consigo mismos, miraban hacia otro lado o, incluso, se quedaban dormidos mientras esperaban.)

Catorce años después, el doctor Mischel volvió a entrevistar a esos niños. Descubrió que los que se habían comido inmediatamente los dulces eran obstinados, impacientes y se sentían fácilmente frustrados. Aun siendo adultos jóvenes, ese grupo de participantes en el experimento estaba dispuesto a hacer un trato rápido por menos que a esperar pacientemente para lograr algo mejor.

Por otra parte, los niños que habían esperado para conseguir dos dulces tenían mayor autoestima y obtenían mejor puntuación en las pruebas estándar de entrada a la universidad, además de mostrar mayores habilidades sociales y ser más dignos de confianza. Al pensar en su futuro cuando fueran adultos, eran capaces de retardar las gratificaciones con el objeto de alcanzar metas más ambiciosas.

La famosa prueba de las nubes de azúcar nos recuerda que no debemos distraernos con cosas tentadoras pero poco importantes. Podemos disfrutar de la sensación de poder que proporciona el hecho de enfadarnos con un empleado cuando hace algo mal, pero la sensación de superioridad probablemente se desvanezca antes de que salga por la puerta. Cuando mostramos paciencia con ese mismo empleado, buscamos la forma de progresar, aun sabiendo que la persona no es perfecta. La inversión que hacemos en esa relación puede hacer que la persona triunfe a largo plazo, y nosotros también.

Cultivar la cualidad de la paciencia aumenta las posibilidades de lograr el éxito y la satisfacción. Cuando nos dedicamos a amar genuinamente, nuestra actitud refleja la habilidad de centrarnos en lo que es más importante en cada momento y esperar con paciencia cuando hace falta.

Tener paciencia con nosotros mismos

Mientras aprendemos a ser pacientes con los demás, debemos también ser pacientes con nosotros mismos. También nosotros estamos en constante proceso de transformación, incluso en lo tocante a aumentar la paciencia. Me gusta el ejemplo que pone Erich Fromm, el famoso psicoanalista: "Para tener una idea de lo que es la paciencia, basta con observar a un niño que aprende a caminar. Se cae, vuelve a caer, una y otra vez, pero sigue ensayando, mejorando, hasta que un día camina sin caerse. ¡Qué no podría lograr la persona adulta si tuviera la paciencia del niño y su concentración en los fines que son importantes para él!".[4]

La mayoría de nosotros vivimos sometidos a una gran tensión. Esa tensión es posible que proceda de las muchas responsabilidades, la escasez de dinero o de tiempo, la salud delicada o las relaciones rotas. Sea cual sea la fuente de tensión, cuando nos sentimos presionados por la vida es más probable que seamos impacientes. Nos volvemos perfeccionistas. Queremos hacer las cosas correcta y puntualmente. Cuando fallamos, nos enfadamos con nosotros mismos y nos maldecimos verbalmente: "¡No puedo creer lo que he hecho! ¿Cómo he podido ser tan tonto? ¿Por qué no le he dedicado más tiempo? ¡Seré estúpido!". Esa forma de hablarnos a nosotros mismos no nos hace crecer, sino que más bien aumenta nuestro desánimo.

Si queremos amar bien a los demás, debemos tener paciencia con nosotros mismos.

Si somos impacientes con nosotros mismos, es probable que también lo seamos con los demás. Colocamos a los demás en la misma posición en que nos colocamos a nosotros mismos. Con frecuencia, dicha posición resulta poco realista para todos.

La respuesta no está necesariamente en rebajar la posición en la que nos situamos a nosotros mismos, sino en cooperar con nuestro proceso de desarrollo. Si has hecho algo con lo que no estás satisfecho, reconoce todas las cosas positivas que has hecho y pregúntate: "¿Qué puedo aprender de la experiencia?". Cuando tienes paciencia, reconoces que, tanto en tu caso como en el de los demás, cualquier fallo puede ser un paso adelante hacia el éxito.

El proceso de desarrollar la paciencia

Como seres egocéntricos, tendemos a hacer y decir lo que creemos que es mejor para nosotros. El primer instinto que tenemos cuando alguien nos hiere es reaccionar contra la persona que nos ha herido. Sin embargo, cada vez que nos mostramos impacientes con los demás, perdemos una oportunidad para expresar amor. La paciencia no es una cualidad poco importante. Es un rasgo esencial de carácter que puede marcar la diferencia entre dejar una herencia positiva o una negativa. Así pues, ¿qué hacer cuando la impaciencia no es solo algo incrustado en el yo falso de la naturaleza humana, sino que ha pasado a ser parte de nuestros hábitos durante años?

La paciencia puede marcar la diferencia entre dejar una herencia positiva o una negativa.

ROMPER CON LOS VIEJOS PATRONES

A menudo el camino hacia la paciencia comienza por admitir los errores del pasado. He llegado a descubrir que, cuando estoy dispuesto a pedir disculpas a los demás por haber tenido un comportamiento impaciente, estos están dispuestos a perdonarme. Disculparse es una forma de admitir el error a la vez que comunico que no estoy contento ni satisfecho con la equivocación. Me doy cuenta de que mis fallos han podido herir a los demás y eso me motiva a tender nuevos puentes hacia la persona a la que he ofendido para poderle expresar verdadero amor y aumentar el potencial de nuestra relación futura.

Una vez retirados los escollos de pasados errores, estamos listos para romper viejos moldes de impaciencia y sustituirlos por un patrón de paciencia. La única forma de romper con los viejos patrones es identificarlos. Pregúntate lo siguiente: "¿Cuál es mi respuesta más común cuando me enojo con alguien o alguien me decepciona?". Cuando hayas respondido a la pregunta, habrás identificado los patrones negativos que hay en tu vida y que debes reemplazar.

Una amiga mía me explicaba hace poco que una vez su marido había vuelto a casa del trabajo sin los polvos para preparar el biberón. Ella había estado muy ocupada con el niño y había llamado a su marido cuando este salía del trabajo para pedirle que pasara por la tienda para comprar el preparado. "Cuando me dijo que se le había olvidado, le dije: '¿Cómo has podido olvidarte? Es como olvidar que tienes un bebé, y ni siquiera te das cuenta de que existo. No puedo depender de ti para nada' ". Sin decir nada, mi marido dio media vuelta, cogió el auto, fue al supermercado y compró el preparado. Mientras mi marido estaba fuera, las palabras que había dicho seguían resonando en mi interior. *Es la forma típica que tienes de responder cuando te sientes frustrada por el comportamiento de las personas.* Sabía que no era una respuesta muy afectuosa. Sabía que no demostraba mucha paciencia. Sabía que era perjudicial para la relación con mi marido, y sabía que era degradante para él como persona. Cuando volvió a casa, le pedí perdón y le dije cuánto sentía haberle reñido. Le dije que sabía que yo también me olvidaba a veces de las cosas y que sentía haber descargado mi frustración sobre él.

"El domingo siguiente, estaba en un banco en la iglesia cuando el orador invitado se levantó y dijo: 'Esta mañana quiero compartir algunas ideas con ustedes sobre cómo controlar la ira y la frustración'. No podía creer lo que estaba oyendo. Sabía que iba dirigido a mí. Cogí lápiz y papel.

"El orador recitó dos proverbios que cambiarían mi vida para siempre. El primero decía: 'Si hiciste el necio, [...] pon mano en boca. Pues apretando la leche se saca mantequilla, apretando la nariz se saca sangre y apretando la ira se saca querella' ".[5] El orador insistió: 'Pon mano en boca' cuando te das cuenta de que estás juzgando a las personas. Yo me lo tomé al pie de la letra y, durante todo el mes siguiente, varias veces me tapé la boca con la mano. A mí me sirvió para romper el hábito de hablar antes de pensar.

"Después el orador recitó el proverbio: 'Una respuesta suave calma el furor, una palabra hiriente aumenta la ira'.[6] La idea era que si hablamos en tono suave cuando estamos enojados, es menos probable que provoquemos la ira en el corazón de la otra persona. Así pues, cada vez que me quitaba la mano de la boca, empezaba a hablar en voz baja. Esas dos cosas hicieron que cambiara mi forma de responder cuando me sentía frustrada. Ahora me siento mucho mejor conmigo misma y estoy segura de que la familia y los amigos son conscientes del cambio que se ha producido en mi vida".

Esa esposa y madre ilustra dos principios importantes para desarrollar paciencia.

1. *Encontrar un método para romper con los patrones de conducta negativos que hemos desarrollado con el tiempo.* Para algunas personas, eso implica taparse la boca. Para otras, implica contar hasta cien antes de decir nada, o dar una vuelta a la manzana antes de responder a una situación, o sencillamente salir unos minutos de la habitación. Otra mujer me decía que, cuando estaba molesta o enojada, regaba las plantas. "El primer verano que intenté hacerlo", me explicaba, "casi ahogo las petunias". Es mejor inundar las petunias que seguir con la misma forma de vida negativa. Son formas de romper conscientemente con viejos patrones de comportamiento y prepararse para experimentar un cambio positivo.

2. *Sustituir una conducta negativa por otra positiva.* Para esa esposa, la conducta positiva consistió en aprender a hablar en voz baja. Conozco a una madre que les susurra a sus hijos cuando quiere darles instrucciones importantes. Los niños se inclinan hacia delante con los ojos muy abiertos para oír lo que tiene que decirles. Si les gritara las instrucciones o, incluso, si se las dijera en tono normal, los niños podrían ignorarla o reaccionar con miedo. Hablar en voz baja hace que los demás escuchen.

Otras personas han aprendido a escribir lo que van a decir antes de decirlo, o a escribir las preguntas que les gustaría hacer para entender mejor la situación antes de responder.

Un hombre me confesó que lo que lo había ayudado a encontrar un nuevo patrón de comportamiento era empezar la conversación con las siguientes palabras: "Quiero decirte esto de la forma más positiva posible porque creo en ti y aprecio nuestra relación".

"Esa afirmación", me decía, "me recordaba lo mucho que deseaba expresarme correctamente y también le aseguraba a la otra persona que lo que yo quería era encontrar una solución, y no herirla".

ACEPTAR LA REALIDAD

Otro paso en el proceso de desarrollo de la paciencia es darse cuenta, a menudo por experiencia, de que la impaciencia no cambia la situación. Después de todas las palabras ingratas, el hombre del aeropuerto de Chicago que se enojó con el empleado de la compañía aérea pasó la noche en un hotel de la ciudad. Podemos expresar impaciencia con palabras negativas y con una conducta negativa, pero cuando ya hemos dicho y hecho todo lo que teníamos que decir y hacer, la situación todavía sigue igual. Por otra parte, nuestra reacción negativa probablemente haya herido a los demás y nos haya puesto en evidencia. Y, más importante aún, no ha servido para demostrar verdadero amor. Esa conducta impaciente no solo es inútil, sino también perjudicial para la causa de lograr una vida llena de amor.

RESOLVER EL PROBLEMA

El paso final para desarrollar una actitud paciente es centrarse en la solución más que en el problema. Mi amiga cuyo marido se olvidó de comprar el preparado para el biberón del bebé reaccionó frente a lo que este había hecho, pero la cuestión principal no era su carácter olvidadizo, sino cómo darle de comer al bebé esa noche. Al centrarse en lo que consideraba una conducta irresponsable, lo que transmitió fue su condena. Si hubiera escogido centrarse en solucionar el problema, tal vez habría dicho: "Cariño, seguimos sin tener nada que darle de comer al bebé esta noche. ¿Quieres vigilarlo mientras voy al supermercado, o es más fácil que vayas tú a la tienda?". Fuera cual fuera la respuesta del marido a las opciones que le ofrecía, lo más seguro es que este hubiera adoptado una actitud mucho más positiva y que la relación no se hubiera visto afectada negativamente por las palabras de condena.

La paciencia se centra en el problema, no en la persona.

Cuando la conducta o las palabras de otras personas nos provocan sentimientos negativos, el problema no va a desaparecer porque pase el tiempo. El problema necesita solución. Dado que la paciencia permite que los demás sean imperfectos, cuando la imperfección provoca problemas, la paciencia debe centrarse en resolver el problema, más que en condenar a la persona.

Rival de la paciencia: el orgullo

El rival más evidente de la paciencia es la impaciencia. Pero ¿cuál es la causa de la impaciencia? A menudo es el orgullo lo que hace que reaccionemos con dureza con los demás. El orgullo nos dice: "Yo tengo razón, y tú estás equivocado. Quiero que sepas lo enojado que estoy para que sepas que tengo razón. No puedo tener paciencia contigo porque eso significaría que yo cedo, y no te lo mereces".

Will Durant, ganador de un premio Pulitzer, dijo una vez: "Hablar mal de los demás es una forma poco honrada de alabarnos a nosotros mismos". Con frecuencia descalificamos a los demás con observaciones impacientes y airadas en un intento inconsciente de presentarnos mejor a nosotros mismos. Queremos el reconocimiento de los demás por la forma en que nos han incomodado, nos han herido o nos han maltratado.

Si queremos el reconocimiento de los demás porque lo que deseamos es tener una relación más sólida y más sincera, entonces lo que nos mueve es el amor. En ese caso, lo que hacemos es hablar en tono suave, con respeto por los demás. Sin embargo, cuando lo que hacemos es revolcarnos en nuestra ira con pretensiones de superioridad moral porque queremos que los demás sepan que somos "mejores" que otra persona, entonces actuamos por orgullo. El orgullo nos impide ver que la persona con quien estamos enojados es tan valiosa como nosotros mismos y que es tan fácil que nosotros cometamos un error como lo es que lo cometan los demás. Cuando nos centramos obstinadamente en el error o en los defectos de alguien, ignoramos lo que hace falta para resolver el problema que nos ocupa.

La paciencia nos da la libertad de liberarnos de la necesidad de tener la razón todo el tiempo. Nos da la tranquilidad que proporciona el hecho de anteponer las relaciones a los deseos egoístas que nos roban la dicha.

Una nueva agenda

Andrew, el hijo de cuatro años de Keri, sufría episodios regulares de asma. A pesar de los esteroides y de la ayuda médica, a veces lo único que podía hacer durante los ataques agudos era esperar a que pasaran. Después de haber sufrido cualquier tipo de enfermedad respiratoria, la espera requería una extrema paciencia por parte de toda la familia, ya que Andrew gimoteaba constantemente de dolor y de miedo.

Keri estaba casada con un estudiante de doctorado en una de las principales universidades del país. Durante la última fase de investigación para la tesis de su marido, consciente de que ya había suficiente tensión en la familia, Keri hizo todo lo que pudo para que Andrew no cayera enfermo. Aun así, Andrew cogió un resfriado y, a continuación, una infección de bronquios le atacó los pulmones. Mientras el niño luchaba por respirar, lo único que lo aliviaba era descansar en brazos de Keri. A cada momento, la agarraba de la camisa mientras se esforzaba por aspirar aire en sus pulmones una vez más. Cuando se quedaba dormido, por poco tiempo, Keri lo soltaba un momento de los brazos para ir al baño o comer algo. Pero no tardaba en despertarse de nuevo, asustado y llamando a gritos a mamá.

Después de un día entero así, Keri tenía ganas de gritar ella también. La casa estaba patas arriba; el hijo mayor no tardaría en volver a casa de la escuela; su marido entraría por la puerta cansado después de un día interminable en la biblioteca, y ella seguía exactamente en el mismo lugar en el que la habían dejado esa mañana. No había hecho nada que no fuera tener a Andrew en brazos. Ni siquiera había podido ducharse.

En ese momento, Keri miraba al niño, que dormía. "¿Cuántos meses más, o años, tendré que estar así?", se preguntaba. "Debe de ser tan espantoso no poder respirar. Es un día. Es solo un día". Haciendo un esfuerzo deliberado, escogía tener paciencia esa noche, y el próximo día, y el siguiente, hasta que llegara el ansiado momento en que Andrew levantara la cabeza y pidiera galletas con formas de animales.

Más que pensar que Andrew quería arruinarle la vida, Keri se daba cuenta de que el niño lo único que hacía era responder al miedo de la forma en que responde un niño de cuatro años. En lugar de perder los nervios y pensar en todo lo que no había podido hacer, tenía paciencia con Andrew en su situación presente. La relación con él era más importante que todo lo que había planeado hacer esa semana.

La rabia y la frustración no ayudarían a Andrew a respirar mejor. Sin embargo, el autocontrol hacía que Keri pudiera mantener la tranquilidad en una situación difícil. Le permitía mostrar la paciencia que ofrecemos a los demás y a nosotros mismos cuando de verdad amamos.

Si estás viviendo una situación con un hijo, un amigo, un colega o un cónyuge que parece que absorba toda tu vida, piensa en qué pasaría si sustituyeras todos tus deberes dentro de la relación por una actitud de paciencia y compresión. Puede que al principio parezca una idea imposible, pero la decisión de ser paciente, aunque solo sea un momento, puede cambiarlo todo. Al igual que las demás cualidades de la persona que ama de verdad, la paciencia empieza por un momento, y después otro, hasta que se convierte en un magnífico hábito.

¿Cómo serían tus relaciones si...

- trataras a todo el mundo, incluido tú mismo, como alguien que está en proceso de transformación, más que como una máquina que ofrece un determinado rendimiento?
- mostraras, con las palabras y las acciones, que valoras la relación más que el tiempo?
- escucharas el tiempo suficiente para comprender lo que piensa y siente otra persona?
- te olvidaras de las palabras duras y de condena y aprendieras a hablar con suavidad?
- te centraras en encontrar la solución a los problemas más que en encontrar a quién culpar por ellos?

Adáptalo a tu vida

TEMAS PARA REFLEXIONAR

1. ¿Cuál es el signo más común de impaciencia en nuestra cultura?
2. ¿Crees que nuestra sociedad es más o menos paciente ahora que hace un siglo? ¿Por qué crees que es así?
3. ¿En qué momento has visto que la paciencia de alguien ha logrado transformar a otra persona hacia mejor?

4. Piensa en la última vez que estuviste impaciente con alguien. ¿Cuál fue tu reacción? ¿Qué es lo que te impacienta con más facilidad? ¿Por qué?

5. Piensa en dos o tres casos en los que alguien ha tenido paciencia contigo. ¿Cómo influyó en tu actitud la paciencia de la otra persona?

POSIBILIDADES DE APLICACIÓN

1. ¿Cómo podrías mostrarte paciente esta misma semana contigo misma, con tu cónyuge, tus hijos o cualquier otro ser querido? ¿A quién deberías escuchar más esta semana?

2. Durante la semana pasada, ¿recuerdas alguna ocasión en la que perdieras verbalmente los nervios? ¿Qué dijiste? ¿Cómo afectó eso a tu relación con la otra persona? Si tus palabras dañaron la relación, ¿estás dispuesto a confesarle a la otra persona que te equivocaste? Si así es, hazlo lo más rápido posible.

3. Escribe las frases siguientes en una ficha y léelas una vez al día durante toda la semana:

• Las personas no son máquinas. Tienen ideas, sentimientos, deseos y percepciones distintos de los míos.

• Las personas no tienen mis mismas prioridades. Sus agendas pueden ser distintas de la mía. Mi opción es respetar lo que los demás han elegido.

• Las personas están en constante proceso de transformación. Mi opción es darles tiempo para crecer.

• Mi propia paciencia crea un ambiente más productivo a la hora de ayudar a los demás.

CAPÍTULO 4

El perdón

DEJAR DE SER PRESA DE LA IRA

El perdón no es un acto esporádico, es una actitud permanente.

—MARTIN LUTHER KING, JR.

El 2 de octubre de 2006, Charles Carl Roberts entró en una escuela amish de una sola aula en Nickel Mines, Pensilvania, y mató a cinco alumnas antes de suicidarse. Los hechos sacudieron el país. Sin embargo, la historia que más sacudió al público, más incluso que la del asesinato, fue que horas después de la matanza, vecinos de la comunidad amish ofrecieron a la esposa y los tres hijos de Roberts su ayuda y su compasión. Dejaban claro que no guardaban rencor hacia Roberts y que querían reconciliarse con su familia. Días después, miembros de la comunidad amish asistían al funeral de Roberts y creaban un fondo para contribuir a la manutención de su esposa e hijos.

El perdón forma parte hasta tal punto de la actitud de esa comunidad que nadie se cuestiona si la justicia y la piedad deben extenderse también a un asesino. El amor es realmente una forma de vida para ellos.

El perdón: recurrir a la sinceridad, la compasión y la conciencia de uno mismo para reconciliarse con alguien que nos ha herido.

La violencia, por muy horrible que sea, es algo que esperamos de los demás en la cultura actual. El perdón nos coge desprevenidos. Va en contra de lo que es de esperar. El mundo habría entendido que las familias de las cinco niñas asesinadas hubieran reaccionado con odio y hubieran buscado venganza. Sin embargo, la comunidad amish de Pensilvania sabía que las heridas solo cicatrizarían mediante el perdón.

Tú y yo tal vez no tengamos que perdonar a nadie en circunstancias tan dramáticas, o tal vez sí. Sin embargo, no importa cuáles sean las circunstancias, el perdón es una de las siete cualidades esenciales del amor. Si queremos amar de verdad, tenemos que aprender a perdonar. Tenemos que perdonar las grandes ofensas tanto como las pequeñas ofensas cotidianas de los miembros de nuestra familia o del dependiente que nos cobra de más en la ferretería. Tanto si la ofensa es grande como pequeña, perdonar exige buscar la reconciliación para que nuestras relaciones tengan una influencia positiva en nuestra vida.

¿Cómo perdonar?

1. Cuando alguien me hace daño, lo más probable es que...
a. deje de hablarle hasta que me pida perdón.
b. ignore lo sucedido y siga adelante con mi vida.
c. le haga ver a la persona lo que siento.

2. Si alguien a quien amo se niega a pedirme perdón...
a. me enojo y me voy.
b. finjo que no me importa.
c. le hago saber que estoy dispuesto a perdonarlo en cualquier momento.

3. Cuando me acuerdo de algún mal que me han hecho...
a. le recuerdo a la persona el daño que me hizo.
b. me digo a mí mismo que no debería recordar cosas como esa.
c. intento calmar la ira e invertir las energías en pensar en otra cosa.

4. Cuando me equivoco, lo más probable es que...

a. intente convencer a los demás de que no ha sido culpa mía.

b. piense privadamente en mi error y me sienta mal por haberlo cometido.

c. busque a la persona a la que le hecho mal y le pida perdón.

5. Cuando alguien me hace ver que me he portado mal...

a. me pongo a la defensiva y le echo la culpa a otra persona.

b. cambio de tema.

c. confieso que hice mal y pido perdón.

¿Cuántas veces has contestado la opción *a* de las preguntas del cuestionario? Si *a* ha sido tu respuesta más común, es probable que reacciones con ira cuando alguien te hace daño. Quizás deberías ser más consciente de cómo te afectan las iras. Si la respuesta más frecuente ha sido *b*, probablemente intentas evitar los conflictos en las relaciones, aunque eso implique permitir que una barrera se alce entre tú y la otra persona. El objeto de este capítulo es comprender por qué afrontar las ofensas, perdonar y librarse de la ira son tan importantes para amar de verdad.

Pasión por la justicia, capacidad de amar

Recuerdo a un marido que me dijo una vez: "Estaba tan enojado con mi esposa y su amante. Quería que ambos pagaran por el dolor que me habían causado, a mí y a mis hijos". Son sentimientos perfectamente normales si atendemos a la idea que todos tenemos de lo que está bien y lo que está mal. Somos seres irremediablemente morales. Cuando alguien se porta mal con nosotros, algo en nuestro interior nos dice: "Eso no está bien. Quien lo haya hecho debe pagar por ello".

El poder transformador del amor auténtico no elimina la búsqueda de la justicia. Explica por qué, ante todo, queremos que se haga justicia. También estamos hechos para amar y recibir amor.

Hay determinadas leyes de la naturaleza que gobiernan nuestras decisiones, y el deseo de justicia hace mucho que está arraigado en nuestro ser.

El verdadero perdón sólo se da cuando la justicia y el amor operan conjuntamente.

Al mismo tiempo, todos tenemos la capacidad de hacer que el perdón esté más presente en nuestras relaciones a través del amor. La mayoría de los hijos aman a sus padres porque hay algo en su interior que les dice: "Los padres tienen que amar a los hijos, y los hijos, a los padres". La mayoría de las personas muestran un cierto amor hacia sus vecinos, compañeros de trabajo e, incluso, hacia los extraños.

El equilibrio entre la justicia y el amor crea una tensión que aflora en los tribunales y en las relaciones más cotidianas. Escucha los comentarios de la gente cuando se alcanza un veredicto:

- "El sentido de la justicia ha quedado en entredicho en este caso".
- "Le han dado lo que se merecía".
- "Creo que ha sido una buena decisión dejarlo en libertad condicional porque era su primer delito y parecía sinceramente arrepentido".

El reto que plantea vivir una vida de verdadero amor consiste en que, en medio de esa tensión, debemos perdonar a quienes nos han hecho daño, aun sin dejar de reconocer el mal que nos han hecho. El marido cuya esposa se fue con otro hombre me dijo más adelante: "Volvió después de tres meses y me dijo que había cometido un terrible error y que quería luchar por que nuestro matrimonio funcionara. No sabía si sería capaz de perdonarla. No fue de un día para otro, pero cuando me di cuenta de que estaba siendo sincera, encontré fuerzas para perdonar. Hoy tengo un matrimonio fantástico. Estoy contento de no haber dejado que el orgullo me impidiera amarla".

ESCOGER PERDONAR

Victoria Ruvolo tenía todo el derecho a estar enojada. Tal y como dijo el fiscal del distrito que intervino en su caso, se había cometido contra ella un delito contra el que no había castigo lo bastante duro.

Ruvolo tuvo suerte de salir con vida después de que un gamberro de dieciocho años arrojara un pavo congelado de diez quilos contra el parabrisas de su auto y le rompiera casi todos los huesos de la cara. El muchacho y sus amigos habían comprado el pavo con una tarjeta de crédito robada y se habían "lanzado como locos a comprar de manera absurda, solo por diversión".[1] Ruvolo estuvo diez horas en el quirófano, en coma inducido, y pasó un mes en el hospital antes de poder volver a su casa, donde estuvo meses haciendo terapia de rehabilitación.

A pesar de todo, Ruvolo estuvo en contacto con su asaltante durante todo ese horrible suplicio y le transmitió su perdón por lo que le había hecho. Hubo una escena en particular en el juzgado que dejó boquiabiertos a todos los observadores, y fue cuando el joven "tímido y prudentemente se acercó hasta el lugar donde se encontraba Ruvolo en la sala y le susurró una disculpa con lágrimas en los ojos. 'Siento mucho lo que te hice'. Ruvolo se levantó y la víctima y su asaltante se abrazaron entre lloros. Ella le acariciaba el pelo y le daba golpecitos en la espalda mientras él lloraba compulsivamente. Los testigos [...] la oyeron decir: 'No te preocupes. Solo quiero que hagas con tu vida lo mejor que puedas'. Según explican, los abogados de la acusación y los informadores, endurecidos con los años, tenían que reprimir las lágrimas".[2]

Cuando llegó la hora de dictar sentencia, Ruvolo le pidió al juez que fuera indulgente. En sus palabras al defendido, le dijo: "A pesar de todo el miedo y el dolor que he pasado, he aprendido una cosa de esta terrible experiencia, y tengo mucho por lo que estar agradecida [...] No existe espacio para la venganza en mi vida, y no creo que una condena de cárcel larga y penosa nos haga ningún bien ni a ti, ni a mí, ni a la sociedad".

Y así pues, el gamberro adolescente, que podría haber pasado veinticinco años en la cárcel, estuvo sólo seis meses. Ruvolo continuó diciendo: "Espero verdaderamente que esta muestra de compasión e indulgencia te empuje a llevar una vida honrada. Si mi generosidad te ayuda a madurar y a convertirte en un hombre franco y responsable, cuya gentileza sea motivo de orgullo para tus seres queridos y tu comunidad, entonces me sentiré verdaderamente gratificada y mi sufrimiento no habrá sido en vano".

Ruvolo no ignoraba que una pena de cárcel más larga habría estado justificada. Sin embargo, como más tarde declaró a los medios de comunicación, "¿Qué habría conseguido vengándome? Dios me ha dado una segunda oportunidad, y yo simplemente la transmito como en una cadena".[3] Pensaba que el perdón era mucho mejor que la justicia.

El comportamiento de Ruvolo nos recuerda el poder que tiene el perdón para cambiar la vida de las personas. Tal y como comentaba su cuñado después de la emotiva escena de los juzgados: "Ella lo veía como una madre. Le dijo: 'Quiero que llegues a ser alguien', y él le contestó: 'Sí, sí, te lo prometo'.[4]

POR QUÉ ES NECESARIO SABER PERDONAR

Hoy en día, el perdón es un concepto muy radical, tanto en los juzgados como en los hogares. Sin embargo, es un elemento esencial de las relaciones humanas, por dos razones:

1. *Los seres humanos somos realmente libres: libres de amar, libres de odiar.* Debido a esa libertad, la gente a veces toma decisiones erróneas y sigue un rumbo equivocado. Al hacerlo, se hieren a sí mismos y a los que los rodean.

2. *El perdón es necesario en las relaciones humanas porque la libertad siempre toma un rumbo egocéntrico.* Por defecto, siempre pensamos "¿qué es lo mejor para mí?". Entregados a nuestro yo falso, solemos decidirnos por nuestro propio bien a expensas de los demás. Es un hecho observable a lo largo de la

historia. Lo vemos aparecer en las pantallas de televisión e impreso en los diarios cada día. Lo vemos en las tragedias internacionales y en las historias locales de malversaciones, violaciones, asesinatos y robos. Y eso son únicamente los actos más visibles de egoísmo. Si las paredes de los hogares de todo el país hablaran, ¿cuántas de ellas desvelarían palabras ingratas, conversaciones degradantes y abusos físicos o sexuales que nunca aparecerán en los medios de comunicación?

Vivir es, en potencia, herir a los demás y ser herido por ellos. Sin el perdón, sólo nos queda la justicia después del mal. Si se administrara justicia a todo el mundo en la actualidad, la mayoría de la población acabaría en la cárcel. Llegados a ese punto, ¿realmente quieres que se haga justicia por todas tus acciones? La cuestión es la siguiente: ya que todos somos libres de actuar según nuestra naturaleza egoísta, ¿cómo puede alguien vivir una vida de amor?

Todos tenemos la oportunidad de superar nuestra naturaleza egocéntrica y aprender a vivir por el bien de los demás. Eso implica perdonar a quienes nos ofenden. No significa ignorar el mal que nos hayan hecho. El sentido de la justicia no nos permite que pasemos por alto los comportamientos ingratos. Si lo hiciéramos, el mal dominaría el mundo. Sin embargo, en esa tensión entre la justicia y el amor, el amor puede llegar a ser la fuerza más potente. Perdonar es elegir amar en lugar de exigir justicia. Cuando vivimos según nuestro yo verdadero, mayor aún que el deseo de quedar a la par es el deseo de reconciliación.

Aprender a perdonar

Veamos ahora el curso que siguen las cosas cuando perdonamos movidos por el amor auténtico. Primero, alguien hace algo malo: un hermano, una hermana, un amigo o un cónyuge nos trata de manera injusta. Nos sentimos heridos y nos enfadamos porque nuestro sentido de la justicia ha sido violentado. La primera respuesta está claro cuál es: reprendemos a la persona que nos ha hecho daño. Represión implica amonestar, desaprobar lo que uno ha dicho o hecho. En otras palabras, hacemos que la persona se enfrente a su mala acción. Normalmente, es mejor dejar un tiempo para enfriar los ánimos antes de pasar a reprender. El amor auténtico exige que mostremos respeto por la otra persona a pesar de lo que haya podido hacernos. Cuando amamos, usamos la gentileza y la sinceridad para hacer que el otro se enfrente a lo que ha hecho, y le ofrecemos perdón. Nos enfrentamos a la otra persona porque no queremos que nada estropee nuestra relación.

El paso siguiente, idealmente, es que la otra persona admita su culpa y exprese el deseo de no volver a hacerlo en el futuro. Es eso lo que más deseamos cuando nos enfrentamos a la persona que nos ha ofendido, porque entonces puede existir el verdadero perdón. Le ahorramos el castigo de nuestro enojo y volvemos a acoger al individuo en una relación restaurada. Empezamos el proceso de reconstruir la confianza. Nos negamos a permitir que el mal comportamiento de la persona comprometa el desarrollo futuro de la relación, y no permitimos tampoco que los sentimientos de dolor y desengaño controlen nuestra conducta. Ese tipo de perdón exige también la colaboración de la otra persona.

> **No podemos perdonar verdaderamente sin la colaboración de la persona que nos ha ofendido.**

Los límites del perdón

Mientras el perdón llega a ser una parte natural de todas nuestras relaciones, tenemos que ser conscientes también de lo que el perdón no puede hacer.

- *El perdón no es algo que se alcance fácilmente.* Una mujer cuyo marido, una vez más, había cogido todo el dinero para gastárselo en el juego, lloraba mientras me preguntaba: "¿Cómo puedo perdonarlo después de hacerme tanto daño? ¿Cómo ha podido mentirme cuando yo lo único que quería era ayudarlo? Me siento ultrajada". Tardó su tiempo, pero cuando el marido rompió todo contacto con el mundo del juego, admitió que se había portado mal e inició un programa de rehabilitación, la mujer empezó a progresar hacia el perdón. Cinco años después, me decía: "Fue la opción más dura y la mejor que nunca he hecho. Estoy tan contenta de no haberlo abandonado".

- *El perdón no elimina todas las consecuencias del mal comportamiento.* Supongamos que, siendo joven, soy un padre que pasa poco tiempo con sus hijos. Cuando estamos juntos, los trato con dureza, los critico y uso palabras degradantes con ellos, además de mostrarles poco amor. Años después, voy a mis hijos, que ahora ya son adolescentes, y les confieso mis errores como padre y les pido perdón. Supongamos que me perdonan. Su perdón no cura todas las heridas emocionales del pasado. No me devuelve todas las oportunidades perdidas de pasar un tiempo positivo y amar a mis hijos. Lo que el perdón hace es inaugurar la posibilidad de que en el futuro nuestra relación sea mejor. Con el tiempo, con más diálogo y, tal vez, con asesoramiento, es posible que mis hijos lleguen a sanar de todo el mal que les he causado. El perdón ha sentado los cimientos sobre los cuales es posible sanar.

- *El perdón no devuelve inmediatamente la confianza.* La mujer joven que se ha sentido herida por el comportamiento falso de su amiga tal vez la perdone cuando admita lo que ha hecho y cambie de conducta. Sin embargo, la traición ha destruido la confianza, y esta solo puede reconstruirse intentando ser digna de ella en el futuro. El perdón abre la puerta a la posibilidad de renovar la confianza con el tiempo.

El perdón solo no basta para recuperar la confianza, pero sin perdón la confianza no puede recuperarse.

- *El perdón no elimina el dolor del recuerdo.* Todo lo que nos sucede en la vida queda registrado en el cerebro, y es posible que una experiencia dolorosa regrese a nuestra conciencia una y otra vez. Al recordar, podemos experimentar también un gran dolor. Si hemos escogido perdonar, somos conscientes de lo que pensamos y sentimos, pero buscamos fuerzas para hacer algo amable y afectuoso por la otra persona, hoy mismo. La autora y columnista Anne Lamott escribe: "Perdonar es abandonar toda esperanza relativa a un pasado mejor". Cuando actuamos movidos por el amor auténtico, elegimos concentrarnos en el futuro y no permitimos que la mente se obsesione con los errores del pasado, ahora ya perdonados. Escogemos suprimir la barrera que supone la ofensa y permitir que la relación se restaure. Una vez que hemos perdonado, el amor debería esforzarse por suprimir el recuerdo de las malas acciones.

Negociar las diferencias

"Nuestros treinta y cinco años de matrimonio no han sido perfectos", dice Gail, "pero Don y yo aún nos amamos, seguimos disfrutando cuando estamos juntos y aún tenemos que negociar entre nosotros, ¡cada día! A veces creo que lo más difícil de entender son los hábitos cotidianos. Don casi nunca me abraza si no se lo pido, y pierde toda noción del tiempo con tanta facilidad que casi siempre hace que lleguemos tarde. Odia tanto el desorden que empieza a recoger detrás de mí en la cocina antes de que haya acabado de usar lo que he sacado. Sé que hay muchas cosas que a él le gustaría cambiar de mí. Si quieres que te diga la verdad, aún estamos aprendiendo a vivir bien juntos".

Gail y Don han ido haciéndose concesiones mutuas con los años. Cuando acababan de casarse, las discusiones se centraban casi exclusivamente en la limpieza de la casa. A Gail no le importaba que los zapatos se quedaran a la entrada, que los mármoles de la cocina estuvieran llenos de libros y papeles ni que el suelo de los armarios estuviera cubierto de ropa. A Don no solo lo importunaba todo eso, sino que el desorden de Gail lo dejaba estupefacto. Siempre se había imaginado casado con una mujer ordenada. Gail, por otra parte, estaba ansiosa por que Don le expresara su afecto con contacto físico y con palabras, pero él rara vez lo hacía. Más de una vez él le decía en broma: "Te quiero. Y si cambio de opinión, ya te lo diré".

Después de más de tres décadas de matrimonio, Gail y Don siguen aprendiendo a amarse a pesar de los respectivos defectos. Don es mucho más tolerante con el desorden que hay en casa. Gail intenta recoger las zonas comunes de la casa con más frecuencia, porque es consciente de que es una forma de amar a Don. No deja de decirse a sí misma que Don le expresa su amor cada vez que le arregla el auto o le prepara la cena. Él, por su parte, intenta hacer que su esposa se sienta segura de él, no sólo en los aniversarios y cumpleaños, sino también día tras día.

La simple irritación por la conducta de otra persona no exige que perdonemos ni nos disculpemos. La irritación requiere más bien que negociemos para que la persona cambie su conducta o para que nosotros seamos capaces de aceptarla. Igualmente, los choques de personalidad no exigen perdón. Una persona puede ser ordenada por naturaleza, mientras que otra es espontánea. Si esas dos personas trabajan o viven juntas, es probable que se genere tensión. La tensión exige diálogo, comprensión y aceptación de las diferencias. No exige perdón.

Por supuesto, aprender a negociar las diferencias no siempre es fácil. A veces respondemos a la irritación con palabras ingratas o de condena. Cuando eso sucede, debemos disculparnos y buscar el perdón de la otra persona. Cualquiera que tenga un matrimonio o una amistad comprometida sabe que amar implica pedir perdón muchas veces, precisamente porque sabes que tu conducta ha podido herir a la otra persona. Tal y como han descubierto Don y Gail, estar dispuesto a perdonar las pequeñas ofensas es un paso hacia experimentar el amor como forma de vida.

HÁBITOS A ADQUIRIR
Practicar el perdón en las cosas pequeñas y pedir disculpas aun por las pequeñas ofensas.

Cuándo es necesario el perdón

La matanza de amish en Pensilvania tal vez no habría tenido lugar si el asesino hubiera pedido y recibido perdón por un incidente de su juventud. En su nota de suicidio, Roberts afirmaba que lo perseguía el recuerdo de haber abusado sexualmente de dos personas jóvenes de su familia veinte años atrás.

Es probable que nunca lleguemos a saber la verdad que hay detrás de las palabras de Roberts, ni cómo las acciones perniciosas del pasado incidieron en lo que hizo ese día de octubre. Sí sabemos que el perdón, tanto el que se da como el que se recibe, puede darnos la curación y cambiar nuestra vida. Para amar auténticamente, debemos admitir la culpa y no repetir los errores, a la vez que nosotros perdonamos también a los demás.

Si eres tú quien ha cometido la ofensa y has hecho daño a alguien, toma la iniciativa e intenta reconciliarte con la persona a la que has ofendido. Si no intentas reconciliarte inmediatamente, y si la persona elige reprenderte y hacer que te enfrentes a tu mala acción, lo más sabio es que admitas que has actuado mal e intentes reconciliarte.

Si te pillan intentado echarle a otro la culpa de tus actos, o si te has negado a admitir lo que has hecho y arrepentirte por ello, te pido encarecidamente que reconsideres la vía que has elegido. Si no consigues disculparte y buscar el perdón de la otra persona, la ofensa se levanta como una barrera entre tú y el otro. Cada barrera que levantas te lleva a un mayor aislamiento. El perdón es crucial para tu propia curación, así como la de los demás.

Cuando ofendemos a los demás, el reto que se nos plantea para llevar una vida llena de amor es aceptar la responsabilidad de los propios errores, cambiar el mal comportamiento y pedir perdón a la persona a la que hemos ofendido. Cuando hacemos eso, es posible restaurar la relación. No existe una relación positiva a largo plazo que no exija confesión, cambios de conducta y perdón. No tenemos por qué ser perfectos para tener una buena relación, pero sí que debemos estar dispuestos a gestionar nuestros errores de forma realista.

> No existe una relación positiva a largo plazo que no
> exija confesión, cambios de conducta y perdón.

Amar a la persona que se niega a disculparse

Si plantas cara de forma afectuosa a quien te ha hecho daño, en muchos casos la persona admitirá el mal que ha hecho y te pedirá perdón por ello. Por otra parte, también es posible que la persona niegue haber hecho nada mal y se sienta insultada por la acusación. Si sabes que tu información es correcta y presentas "pruebas" a la persona que te ha ofendido, lo normal es que se vea forzado a admitir que te ha tratado mal. No obstante, también es posible que no esté dispuesto a cambiar de conducta. En ese caso, el deseo de amar verdaderamente impone que actúes y pienses de manera distinta.

> **HÁBITOS A ADQUIRIR**
> Si la persona que te ha hecho daño no quiere o no
> sabe disculparse, recuerda que siempre es posible
> deshacerse de la ira que sientes hacia ella.

1. LIBERAR A LA OTRA PERSONA

Jamie hacía dos años que dirigía un gimnasio cuando se supo que el dueño estaba malversando fondos, además de mentir compulsivamente sobre todo, desde su infancia hasta su familia, pasando por su situación financiera. Todo el entusiasmo que tenía Jamie con respecto al futuro de la empresa y todos los planes soñados junto con el dueño se vinieron abajo repentinamente. El jefe en quien había confiado la había traicionado. Ya no podía ni siquiera hablar racionalmente con él, porque insistía en seguir mintiendo. En medio de todo eso, Jamie se enfrentaba al tratamiento de un cáncer y a una inesperada carga de trabajo.

"Al principio estaba muy enojada", explica. "Después, mientras estaba en una de las sesiones del tratamiento médico, pensé: 'No quiero que la ira ocupe el más mínimo espacio en mi cerebro en estos momentos'. Decidí que el tratamiento contra el cáncer de ese día debía servir también para luchar contra la ira. Casi podía sentir cómo la amargura salía de mi cuerpo".

Aunque Jamie sigue negociando las repercusiones del comportamiento de su jefe, ahora habla sin rencor de la situación. Está logrando que el amor sea más fuerte que el daño que le han hecho.

Cuando alguien te ha hecho daño y se niega a pedirte perdón, el reto que se te plantea no consiste en perdonarlo, sino en librarte del daño y la rabia y, a la vez, liberarlo a él. Si la persona que te ha ofendido admite el error y hace un cambio positivo en su vida, entonces puedes perdonarla. Si no, las consecuencias de sus acciones ya le llegarán en el momento oportuno, sin que tengas tú que contribuir a ello. Liberar a una persona es muy diferente de perdonarla. No lleva a la reconciliación, pero sí que te libera a ti emocional y espiritualmente para que puedas llegar a ser la persona que deseas ser.

Como pastor de tradición cristiana, siempre animo a la gente a dejar que Dios decida sobre las personas, en la creencia de que Dios es justo y nos ama. Veo a Dios como alguien dispuesto a perdonar a todos los que admiten su culpa y desean su perdón. No me siento obligado a buscar venganza, ya que yo he escogido librarme de la ira y liberar a la persona que me ha hecho daño y dejar a esta última en manos de la justicia y el amor divinos. Entonces estoy preparado para el segundo paso.

2. ADMITIR LOS PROPIOS FALLOS

El segundo paso para librarse del dolor y la ira que se sienten cuando alguien te trata mal es admitir los propios errores en la situación. Si alguien se ha portado mal contigo, es legítimo que te enojes; deberías estar enojado. Pero la ira fue concebida para visitarnos, no para que habitara permanentemente en nosotros. La ira nos motiva a confrontar a la persona que nos ha ofendido y buscar la reconciliación. Cuando la conservas en tu interior sin dejar de darle vueltas, esta se transforma en amargura y, posteriormente, en odio. Ambas emociones y actitudes son destructivas para quien las alberga. Podrían llevarte incluso a arremeter con violencia contra quien te ha hecho daño.

> **La ira fue concebida para visitarnos, no para que habitara permanentemente en nosotros.**

Todos hemos leído historias de empleados furiosos que han vuelto a su antiguo lugar de trabajo y han disparado contra sus superiores o sus compañeros de trabajo. Más normal todavía es que hayamos lanzado diatribas verbales contra alguien que nos haya hecho daño. Cuando nos obsesionamos con el propio dolor y la propia ira, somos culpables de conducir mal nuestras propias pasiones. Si alguna vez necesitamos ayuda y consejo para gestionar nuestras emociones es cuando un amigo o alguien de la familia nos ha hecho daño. Admitir el propio fracaso a la hora de gestionar el dolor y la rabia de forma positiva nos libra de un mayor resentimiento.

3. DEVOLVER EL BIEN CUANDO RECIBIMOS EL MAL

El tercer paso es un paso de gigante. Consiste en devolver el bien por el mal.

Por naturaleza, somos amables con quienes son amables con nosotros. Somos afectuosos con quienes nos muestran su amor. Pero cuando el amor es una forma de vida, los requerimientos son mucho más elevados: expresar amor incluso a quienes nos maltratan.

Una mujer, Elise, me explicaba que cuando era niña le gustaba apoyar la cabeza en el abrigo de pieles de su madre cuando se sentaban juntas en la iglesia. Le encantaba la suavidad de la piel contra la mejilla y el calor de estar cerca de alguien. Su madre, sin embargo, la reprendía y se mostraba distante, y siempre la empujaba para separarla de ella para que no le manchara el abrigo.

Al hacerse adulta, Elise hubo de esforzarse durante años para superar el sentimiento de rechazo y el dolor que había experimentado de niña. Cuando intentaba expresarle lo que sentía a su madre, ya anciana, esta cambiaba de tema.

Al morir su padre, Elise veía cómo su madre cargaba a solas con la pena. Al verla sentada en el banco delantero en el funeral de su padre, Elise se sentó a su lado y la rodeó con el brazo. Sin decir palabra, su madre, exhausta, apoyó la cabeza en el hombro de Elise y cerró los ojos. Para Elise, fue un paso decisivo para curar las heridas el dejar que su madre reclinara la cabeza contra ella como un niño, de un modo que ella misma no conocía. Demostró verdadero amor al responder con compasión a la persona que la había herido.

4. UTILIZAR BIEN EL DOLOR

Si tratas con una persona que se niega a pedir perdón, tus reflexiones internas son de vital importancia para aprender a dar los tres pasos que acabamos de exponer y aliviar tu propio sufrimiento interno. Cuando liberas a la persona que te ha hecho daño, reconoces tus propios errores en la gestión de la situación e intentas amar a la persona que te ha ofendido, quedarás libre para continuar con tu vida y usar tu tiempo y tus energías de manera constructiva.

Dudo que Victoria Ruvolo hubiera sido capaz de ofrecer a su asaltante una vida mejor si no se hubiera librado de la ira que sentía hacia él. Como muchas de las historias que han tenido lugar en nuestra vida, su dolor y su perdón dan muestra de la capacidad de los seres humanos para hacer daño a los demás, así como de la capacidad que todos tenemos para librarnos de la ira y usar el tiempo y la energía para ayudar a los demás.

Rival del perdón: el temor

En el momento en que debemos decidir si intentamos reconciliarnos o no, siempre es útil nombrar los temores que se interponen en nuestro camino:

- La persona se negará a pedir disculpas.
- Tendremos que admitir que nos ha dolido su comportamiento.
- Tendremos que admitir nuestra parte de culpa en la ofensa.
- La otra persona pensará que el perdón le da derecho a hacer daño.

Cuando reconocemos todos esos temores, podemos responder a ellos con toda la verdad sobre el perdón:

- Aun cuando la negativa de la otra persona a disculparse hace que sea imposible la reconciliación, seguimos teniendo la opción de librarnos de la ira que sentimos.
- La vulnerabilidad es una parte importante de las relaciones. Si admitimos que algo nos ha dolido, los demás es más probable que admitan el daño que nos han causado.
- La admisión de culpa nos enseña el poder del perdón y debe ser parte de nuestra vida si queremos amar de verdad.
- No podemos controlar la reacción de los demás a nuestro perdón. Si tenemos la oportunidad de perdonar en una relación, el amor auténtico nos dice que debemos perdonar.

El temor es uno de los rivales del perdón, pero no es tan fuerte como el amor. Cuando amamos a quienes nos han hecho daño, nos libramos de nuestros temores para disfrutar de las relaciones como nunca antes habíamos disfrutado.

Adquirir la capacidad de perdonar

Courtney siempre le había preparado un plato como regalo a la maestra de su hijo al acabar el curso. No obstante, la relación con la señora Cooper, la maestra de segundo curso, era una pelea continua. Hunter había tenido miedo a ir a la escuela todo el año a causa de su lengua mordaz y la rapidez con que se enfadaba. Courtney pensaba que la forma de enseñar de la señora Cooper era perjudicial para Hunter y los demás niños. A pesar de las numerosas reuniones con ella y con el director, la señora Cooper no había titubeado en su forma de enseñar y no dejaba de repetirle a Courtney que era demasiado blanda con Hunter.

Courtney se esforzaba por librarse de la rabia que sentía hacia la mujer que le había amargado el curso a su hijo y que no admitía ninguna clase de culpa. Sin embargo, la última semana de curso descubrió también que la señora Cooper tenía un dolor constante en la espalda, una complicada vida familiar y una gran cantidad de trabajo con las evaluaciones y el papeleo de la escuela. Así que Courtney no se limitó a prepararle un plato discreto, sino que le hizo un plato enorme de pollo al horno con puré de papas. Cuando se lo llevó a la señora Cooper el último día de clase, Courtney le agradeció con sincero aprecio lo mucho que se había esforzado por educar a Hunter. De palabra, y con sus acciones, estaba reconociendo que la señora Cooper era la mejor maestra que había conocido dadas las difíciles circunstancias, además de reconocer que también ella había tenido un año muy difícil.

Con su predisposición a perdonar en lugar de juzgar, a mostrar compasión más que a exigir justicia, Courtney mostraba las cualidades de una persona que es capaz de perdonar. Una persona capaz de perdonar está siempre dispuesta a hacerlo cuando le piden disculpas. Cuando no se las piden, una persona capaz de perdonar toma la iniciativa y se enfrenta afectuosamente a la otra persona por lo que esta ha hecho mal y le ofrece su perdón. Una persona capaz de perdonar no se revuelca en el dolor ni explota de rabia, sino que invierte la energía en buscar la reconciliación.

Así pues, ¿cómo se adquiere la capacidad de perdonar?

PRIMER PASO: PERDONARSE A UNO MISMO

En el transcurso de los años, he conocido a personas que continuamente se reprenden a sí mismas por sus errores. Flagelarse uno mismo con palabras condenatorias es autodestructivo. Decir cosas como "no puedo creer lo que he hecho; he sido tan idiota; ¿cómo he podido ser tan insensible?; he herido a la persona que más quería; no sé si me perdonaré lo que he hecho" tal vez sea apropiado como parte de la admisión de culpa, pero una vez has recibido el perdón, ya no hace falta seguir pensando de esa forma. Cuando el recuerdo de los errores pasados te asalta de nuevo y vuelves a sentir el dolor, debes perdonarte a ti mismo igual que te han perdonado los demás.

SEGUNDO PASO: DISCULPARSE POR LOS PROPIOS ERRORES EN LA RELACIÓN

Hablar con franqueza de las ofensas hace que comprendamos lo importante que es perdonar si queremos que prospere la relación. Un joven me decía una vez: "Siempre he creído que la gente no debería ser tan sensible. Llevaba años contando chistes de contenido racial. No le daba mayor importancia hasta que un día un amigo afroamericano al que apreciaba realmente me dijo lo mucho que lo ofendían mis chistes. Eso me hizo abrir los ojos. Le pedí perdón y, después, hice lo mismo con todo el departamento. Ahora soy más consciente de la forma en que mis palabras y mi conducta afectan a los demás".

Estás aún en proceso de transformación. No debería sorprenderte el hecho de decir y hacer cosas a veces que resultan dolorosas a los demás, palabras y acciones que no son ni amables ni afectuosas. La decisión de pedir disculpas es un gran paso en el proceso de adquisición de la capacidad de perdonar.

El hecho de disculparse:

- Demuestra que estás dispuesto a asumir la responsabilidad de tus malas acciones: "Me he equivocado".
- Expresa arrepentimiento: "Siento haberte herido tanto con mi comportamiento. Me siento mal por lo que he hecho".
- Expresa deseos de compensar por el mal causado: "¿Qué puedo hacer para compensarte?".
- Expresa un verdadero deseo de corregir el comportamiento: "No quiero volver a hacerlo".
- Implica pedir perdón: "Perdóname, por favor".[5]

Cuando pides perdón a los demás y estos te lo otorgan, experimentas la dicha que proporciona la reconciliación. Cuando los demás se niegan a perdonarte, experimentas el dolor que provoca el rechazo. Ambas experiencias te motivan para ser capaz de perdonar cuando los demás te piden disculpas.

TERCER PASO: TENER UNA ACTITUD DE AUTÉNTICO AMOR HACIA LOS DEMÁS

Mientras tú te esfuerzas por perdonar, puedes llegar a exasperarte cuando alguien continúa ofendiéndote. Y aun así, cuando amas de manera auténtica, luchas por ser siempre vehículo de perdón. Esa forma de amar se aprende día tras día, de formas comunes. Tu actitud le hace ver a la otra persona que estás siempre dispuesto a restablecer la relación. El amor auténtico te pide que estés abierto al perdón, por mucho tiempo que pueda llevarte.

"Enojarse no cambia el pasado"

Cuando Michael Watson se enfrentó a Chris Eubank en White Hart Lane, en Londres, el 21 de septiembre de 1991, el mundo del boxeo esperaba saber quién se haría con el título mundial de peso medio. El sueño de Watson era ser campeón mundial, e iba por buen camino, disfrutando de la carrera característica de toda una celebridad, con "autos rápidos, ropa cara y chicas". De repente, al final del undécimo asalto, Eubank le propinó un golpe que casi acaba con su vida. Justo después de que el árbitro interviniera para detener el combate en el duodécimo asalto, Watson perdió el conocimiento. Estuvo en coma los cuarenta días siguientes, y un coágulo de sangre lo dejó medio paralítico.

Watson escribe que salió del coma confuso, frustrado y luchando por hacer frente a lo que había pasado. Después, pensó en lo mucho que debía de estar sufriendo Eubank y en que el incidente podría haber sucedido al revés. "Enojarse no cambia el pasado", pensó mientras empezaba a pensar en el futuro. "Si le guardara algún rencor a Chris por lo que me había hecho, me estaría destrozando a mí mismo mental y físicamente. En ese caso, ¿cómo podría haber seguido adelante?". Cuando Watson empezó a curarse de las heridas emocionales y físicas, encontró una nueva paz y una nueva fuerza. "Ahora me siento como nuevo. Me encanta como soy porque mi corazón está repleto de amor".

Perdonar a los demás es una forma de reconocer que somos seres imperfectos que viven en un mundo imperfecto. Algunos de los hechos que nos toca perdonar son fruto de la mala intención, pero muchos de ellos tienen su origen en la debilidad humana sin más, tanto si hemos de perdonar al cónyuge que ha dejado la cocina hecha un asco como al médico que ha cometido un error al tratarnos.

Cuando alguien se siente herido, la tentación es pensar a quién podemos echar la culpa, pero, en realidad, es imposible asignar un porcentaje de culpa a todas y cada una de las personas y circunstancias que han intervenido. A veces lo que tenemos que hacer es simplemente reconocer que una relación necesita algún tipo de cura y que es muy probable que también algún defecto nuestro haya tenido su parte de culpa en lo que ha pasado. Admitirlo puede animar a la otra persona a hacer lo mismo. Puede que sea difícil pedir disculpas por algo que escapa a nuestro control, pero el amor auténtico nos pide que nos reconciliemos con las personas a las que hemos hecho daño y con las que nos lo han hecho a nosotros. Cuando invertimos la energía en restaurar una relación, salimos mejor equipados para amar a los demás en el futuro.

En 2003, Michael Watson completó la Maratón de Londres... seis días después de haber tomado la salida. Chris Eubank lo acompañó en la última vuelta de la carrera.[6]

Un corazón liberado

Los abusos empezaron cuando tenía cinco años. Katie siente dolor físico y náuseas solo de hablar de ello. No puede comer durante horas después de las sesiones de terapia. Su padre abusó sexualmente de ella, con amenazas de muerte, durante la infancia. Después de que sus padres se divorciaran, el padrastro de Katie siguió abusando también de ella hasta los quince años. Ambos hombres invitaban a otros hombres a participar en actos inenarrables contra la niña.

Durante años, Katie sabía que habían abusado de ella, pero

no era capaz de recordar los detalles de la implicación de su padre. Conforme avanzaba la terapia, empezó a preguntarse en qué medida su padre había sido responsable de su dolor cuando era niña. Había veces en que la rabia era más fuerte que ella. Sin embargo, ella insistía en repasar sus sentimientos porque deseaba con todas sus fuerzas librarse de ellos.

Katie vivía en la misma localidad que su padre, que no admitía nada de lo sucedido en el pasado. Una y otra vez, Katie descargaba su ira contra quienes habían abusado de ella, hasta que el odio remitió y experimentó una nueva sensación de libertad en sus pensamientos y sus emociones.

Cuando a su padre le diagnosticaron un cáncer terminal, Katie no quiso que se enfrentara solo a la muerte. A lo largo de los dos años siguientes, estuvo a su lado en las visitas al médico y en las estancias en el hospital mientras el cáncer, de crecimiento lento, se iba haciendo con su cuerpo. Cuando lo operaron de tumores en la columna, sabía que no le quedaba mucho tiempo de vida. Estuvo junto a él en el hospital las veinticuatro horas, cuidándolo y amándolo, aunque con frecuencia él ni siquiera era consciente de que ella estaba allí.

Después, un viernes, su padre empezó a hablarle de sus recuerdos: meter la cabeza debajo del capó para arreglar el auto, salir con los amigos del instituto… y abusar de Katie. En el delirio, toda la violencia de esos años salió de su boca en un lenguaje vulgar y con horripilante detalle. Durante un día, Katie soportó ver cómo se confirmaban sus temores. Cuando ya no pudo soportarlo más, se fue a casa.

"No sabía si sería capaz de volver a la habitación del hospital", dice Katie. "Pero tenía una oportunidad de ofrecerle un amor puro. Tenía la oportunidad de redimir su experiencia".

Cuando regresó al hospital, treinta y seis horas después, Katie estaba muy afectada. Era a causa del hombre que ahora yacía en la cama del hospital que Katie buscaba dónde estaba la salida cada vez que entraba en una habitación. Era a causa de ese mismo hombre que tenía pesadillas en las que se veía a sí misma acorralada. Ese mismo hombre había tenido una influencia adversa en su matrimonio, en la relación con sus hijos y en su idea de Dios. A pesar de eso, había decidido hacía años que liberaría a su padre y se liberaría a sí misma de la ira que sentía.

"Es mi padre, y lo quiero. No comprendo lo que sucedió en el pasado. Todo lo que sé es que ahora mismo lo amo".

Ese día, el padre de Katie no dejaba escapar las diatribas que había soltado los últimos días:

—Quiero chocolate —le dijo a su hija—. Daría cualquier cosa por un poco de chocolate —sumido en un gran dolor y paralizado por los tumores, hacía cuatro días que no comía nada sólido.

—Papá, iré a buscarte algo de chocolate —le dijo Katie sin dudarlo.

Fue a una tienda de dulces y le compró medio kilo de bombones. Cuando volvió al hospital, se sentó en la cama y le dio a su padre el chocolate que tanto deseaba, un trozo tras otro. Después, él hundió nuevamente la cabeza en la almohada y dibujó una sonrisa. Katie estaba contenta de poder aportarle un poco de felicidad en medio de tanta tristeza.

Katie era la única persona que estaba con él cuando falleció la semana siguiente. Los últimos días había pasado horas cantándole nanas para tranquilizarlo.

Nunca le pidió perdón a Katie antes de morir. No fue capaz de calmarle el dolor del pasado, y Katie nunca ha negado el daño que le hizo. Escogió dar, aunque él le había robado tanto. Escogió tener piedad de él, aunque no tenía ningún sentido. Escogió darle amor, cuando lo que se merecía era que se hiciera justicia. Le dio amor, momento tras momento, procedente de un corazón que es libre de perdonar.

¿Cómo serían tus relaciones si...

- creyeras que la ira y el amor no son incompatibles?
- tomaras la iniciativa para intentar reconciliarte, en lugar de permitir que el rencor vaya en aumento?
- aprendieras a perdonar o a liberar a la persona que te ha ofendido de tu ira y supieras cuándo debes hacer cada una de ambas cosas?

- admitieras rápidamente lo que has hecho mal para dar a los demás la oportunidad de perdonarte?
- tuvieras una actitud de amor auténtico hacia quienes te han ofendido y vivieras el perdón como una forma de vida en tus relaciones?

Adáptalo a tu vida

TEMAS PARA REFLEXIONAR

1. Victoria Ruvolo perdonó a la persona que casi la mata y pidió que le impusieran una condena leve por el delito cometido. ¿Crees que respondió de la manera adecuada? ¿Por qué crees que sí, o que no?

2. Las decisiones que tomas en la vida diaria, ¿es más probable que demuestren justicia, amor o ambas cosas? ¿Por qué?

3. ¿Has visto alguna vez que alguien devuelva el bien cuando ha recibido el mal en una relación? ¿Qué efecto tuvo eso en las personas implicadas?

4. Piensa en una situación de la semana pasada en que alguien te haya hecho daño o te haya molestado. ¿Cuál fue tu respuesta? ¿Refleja tu respuesta una actitud amorosa? Si tuvieras que volverlo a hacer, ¿qué cambiarías de tu comportamiento?

5. Cuando alguien te hace ver que te has portado mal con él, ¿cómo sueles responder?

6. Piensa en alguna ocasión en la que te hayas disculpado con alguien. ¿Qué aprendiste de esa experiencia sobre el perdón?

7. Hemos visto cuatro pasos para llegar a amar a la persona que se niega a pedir perdón:

   a. Liberar a la otra persona.

   b. Admitir los propios fallos.

   c. Devolver el bien cuando recibimos el mal.

   d. Utilizar bien el dolor.

   ¿Cuál de esos pasos te resulta más difícil? ¿Por qué crees que es así?

1. Piensa en una ofensa que alguien te ha hecho y que constituye una barrera en su relación. ¿Estás dispuesto a perdonar a la persona? ¿Qué paso podrías dar tú para, con afecto, hacer que la persona se dé cuenta de su comportamiento y buscar la reconciliación?

2. ¿Has ofendido a alguien y dicha ofensa supone una barrera entre ambos? ¿Qué paso puedes dar para admitir tu error y pedir perdón a la persona ofendida?

3. Piensa en alguien que no pueda o no quiera admitir que se ha portado mal contigo. ¿Qué opinas de liberar a la persona de su culpa y librarte tú de la ira que sientes?

CAPÍTULO 5

La cortesía

TRATAR A LOS DEMÁS COMO A AMIGOS

Sé amable, porque todas las personas a las que
encuentras están librando una gran batalla.
—FILÓN DE ALEJANDRÍA

Al empezar su carrera profesional, Andrew Horner soñaba con tener su propia empresa, pero en el Dallas de la década de 1950, tenía problemas hasta para encontrar un empleo. El más pequeño de trece hermanos, nacido en Belfast, Irlanda del Norte, Horner hacía poco que había emigrado a los Estados Unidos desde Canadá con su esposa Joan. Después de varias entrevistas sin éxito, oyó en una conversación que buscaban a una persona para trabajar en S. C. Johnson & Son, conocida también como Ceras Johnson. El único problema era que exigían un título universitario, y Horner había dejado la secundaria a los dieciséis años.

Sin dejarse intimidar por eso, Horner fue a Ceras Johnson y se entrevistó con el señor Lansford, director regional. El señor Lansford le dijo que estaban pensando si contrataban a un candidato licenciado en Notre Dame, pero que ya le diría algo. "Sabía que podía hacer perfectamente el trabajo", escribe Horner. "Antes de salir del edificio, me presenté a todas las chicas que había en la oficina. Cada día iba a comprobar si el señor Lansford ya había contratado a alguien y, de paso, me paraba a charlar un rato con las mujeres, les preguntaba por la familia y me interesaba por ellas. Así estuve una semana, y entonces el señor Lansford decidió que dejaría la decisión sobre quién sería el nuevo jefe en manos de las mujeres de la oficina. Todas, unánimemente, dijeron: 'Ese joven tan simpático de Canadá', y conseguí el trabajo".[1] Horner dice que le gusta explicar la historia porque "demuestra el poder que tiene el hacer buenas relaciones".[2] No tenía ni la experiencia ni la titulación que pedía la empresa, pero supo ser atento con las personas, interesarse por ellas y comportarse con cortesía.

Ese interés de Horner por tener una buena relación con las personas se mantuvo en todos los empleos que tuvo. En 1985, él y su esposa fundaron Premier Design, Inc., en Irving, Texas. La filosofía de la empresa se basaba en el mismo principio seguido por Horner en 1951: todas las personas son valiosas. Hoy en día, su marca nacional de joyería tiene más de 250 empleados y factura más de 200 millones de dólares al año. Y tal vez la empresa no hubiera existido jamás de no ser por la actitud cortés de su fundador.

Cortesía: el hecho de tratar a todo el mundo como a amigos personales.

El valor de las relaciones

La idea popular es que la cortesía consiste en tener buenos modales. La palabra "cortesía", sin embargo, tiene un sentido mucho más rico: significa "tener una actitud amistosa". En el ámbito de las relaciones, no todo el mundo elige hacerse amigo nuestro, pero la cortesía nos incita a tratar a todas las personas como a amigos, tanto de palabra como con nuestra conducta.

La cortesía parece poco importante cuando se la compara con la paciencia o el perdón. Sin embargo, la cortesía se basa en una creencia de importancia crucial para cualquier relación: todas las personas que encontramos merecen nuestra amistad; tras la apariencia exterior, siempre hay una persona que vale la pena conocer. Cuando pensamos así, la cortesía no solo es posible, sino que resulta inevitable.

Cuando somos corteses con alguien, reconocemos el deseo de relacionarnos con ese alguien, aunque solo sea la persona que nos deja introducirnos en su carril al incorporarnos a una carretera. Cuando somos descorteses, actuamos como si en ese momento fuéramos la persona más importante del mundo. La cortesía, de hecho, suele ser el primer paso hacia la amistad. Cuando tratas a alguien como si fuera tu amigo, abres la puerta a ampliar la relación.

Si piensas que todas las personas que conoces son valiosas, entonces la cortesía resulta inevitable.

Por la mañana, mi amiga Angie suele ir a una sandwichería a escribir. Se dio cuenta de que normalmente era siempre la misma mujer la que le limpiaba la mesa y parecía que le tenía una notable simpatía. Una mañana, en el mes de diciembre, Angie le llevó una vela de Navidad y le dio las gracias por cómo la había servido todo ese año. Tres años después, la chica todavía le sonríe cuando la ve entrar por la puerta. A veces hablan de lo que está pasando en sus respectivas vidas. La cortesía que ambas se mostraron les permitió iniciar una relación. Tal vez nunca lleguen a ser amigas íntimas, pero disfrutan de la compañía mutua y eso hace que un día cualquiera sea más placentero.

La cortesía es esencial para hacer del amor una forma de vida, ya que la persona cortés pone el acento en el valor de las relaciones. Sin ser cortés con los desconocidos, con los amigos y con los familiares, es imposible construir relaciones positivas en las que reconozcamos la valía de los demás.

¿Soy una persona cortés?

Valora las siguientes afirmaciones del 1 ("raras veces") al 5 ("habitualmente").

1. Envío felicitaciones de cumpleaños y notas de agradecimiento.

2. Me gusta ser cortés con los demás.

3. Cuando alguien me da algo que no necesito, respondo con sincera gratitud.

4. Dejo lo que estoy haciendo para ser cortés con las personas más cercanas.

5. Busco la forma de ser cortés con las personas que parece que tienen un día difícil.

Suma tus puntuaciones. Si el resultado de la suma está entre 20 y 25, has avanzado notablemente en la vía hacia amar a las personas por medio de la cortesía. Si es inferior a 20, es posible que aprecies el recordatorio que te ofrecemos en este capítulo de que la cortesía es un modo de reconocer la valía de los demás.

Tratar con cortesía a los demás

Hace ya algún tiempo, estaba de viaje con un grupo de adolescentes para visitar a un grupo de personas necesitadas en Haití y en uno de los aeropuertos estadounidenses teníamos que tomar un autobús para cambiar de terminal. Vi que tres o cuatro de los jóvenes cedían inmediatamente el asiento a los mayores que entraban en el autobús, mientras que otros seguían sentados mientras los ancianos estaban de pie junto a ellos. Pensé que los jóvenes que se comportaban cortésmente habían aprendido a ser corteses de sus padres, mientras no era así con los que continuaban sentados. Tomé nota mentalmente y después le dije al delegado del grupo de jóvenes que sacara a colación el tema de la cortesía en una de las reuniones del grupo.

Si la cortesía es una de las cualidades del amor, y si queremos amar de verdad, ¿no debería ser la cortesía tema frecuente de discusión? Para la persona que ama de verdad, la cortesía es una forma de vida. Es también una fuente de satisfacción. Cuanto más corteses somos, más disfrutamos viendo la respuesta de los demás a nuestra amabilidad.

No es difícil encontrar oportunidades para tratar a los demás como a amigos. Si no hemos desarrollado una actitud cortés, tal vez no seamos capaces de reconocer las oportunidades. Veamos algunas formas de desarrollar una actitud amorosa.

APROVECHAR LA OCASIÓN

El escritor británico Evelyn Waugh advertía una vez a lady Mosley que respondería a todas las cartas que le escribiera. Él explicaba que su padre, el corrector y editor Arthur Waugh, había "pasado los últimos veinte años de su vida contestando a cartas. Si alguien le enviaba una nota de agradecimiento por un regalo de boda, él le agradecía la nota, y el intercambio no cesaba hasta la muerte".[3]

Ser cortés implica reconocer la presencia o los esfuerzos de los demás, quizás no tanto como Arthur Waugh, pero sí más de lo que solemos hacerlo hoy en día. Hace poco le regalé a un grupo de unas treinta personas una copia de uno de mis libros para cada una de ellas. En dos semanas, recibí tres notas de agradecimiento. Mi esposa llegó a la conclusión de que "solo el 10 por ciento había aprendido de su madre a enviar notas de agradecimiento". Probablemente tenía razón, pero yo no podía evitar preguntarme si el 90 por ciento restante actuaba con cortesía en otras facetas de su vida. Quería creer que somos más del 10 por ciento los que tenemos un cierto grado de cortesía con los demás. Sabía, además, que hay personas a las que les gusta expresar y recibir amor verbalmente, mientras que hay otras a las que nunca se les ocurre hacerlo. Aun así, apreciaba el hecho de que unas pocas personas se hubieran tomado el tiempo necesario para expresarme su gratitud por un simple gesto que había tenido con ellos; me otorgaban un trato de amigo, más que de conferenciante contratado.

La cortesía suele ser algo tan sencillo como acordarse de los cumpleaños y los aniversarios, o enviarle una carta a alguien que está enfermo para desearle que se mejore. ¿Qué es lo que tú más sueles valorar en los momentos de celebración o de tristeza? Piensa en amar a los demás del mismo modo en que te gusta que te amen a ti.

AL VOLANTE

Cuando dos autos se acercan a un espacio libre para aparcar, ¿eres de los que ceden el lugar al otro, o de los que se apresuran a ocupar el espacio como si quisieras anotar un *touchdown*? Parece que, cuando la gente se sienta detrás de un volante, todos los demás se convierten en enemigos. Es como si quisieran ganar una carrera en la que todo está permitido. Pegarse al auto de delante, tocarle la bocina, hacerle gestos obscenos y no cambiar de carril e impedirles la entrada a los autos que se incorporan, todo parece legítimo.

Es posible que al volante, más que en cualquier otro sitio, sea donde más se aprecie la cortesía en el comportamiento de las personas. Siempre agradezco enormemente que alguien se pare un momento para dejarme incorporar al tráfico cuando salgo del aparcamiento de un restaurante. Tengo la sensación, además, de que el conductor cortés también se siente bien consigo mismo. ¿Qué pasaría en las calles y los aparcamientos de este país si todos tratáramos a los demás conductores como a amigos personales?

COMO BUEN VECINO

Cortesía es sinónimo de buena vecindad, lo que significa que debemos tratar a los vecinos como a amigos. Tal vez eso implique cortarles el césped del jardín cuando están en el hospital, ofrecernos a recogerles el correo cuando están de viaje o prestarles las herramientas cuando las necesitan. Ser un buen vecino implica darse cuenta de las necesidades de los vecinos y tener una influencia positiva en su vida.

Cosas tan simples como esas pueden tener un gran efecto en un vecino. En la obra *La clave del éxito*, Malcolm Gladwell nos cuenta que, cuando las asociaciones cívicas de la ciudad de Nueva York concentraron sus esfuerzos en actuar sobre pequeños problemas diarios como los pequeños alborotos y la suciedad del barrio y empezaron a mostrar su deseo de hacer cambios positivos, descendieron también delitos como las violaciones y los asesinatos. "El escaso número de personas del reducido número de situaciones sobre las que la policía y los otros agentes sociales sí tenían alguna repercusión comenzó a comportarse de modo muy diferente", y su comportamiento se extendió también en los demás.[4] ¿Quién sabe el efecto que pueden tener en tu comunidad tus actos de cortesía?

¿ME OYES BIEN AHORA?

La proliferación de teléfonos móviles ha introducido un nuevo campo para ser cortés o descortés. No olvidaré nunca la primera vez que me enfrenté a esa nueva realidad. Estaba en medio de una sesión de asesoramiento con un cliente cuando le sonó el teléfono móvil. Me dijo: "perdón", contestó a la llamada y estuvo cinco minutos conversando por teléfono con la otra persona. Después de eso, se disculpó nuevamente y seguimos con nuestra conversación como si nada hubiera pasado. Más tarde, apenas si podía creer lo que me había pasado. Sin embargo, después de esa vez he vuelto a tener experiencias similares en muchas ocasiones, no necesariamente en el despacho, sino en conversaciones privadas y en lugares públicos.

Los teléfonos móviles se han convertido en una fuente de descortesía tal que el mes de julio se ha declarado Mes Nacional de la Cortesía al Teléfono Móvil. A pesar de eso, parece que las cosas no han mejorado mucho. En una encuesta reciente, el 91 por ciento de los entrevistados respondían que habían sido víctimas de "muestras públicas de insensibilidad relacionadas con las tecnologías". Es interesante destacar que, en la misma encuesta, el 83 por ciento de los entrevistados decían que nunca o raras veces habían sido culpables de ese mismo tipo de actos.[5] Al igual que sucede con muchos actos de descortesía, vemos lo que los demás hacen, pero no lo que hacemos nosotros mismos.

¿Cuántas veces no hemos visto a dos personas sentadas frente a frente en un restaurante, una hablando por teléfono y la otra mirando por la ventana? No sé de dónde hemos sacado la idea de que la persona que llama es más importante que la que está frente a nosotros. Entiendo que hay excepciones: urgencias y ciertas llamadas de trabajo. Sin embargo, en el curso normal de la vida, la norma de cortesía es: "no respondas al teléfono móvil cuando estás hablando con alguien".

ESCOGER SATISFACER A LOS DEMÁS

La cortesía transforma los momentos molestos en oportunidades para ser gentiles. Lo más sorprendente es que se gasta menos tiempo y menos energía en ser amable que en enojarse.

Paso una gran parte de mi tiempo en aviones. Regularmente se me brinda la oportunidad de ceder mi asiento a un marido, una esposa o una hija que quieren sentarse juntos. Tengo que reconocer que prefiero que me den un asiento de pasillo, pero la cuestión es: ¿qué haría si se tratara de un amigo? Los asientos de en medio no son tan malos cuando tienes la satisfacción de saber que les has hecho el viaje más agradable a otras personas.

Está también la cuestión de cómo tratamos a los vendedores de telemarketing, sobre todo cuando nos interrumpen durante la comida para vendernos revestimiento exterior de plástico para casas de ladrillo. En lugar de tratar a la persona con rudeza, ¿por qué no le dices "no necesito el revestimiento plástico, pero me alegra ver que te esfuerzas por hacer bien tu trabajo, ojalá te vaya bien, que tengas un buen día"? Es más fácil tratar a la persona cortésmente que irritarse, y, cuando somos corteses, nos sentimos mucho mejor después de despedirnos.

RECIBIR CON GRATITUD

La cortesía implica también recibir de los demás con gratitud. A algunos de nosotros nos cuesta menos dar que recibir, pero recibir con gentileza los actos de amabilidad de los demás es una manera de ser cortés con ellos.

Recuerdo un caso particular en el que viajé a un país extranjero para hablar de temas matrimoniales y familiares. Al final de mi estancia en el país, uno de los anfitriones me dio un regalo. Sabía que era un regalo caro, y sabía que mi anfitrión no podía permitírselo. Era una muestra de sacrificio y de amor. Todo en mi interior quería decirle: "Necesitas más el dinero que yo el regalo".

Sin embargo, sabía que eso sería terriblemente maleducado, así que acepté el regalo con gratitud.

Cuando los demás quieren hacer algo por ti o darte algo como muestra de amor, es descortés negarles la oportunidad de hacerlo.

> **Recibir de los demás es una manera de mostrarles amor.**

DAR MALAS NOTICIAS

También debemos ser corteses cuando tenemos que tomar decisiones difíciles. Muchos de nosotros ejercemos un cargo directivo y, por razones económicas o de otra índole, nos vemos obligados a despedir a empleados. Aun en ese caso, debemos comportarnos con cortesía. James M. Braude, empresario californiano, me explicaba un día: "Uno de los hombres más corteses que jamás he conocido fue la persona que me despidió de mi primer empleo. Me llamó y me dijo: 'Hijo, no sé cómo vamos a poder funcionar sin ti, pero a partir del lunes tendremos que intentarlo' ".[6] Hay formas de tratar a las personas cortésmente aun cuando tenemos que informarlas de algo desagradable.

DECIR "LO SIENTO"

Hace poco leí esta sugerencia sobre las normas de etiqueta en una ocasión incómoda:

> *¿Qué debemos decir si, mientras cortamos el pavo, se nos resbala de la bandeja y le cae en el regazo a la persona de al lado?*
>
> *Hay que ser cortés, y decir: "¿le importa que le moleste y recupere el pavo?".*[7]

La cortesía tiene un papel importante cuando cometemos un error o tenemos un accidente que incomoda a otra persona. Un amigo me explicaba recientemente lo que le pasó en un restaurante. Al camarero se le cayó un plato de comida encima del hombro de mi amigo y la comida le resbaló hasta la camisa y los pantalones. El camarero dijo "lo siento", se fue y volvió con unas servilletas de papel que utilizó para limpiarle la ropa. Nuevamente, le dijo: "lo siento", pero no le ofreció invitarlo a la comida ni pagarle la limpieza de la ropa o comprarle ropa nueva.

Mi amigo me dijo: "Es la última vez que vuelvo a ese restaurante". Fue un accidente, claro está, pero "lo siento" no es lo bastante cortés para que mi amigo regrese a ese restaurante. Si el camarero hubiera informado a su jefe y el jefe le hubiera ofrecido una invitación para comer en compensación por la limpieza de la ropa, lo más probable es que mi amigo hubiera vuelto al restaurante.

Todos cometemos errores. La cortesía hace que nos pongamos en el lugar de la otra persona y nos disculpemos de la forma más afectuosa posible.

PRESTAR ATENCIÓN

Existe una historia según la cual el zar Nicolás I de Rusia le pidió a Liszt, el gran pianista, que tocara en su corte. En la mitad del concierto inaugural, el gran músico miró al zar y vio que estaba hablando con uno de sus ayudantes. Liszt siguió tocando, pero estaba muy irritado. Viendo que el zar no dejaba de hablar, Liszt acabó por dejar de tocar.

El zar le envió a un mensajero para averiguar por qué había dejado de tocar. Liszt le dijo: "Cuando el zar habla, todos deberían callar". Después de eso, ya no hubo más interrupciones en el concierto.[8]

Prestar atención es una forma de ser cortés. Eso puede exigir que, al asistir al recital de piano del hijo de algún amigo, estemos atentos a la música aunque lo que nos gustaría es estar en casa. Puede implicar escuchar a quien nos dice lo que ya sabemos. Cuando interrumpimos a alguien y le decimos "sí, eso ya lo sé", le estamos privando de la oportunidad de compartir con nosotros algo que es importante para él. Nuestra cortesía enriquece la vida de la persona que nos habla, y en eso consiste amar.

~~~~ *Buscar un cambio*

Da la impresión de que a la mayoría de nosotros nos gustaría que fueran más corteses con nosotros en la vida diaria. El gabinete estratégico para temas de políticas Public Agenda ha realizado hace poco un estudio en toda la nación sobre qué opinan los estadounidenses de los comportamientos groseros. Estos son los resultados:

- El 79 por ciento piensa que la falta de respeto y de cortesía es un grave problema nacional.
- El 73 por ciento opina que los estadounidenses se trataban con más respeto en el pasado.
- Al 62 por ciento le molesta mucho presenciar comportamientos groseros e irrespetuosos.
- El 49 por ciento ha tenido que soportar conversaciones desagradables y a gritos por el teléfono móvil.
- El 44 por ciento oye con frecuencia palabras malsonantes (y al 56 por ciento le molesta mucho).
- El 41 por ciento confiesa que se ha comportado de forma grosera o irrespetuosa.[9]

Hablar con cortesía

Tal vez la mejor manera de mostrar cortesía sea en nuestra forma de escuchar y de hablar. Las palabras nos dan cada día la oportunidad de reafirmar lo importante que es para nosotros una relación.

LA CULTURA DE LA DISCUSIÓN

En la sociedad occidental, la gente está muy influida por lo que la científica social Deborah Tannen ha denominado la cultura de la discusión. Escribe Tannen: "[Hemos llegado a] enfocar el diálogo público, igual que casi cualquier otra cosa que queramos conseguir, como una pelea [...] Nuestro espíritu está corrompido por el hecho de vivir en un ambiente de incesante contienda [...]

Cuando se discute con alguien, el objetivo no es hoy en día escuchar y comprender a la otra persona, sino que más bien lo que la persona hace es utilizar todas las tácticas que se le ocurren —incluida la de distorsionar las palabras del oponente— para vencer en la discusión".[10]

Basta con mirar cualquier tertulia televisiva para darse cuenta de lo que quiere decir la doctora Tannen. Los participantes se interrumpen en medio de las frases, levantan la voz como si los gritos fueran más convincentes que las palabras en tono suave, se atacan personalmente en lugar de rebatir las respectivas ideas, intentan arrinconar a los oponentes con preguntas de sí o no, para derribarlos después. Si todo eso falla, degradan verbalmente a los oponentes. Son pocas las personas que escuchan las opiniones de los demás. El objetivo es salir victorioso de la discusión, no ilustrar al público.

¿Es así como se construye una relación? Hablar sin tapujos tiene su lugar en la relación, pero si caemos en la descortesía, tal vez ganemos la discusión, pero perderemos una relación.

Para tener una actitud cortés, hay que iniciar cualquier conversación como si estuviéramos hablando con un amigo. El primer objetivo debe ser siempre preservar la amistad, no ganar una discusión. Cuando nos separamos de la otra persona, queremos que sepa que la respetamos como persona, aunque no estemos de acuerdo con lo que piensa.

HÁBITOS A ADQUIRIR
Hay que iniciar cualquier conversación como si estuviéramos hablando con un amigo.

CREAR UN ESPACIO PARA LA AMISTAD

La mayoría de nosotros somos corteses con los demás cuando los demás lo son con nosotros. Lo que caracteriza a un amor maduro es el hecho de hablar con cortesía a quienes no nos ofrecen a nosotros el mismo trato.

En una entrevista de evaluación del trabajo, el encargado le dijo a Rob que había dos ámbitos en los que no rendía lo suficiente.

Rob me explicaba después: "Sabía que el encargado había llegado a esa conclusión después de hablar con alguien, ya que no había estado en posición de observarme. Lo primero en lo que pensé fue en decirle: 'Creo que es injusto que me juzgue por lo que dicen los demás'. Sin embargo, me acordé de lo que me había dicho: 'Háblale siempre como si fuera tu amigo'. Así que le dije: 'Aprecio mucho lo que me dice. Si quiere que le sea sincero, yo no opino lo mismo, pero sé que tiene motivos legítimos para llegar a esa conclusión. Y lo respeto. Así pues, ¿qué me sugiere que haga para ser más eficiente en esas tareas? Me gustaría mucho ser más eficiente'.

"Desde ese momento, el resto de la conversación fue tan amistoso como era posible. Cuando salí de allí, le dije: 'Estoy muy contento de haber hablado con usted, y aprecio mucho su punto de vista. Intentaré aprender de lo que me ha sugerido. Por favor, sepa que estoy abierto a cualquier otra idea en el futuro. Gracias por el tiempo que me ha dedicado'.

"Después de esa conversación, todas las interacciones que hemos tenido han sido positivas. La experiencia me enseñó que cuando hablo con una persona como si fuera mi amigo, es más fácil que lo acabe siendo".

Cuando estamos en una conversación que dista mucho de tener intenciones amables, hay que tener mucha fuerza de voluntad para responder con cortesía. Sin embargo, si escogemos mostrar la fuerza de voluntad necesaria, es posible que con nuestras palabras aplaquemos a la otra persona y creemos un espacio para que se desarrolle una verdadera amistad.

HABLAR CON AMOR

Así pues, ¿qué es hablar con cortesía? Ahí van algunas sugerencias prácticas.

- *Entablar conversación.* Eso es fácil para las personas que son habladoras por naturaleza. Para alguien más introvertido, puede ser mucho más difícil. Sin embargo, cuando piensas que toda persona con la que te encuentras es un amigo en potencia, estás más motivado para conocerla mejor. Entablar conversación le indica a la otra persona que es alguien a quien crees que vale la pena conocer, a quien valoras como persona.

Claro que hay personas que no responderán con la misma cortesía cuando abras la puerta a mantener una conversación amistosa. Ser cortés es respetar su elección. La cortesía no se puede imponer a los demás.

A menudo, una forma de entablar conversación es pedirle a la otra persona que te haga algún favor. Si hay un compañero de trabajo o alguno de tus vecinos que sabe mucho de algo en particular y necesitas que te ayude, pedirle el favor es tratar al otro como si fuera tu amigo y crear un espacio para posteriores conversaciones. Las relaciones de amistad a menudo comienzan por pedir un favor.

- **Presta toda tu atención.** Si hablas con alguien en un pasillo u otro lugar por el que pasan otras personas, mantén contacto visual la persona que está frente a ti. Si están comiendo juntos en un restaurante lleno de gente, centra la atención en la persona con quien estás. El hecho de concentrarse en ella le comunica a la otra persona que es la persona más importante de tu mundo en ese momento, que aprecias lo que pueda decirte. Cuando mantienes el contacto visual con ella, es más difícil que tu mente piense en otras cosas, y la otra persona se da cuenta de que estás concentrado en la conversación.

- **Escucha para comprender, no para juzgar.** Es natural que evalúes las palabras de los demás mientras hablan. Puede que estés de acuerdo o no con sus ideas, pero lo cortés es que te asegures de que entiendes lo que piensa antes de expresar tu propia opinión. Si te precipitas en mostrar tu desacuerdo, lo que haces es detener el flujo de la conversación. Tómate tu tiempo para descubrir lo que la otra persona intenta comunicarte antes de responder. Si no, es posible que respondas de manera inapropiada.

Si no estás de acuerdo con lo que alguien dice, exprésalo como si fuera un amigo, no un enemigo. "Entiendo lo que me dices, y tienes mucha razón, pero déjame que te explique lo que yo pienso, que es algo distinto". Después, coméntale tus ideas. Expresar respeto por las ideas de los demás antes de expresar las propias ayuda a que la conversación mantenga un tono amistoso y hace que sea más difícil que el tono llegue a ser de confrontación.

Reconocer las diferencias de opinión es parte de la vida. Si nos negamos a mantener una conversación amistosa con quienes discrepan de nosotros, nuestro círculo de amigos se vuelve cada vez más estrecho. Si, por el contrario, aprendemos a hablar con cortesía, nuestro círculo de amigos se amplía. No hay que obligar nunca a la otra persona a que esté de acuerdo con nosotros. Recuerda, no se trata de ganar en una discusión, sino de construir una relación.

Esperanza de paz

Una vez hice de moderador en un debate entre alumnos universitarios. El grupo estaba compuesto básicamente de alumnos estadounidenses, pero había también un joven de Israel, que era judío, y otro de Egipto, que era musulmán.

Como el debate estaba abierto a la participación del público, el joven egipcio planteó la cuestión de qué es lo que opinan los estadounidenses de las tensiones de Oriente Medio. Lo primero que dije fue: "No puedo hablar en nombre de todos los estadounidenses, solo puedo hablar por mí mismo, pero es una excelente pregunta", y abrí el turno de intervenciones. Algunos alumnos dijeron lo que pensaban. Unos eran más proisraelíes, otros más proárabes.

Al final, resumí la cuestión del siguiente modo: "Parece que lo que estamos diciendo es que las diferencias religiosas y culturales entre judíos y musulmanes son algo muy real y que ambos grupos tienen perspectivas de la historia muy distintas también. Creo que estamos todos de acuerdo en que ha habido malas interpretaciones y malas acciones por ambos bandos. Cabe tener la esperanza de que, por ambos bandos, crezca una nueva generación que sea capaz de actuar con respeto y con dignidad. ¿No es eso, en definitiva, lo que procuramos hacer en este debate?".

Al finalizar la reunión, tanto el alumno judío como el árabe se me acercaron individualmente a darme las gracias por mostrar una cierta comprensión de sus posturas. El alumno árabe me dijo: "En la mayoría de los debates en los que he participado, la gente es projudía o proárabe, y muestra poco respeto por la postura del otro bando. Creo que la clave está en el respeto y en escucharnos mutuamente; es la única esperanza para resolver el problema". Le dije que pensaba lo mismo que él. No quiero decir que con una simple charla amistosa se solucionen todos los problemas culturales ni las tensiones religiosas. Lo que sugiero es que, si queremos ser parte de la solución más que del problema, tenemos que aprender a hablar con cortesía.

- *No levantes la voz.* No recurras nunca a monólogos insultantes, en voz alta, severos y condenatorios. Levantar la voz y atacar al contrario con palabras de condena sirve más para caldear que para iluminar la cuestión. La otra persona, y cualquiera que esté oyendo la conversación, no escucharán lo que dices, sino cómo lo dices. Por eso, ese tipo de comportamiento no solo genera más enemigos que amigos, sino que la falta de educación resta cualquier verdad que haya podido haber en tus palabras.

- *Cuando tengas que rechazar una idea, hazlo con gentileza.* Habla siempre movido por el deseo de conservar la relación. Por ejemplo, puedes decir: "Aprecio mucho lo que me dices. Personalmente, no creo que sea así, pero te respeto como persona y espero que por discrepar en esto no se resienta nuestra relación, ya que creo que tienes mucho que ofrecerme y tal vez yo también tenga algo que ofrecerte". Rechaza las ideas, pero no rechaces nunca a la persona.

• **Discúlpate cuando sea necesario.** La realidad es que a veces nos expresamos de forma descortés, pero eso no debe poner fin a nuestras relaciones. Si estamos dispuestos a disculparnos, lo más común es que la otra persona esté dispuesta a perdonarnos, y la relación puede así conservarse. Una disculpa sincera hará que la relación se estreche, en lugar de quedar destruida.

Si aprendemos a hablar con cortesía, aun cuando discrepamos de los demás, podemos mantener abierta la comunicación y, tal vez, conservar una atmósfera de amistad, en lugar de crearnos enemigos.

¿Cómo ser cortés?

Seamos francos, hay gente que nos irrita. Sin embargo, con fuerza de voluntad, podemos ser corteses aun cuando estamos irritados. Y así pues, ¿cómo practicar la cortesía, aunque tengamos que hacer un esfuerzo para ser educados con la persona que mastica sonoramente al lado nuestro cuando estamos almorzando, o con el conductor que nos corta el paso? Hay tres cosas que, si las tenemos siempre bien presentes, nos ayudarán a hacer que la cortesía se convierta en la forma natural de interactuar con los demás.

TODAS LAS PERSONAS CON LAS QUE TE ENCUENTRAS SON VALIOSAS

Poco antes de las ocho de la mañana del viernes 22 de enero de 2007, un joven con tejanos, camiseta y una gorra de béisbol de los Washington Nationals entró en L'Enfant Plaza, en Washington D.C., junto a la parada de metro, y sacó un violín de su funda. Dejó la funda abierta a sus pies, arrojó dentro unos pocos dólares, miró unos instantes a los hombres y mujeres de negocios que entraban corriendo en el metro y empezó a tocar.

Sesenta y tres personas pasaron junto al violinista antes de que un hombre girara levemente la cabeza antes de seguir adelante. Pocos segundos después, una mujer puso la primera propina por la interpretación musical: un dólar. Seis minutos después de empezar el concierto, alguien se apoyó en una pared cercana y se paró a escuchar.

En los tres cuartos de hora que duró el concierto, siete personas se pararon a escuchar la interpretación durante al menos un minuto; veintisiete personas pusieron dinero en la funda. Mil setenta personas pasaron apresuradamente a escasos metros de distancia, sin dar señas de ver ni oír al músico.

Lo que pocas de las personas que pasaron por allí sabían era que habían tenido la oportunidad de escuchar gratis un concierto del violinista Joshua Bell, internacionalmente famoso, que había tocado algunas de las piezas más fascinantes jamás escritas, con un violín Stradivarius de 1713. El diario *The Washington Post* le había pedido que tocara a modo de experimento. ¿Se detendría la gente a apreciar la belleza en medio de la hora punta? Había mucha más gente haciendo cola para comprar un billete de lotería en el quiosco que había en lo alto de las escaleras mecánicas.

"Es una sensación extraña, ver que la gente, de hecho [...], me ignoraba", declaraba Bell entre risas. En los tres cuartos de hora que había tocado, había ganado 32,17 dólares. En los entornos donde toca habitualmente, su talento puede reportarle hasta 1.000 dólares el minuto.[11]

La gente, en medio de las prisas por llegar al trabajo, pasó por alto la valía de Joshua Bell como violinista. ¿Con cuánta frecuencia estamos tan ocupados que no podemos apreciar el valor de las personas que nos rodean? Claro que no todas tocan un instrumento tan bien como Joshua Bell, pero todas las personas que conocemos tienen un valor imposible de cuantificar, que solo seremos capaces de ver si nos tomamos el tiempo necesario para observar y escuchar. Cuando somos desagradables con un empleado, con un dependiente o con la persona que nos corta el paso en la acera, quizás también seamos capaces de pasar junto a un violinista de categoría internacional como si lleváramos tapones en los oídos.

La cortesía nos da la oportunidad de percibir la belleza y el talento de las personas que vemos cada día. Nos recuerda la dicha que podemos experimentar si, por un momento, nos olvidamos de los compromisos y, sencillamente, nos paramos a escuchar.

TODAS LAS PERSONAS QUE CONOCES ESTÁN LIBRANDO SU PROPIA BATALLA

El director cinematográfico Stanley Kramer explica la historia de cuando tuvo que dirigir a Vivien Leigh, muy popular por el papel de Scarlett O'Hara en *Lo que el viento se llevó*, en su último papel, en la película de 1965, *La nave del mal*: "Una mañana, en el plató, estaba maquillándose para una escena y empezó a hacer el tonto en la mesa de maquillaje y a hacerles la vida imposible a los maquilladores durante unas dos horas y media". Cuando Kramer entró en la sala, Leigh lo miró y le dijo: "Yo… Stanley, hoy no puedo hacer nada". Debilitada por la depresión y la tuberculosis (que acabaría con su vida dos años más tarde), Leigh pedía un poco de compasión. En un acto de homenaje celebrado en la Universidad del Sur de California (USC) después de la muerte de la actriz, Kramer explicaba: "Sabía que estaba enferma y que no podía hacerlo. Nunca olvidaré su mirada. Era la mirada de una de las mayores actrices de nuestra época. A partir de ese momento, me convertí en […] la persona más decidida, comprensiva y paciente que podía ser. Estaba enferma y tenía el valor de seguir adelante […] ¿Qué se puede decir en esa situación?".[12]

Detrás de cualquier rostro hay siempre un espíritu humano que libra su propia batalla. A veces la batalla es contra el dolor físico o la enfermedad. A veces su origen está en una relación maltrecha o en las dificultades monetarias. Aun así, todas las personas que hemos conocido hoy mismo libran de algún modo su propia batalla. Henry Wadsworth Longfellow dijo una vez: "Todo hombre esconde su propio dolor, que el mundo no conoce, y a menudo decimos que alguien es frío cuando solo está triste".

La otra noche escuché que una bibliotecaria le decía a un cliente que ya era casi hora de cerrar y era demasiado tarde para sacar tantos libros. En lugar de responder a la defensiva o con irritación, el cliente le dijo:

—Parece que ha tenido un día muy largo.

—Pues sí que ha sido un día largo —la bibliotecaria suavizó inmediatamente el tono de voz y esbozó una sonrisa, mientras empezaba a pasar por el escáner la pila de libros—. ¿Ve la cola que hay para sacar libros? Cuando la gente viene tan tarde, no salimos de aquí hasta las nueve y media.

—Entiendo que tenga ganas de llegar a casa. La próxima vez procuraré venir antes —el cliente se fue con la bolsa de libros mientras la bibliotecaria llamaba a la siguiente persona con un tono mucho más amable.

Cuando observo una actitud aparentemente arrogante, hostil o distante, el instinto me pide responder con irritación. Sin embargo, si pienso en la lucha interior que se esconde tras la actitud de esa persona, es más fácil que tenga una respuesta cortés hacia el individuo. Quizás siga irritado, pero, si voy más allá de la apariencia externa, tengo motivos para responder con cortesía.

Hábitos a adquirir
Cuando alguien es especialmente desagradable o distante, piensa un minuto cuál puede ser la causa profunda de ese comportamiento.

TODA EXPRESIÓN DE CORTESÍA ENRIQUECE LA VIDA DE ALGUIEN

Cuando estaba en la universidad, Karolyn y yo teníamos poco tiempo y poco dinero. Ambos trabajábamos y yo tenía toda la carga de los estudios. Vivíamos en un albergue de estudiantes y nos habíamos hecho buenos amigos de John y Jane, que vivían en el apartamento que había encima del nuestro. Un año después, la madre y el padre de Jane vinieron una semana a visitar a su hija. El día que llegaron, los vimos brevemente y Jane nos presentó como sus "mejores amigos". Esa semana, un día al llegar a casa vi

que el padre de Jane me había lavado y abrillantado el auto. No podía creer lo que veía. Cuando fui a darle las gracias, me dijo: "Los amigos de Jane son mis amigos". Aún hoy lo recuerdo con cariño. Me demostró su amor tratándome como a un amigo, aunque no pasaba de ser un conocido.

Nadie supera el deseo de que lo traten con cortesía. Cuando le expresamos a alguien nuestra cortesía, sabemos sin duda que le hemos hecho el día más agradable. Lo hemos librado de un peso y lo hemos animado a ser igualmente cortés con los demás. Nos sentimos bien con nosotros mismos por tener una actitud amistosa, y la otra persona se siente bien porque alguien lo ha tratado con respeto.

La cortesía empieza en casa

Hace poco estuve en Baton Rouge. Vino a recogerme al aeropuerto un hombre de veintitrés años. Cuando me llevaba al hotel, me di cuenta de que me respondía con "sí, señor" o "no, señor" a todas las preguntas. Lo primero que pensé es que hacía poco que había estado en el ejército, pero me equivocaba.

Al día siguiente, me di cuenta de que, cuando hablaba con una mujer, su respuesta era "sí, señora" o "no, señora". Estaba claro que había crecido en el sur, donde había aprendido a expresar cortesía tratando a los hombres como "señores" y a las mujeres como "señoras". La cortesía era parte natural de la forma de hablar de ese joven.

Cada cultura y subcultura tiene su propia lista de formas habituales de ser cortés, formas que se espera que todo el mundo muestre. Normalmente, se enseñan y se aprenden en casa. Estas son algunas de las formas habituales de cortesía que aprendí en una familia trabajadora de clase media en el sudeste de los Estados Unidos.

- Cuando alguien te hace un cumplido o un regalo, di siempre "gracias".
- No hables con la boca llena.
- Pide permiso antes de jugar con los juguetes de tu hermana.

- No tomes el trozo más grande de pollo.
- Prueba siempre la comida antes de decir que no la quieres, y después di: "No me apetece, gracias".
- No entres nunca sin llamar en la habitación de otra persona. Llama y di: "¿Puedo entrar, por favor?".
- Acaba los deberes antes de jugar a la pelota.
- Cuando veas que tu padre o tu madre están haciendo algo, diles siempre: "¿Te ayudo?".
- Espera tu turno para dar una vuelta en el scooter.
- Cuando llegue la tía Zelda, ve a esperarla a la puerta y dale un abrazo.
- Si quieres que Johnny salga a jugar contigo, llama a la puerta y dile a su madre: "¿Puede Johnny salir a jugar conmigo?". Si te dice "ahora no", di "gracias" y vete.
- Dile "sí, señora" y "no, señora" a tu madre, y "sí, señor" y "no, señor" a tu padre.
- No levantes la voz a tus padres ni a tu hermana.
- Cuando alguien está hablando, no lo interrumpas.
- Cuando entres en una habitación, quítate la gorra.
- Mira a la gente a los ojos cuando les hablas.
- Cuando estés comiendo en la mesa y quieras sal, di: "Por favor, ¿me pasas la sal?".
- Antes de levantarte de la mesa cuando has acabado de comer, di: "¿Les importa que me levante?".

Todas esas "fórmulas habituales de cortesía" están pensadas para mostrar respeto a los miembros de la familia y a los vecinos. No son normas universales, pero son lo bastante comunes como para que el lector identifique probablemente algunas de ellas como formas de comportarse que sus propios padres consideraban corteses.

ENSEÑAR A LOS HIJOS A SER CORTESES

Al llegar a la edad adulta, reafirmamos o rechazamos las formas de cortesía habituales que aprendimos de niños. Por ejemplo, de niño me decían "no cantes en la mesa". Años después descubrí que a mi esposa le decían lo mismo. Cuando decidíamos los principios que debíamos enseñar a nuestros hijos, incluimos entre ellos el de no cantar en la mesa.

Era frecuente que nuestro hijo en edad preescolar se pusiera a cantar en voz alta en la mesa. Inmediatamente, lo hacíamos callar diciéndole: "No se canta en la mesa". Mi esposa no tardó en decirme un día: "Creo que la norma de no cantar es demasiado rígida para los niños. No es coherente con la idea de expresar la alegría".

Hablamos de ello y ambos estuvimos de acuerdo en que "no se canta en la mesa" era una forma de cortesía que habíamos aprendido de niños y que, conscientemente, ahora decidíamos rechazar. A partir de ese momento, dejamos que los niños cantaran libremente en la mesa siempre que no tuvieran la boca llena.

Sean cuales sean las formas de cortesía que aprendiste de niño, es probable que aún tengan una fuerte influencia en tu forma de comportarte de adulto. Quienes aprendimos de la familia las fórmulas habituales de cortesía tenemos una cierta ventaja a la hora de desarrollar esta cualidad del amor verdadero. Teniendo eso presente, si tienes hijos, me gustaría que pensaras en las fórmulas habituales de cortesía que les estás enseñando a tus hijos. Si reflexionas sobre la siguiente pregunta, tal vez quieras añadir o quitar alguna: ¿cuáles son las formas de cortesía que me gustaría que aprendieran mis hijos?

Los niños tienen que aprender que hay ciertas cosas que hacemos o dejamos de hacer por respeto mutuo. Si un niño aprende a respetar a sus padres y hermanos, es más fácil que respete también a sus profesores y a otros adultos fuera de la familia. El hijo adolescente que grita a sus padres es probable que algún día también le grite a su esposa.

Si has crecido en una familia en la que no se insistía demasiado en las fórmulas habituales de cortesía, tal vez quieras hablar con otras familias sobre las fórmulas que estas les enseñan a sus hijos para, a continuación, hacer tu propia lista y ayudar a tus hijos a dar un paso importante para amar a los demás.

LA CORTESÍA EN LAS RELACIONES MÁS CERCANAS

Por muy difícil que pensemos que es tratar con cortesía a los extraños, la verdadera prueba de amor tal vez sea la de tratar cortésmente a las personas más próximas. Hasta las relaciones con los amigos más íntimos, con el cónyuge o con los miembros de la familia deberían incluir algunas fórmulas habituales de cortesía.

Incluyo a continuación algunas de las formas de cortesía que mi esposa y yo hemos adoptado con los años. Nosotros las hemos desarrollado en el marco del matrimonio, pero pueden aplicarse a cualquier otro tipo de relación cercana.

- *No hables nunca en nombre de la otra persona.* Si alguien me pregunta qué piensa, qué quiere o qué desea mi mujer, yo siempre respondo: "Tendrás que preguntárselo a ella. Yo no puedo hablar por ella". O bien, "si quieres se lo pregunto y luego te lo digo". Cuando hablas en nombre de otra persona, pasas por encima su individualidad.

- *Escúchense siempre con empatía.* Cuando escucho a mi esposa con empatía, procuro entender no solo lo que dice, sino también lo que siente. Para cumplir con este propósito, lo que hago es que, en lugar de interrumpirla, le pido que me clarifique algunas cosas para asegurarme de que estoy entendiendo correctamente lo que dice y lo que siente. "Lo que estás diciendo es que estás enojada porque me has tenido que pedir tres veces que saque la basura. ¿Es eso?". El objetivo de ese tipo de pregunta reflexiva es más entender que juzgar. Cuando Karolyn siente que entiendo bien lo que me quiere decir, puedo darle mi opinión mientras ella me escucha con empatía. Una vez que ambos nos entendemos, podemos resolver el problema. En años previos de nuestro matrimonio, antes de que aprendiéramos a escucharnos con empatía, Karolyn y yo pasábamos mucho tiempo discutiendo. Discutir no es nada cortés.

• **Pide siempre lo que quieres.** Hace tiempo, una esposa me explicaba:

—Me gustaría que mi marido hiciera algo especial por mí el día de mi cumpleaños.

—¿Se lo has dicho a él? —le pregunté.

—No —me dijo—. Si tengo que decírselo, pierde todo el sentido.

—Espero que vivas muchos años —le dije—, porque la probabilidad de que tu marido te lea el pensamiento es bastante baja. Dios no nos ha dado a la mayoría de los maridos el poder de leer la mente.

Aprende a pedir lo que quieres. Si la otra persona decide hacerlo, no deja de ser un acto de amor. No tiene por qué hacer lo que le pides. Acéptalo, pues, como un regalo.

• **Cuando tengas una discusión, céntrate en encontrar una solución, más que en salir victorioso.** Cuando yo gano, mi esposa pierde. No es nada divertido vivir con un perdedor. Resolver los conflictos exige respetar las ideas respectivas y, después, buscar una solución que reafirme el amor que sentimos el uno por el otro. La mejor solución es aquella que tanto Karolyn como yo estamos seguros de que funcionará.

• **Pide, no exijas.** Cuando le exijo algo a mi esposa, yo me convierto en un tratante de esclavos y ella, en una esclava. Nadie quiere que lo controlen, pero la mayoría de nosotros estamos abiertos a que nos pidan las cosas sinceramente.

• **Antes de pedirle a la otra persona que cambie, elogia dos o tres de sus virtudes.** La apreciación verbal le transmite a la otra persona que nos gusta su forma de ser, que la apreciamos y la respetamos. Cuando le digo a mi mujer lo que me gusta de ella, se siente respetada y apreciada y está mucho más dispuesta a aceptar una petición sincera.

- **Cuando alguien te confiesa su error y lo perdonas, no vuelvas a sacar jamás la cuestión.** No puedo borrar los errores, pero sí puedo perdonarlos. Después de perdonarlos, de nada vale volver a sacar la cuestión. Cuando condeno a Karolyn por errores del pasado, lo que demuestro es que todavía no la he perdonado. Tenemos que aprender todo lo que podamos de la experiencia, pero, una vez acabado todo el proceso, hay que dejar la historia en paz.

Todas esas formas habituales de ser cortés que practicamos mutuamente mi esposa y yo han enriquecido nuestro matrimonio sobremanera. Tal vez ya hayas descubierto por ti mismo algunas de ellas en tu relación con las personas más próximas. Te sugiero que tú y los miembros de tu familia hagan una lista de las formas de cortesía que han aprendido a practicar entre ustedes. Después, hagan también una lista de las cosas que les gustaría añadir al repertorio de formas habituales de cortesía.

Si aprenden a tratarse cortésmente dentro de la familia, es mucho más probable que sean corteses también con las personas externas a la familia. De hecho, la cortesía empieza en casa.

Rival de la cortesía: las ocupaciones

¿Cuándo fue la última vez que se te presentó la oportunidad de ser cortés con alguien y no la aprovechaste? ¿Por qué la dejaste escapar? Me aventuraría a decir que la mayoría de nosotros responderíamos que dejamos pasar la ocasión de ser corteses cuando estamos muy ocupados.

Igual que los hombres y mujeres de negocios que pasaron junto a Joshua Bell aquella mañana de enero, todos tendemos a vivir enajenados. La cortesía, como las otras seis cualidades de la persona que ama de verdad, es algo contracultural. En un mundo gobernado por las obligaciones, es más importante hacer las cosas que reafirmar el valor de las personas.

Tal y como escribió hace setenta años Evelyn Underhill, "líos y estado febril, ansiedad, intensidad, intolerancia, inestabilidad, pesimismo y tambaleo, así como todo tipo de prisas y preocupaciones, son [...] esas las marcas de un espíritu que se ha hecho a sí mismo y que actúa por sí mismo [...]".[13] Dado que las ocupaciones hacen que nos centremos exclusivamente en nosotros mismos, es fácil que pensemos que la falta de cortesía es algo que afecta a los demás, y no a nosotros. Creemos que nuestras faltas de cortesía son hechos aislados provocados por el hecho de que estamos pendientes de alguna otra cosa, porque tenemos demasiadas cosas en la cabeza o, simplemente, muchas cosas que hacer.

Confío en que, llegados a estas alturas, ya habrá quedado claro que a nadie se le exige que ame auténticamente el cien por ciento del tiempo. Los defectos propios de los seres humanos hacen que eso resulte imposible. Sin embargo, sí que siempre podemos tener presente el objetivo de amar a los demás en las cosas "pequeñas", además de con grandes acciones. Cada "hecho aislado" en el que nos mostramos desagradables nos priva de la posibilidad de reforzar la relación con la otra persona.

Cuando vivimos una vida de cortesía, siempre buscamos lo que la otra persona hace bien. No estamos tan pendientes de las obligaciones y los plazos como para olvidar el valor de la persona que tenemos al lado. Igual que muchas de las otras cosas que valen la pena en esta vida, ser bien educados puede que nos parezca muy difícil, pero, en realidad, es algo que lleva muy poco tiempo. Si cambiamos nuestra actitud habitual, ser corteses puede convertirse en algo natural como parte de una vida en la que el amor es una forma de comportarse.

Un amigo disfrazado

Booker T. Washington, el popular educador negro, utilizó la amistad y el trabajo como herramientas para mejorar las relaciones entre razas en la época posterior a la Guerra Civil. Sus esfuerzos contribuyeron a la creación de más de 5.000 escuelas a finales del siglo xix en el sur de los Estados Unidos, y su autobiografía, *Up from Slavery* (Ascender desde la esclavitud), se considera uno de los libros más influyentes en la historia de los Estados Unidos.

Persona muy respetada y conocida, Washington trató con algunas de las personas más ricas y de los líderes y políticos más populares de su época.

Dice la historia que, poco después de asumir la presidencia del Instituto Tuskegee de Alabama, el profesor Washington entraba en un barrio muy exclusivo de la ciudad cuando una mujer lo paró por la calle. Incapaz de reconocerlo por su fisonomía, la señora le preguntó si quería ganarse unos dólares cortando leña. Como no tenía nada más urgente que hacer en ese momento, el profesor Washington sonrió, se remangó la camisa y empezó a hacer el humilde trabajo que le habían encargado. Al acabar, llevó los troncos al interior de la casa y los apiló junto a la chimenea. Una niña reconoció al profesor y le explicó a la mujer quién era.

A la mañana siguiente, la mujer, avergonzada de sí misma, fue a ver al doctor Washington a su despacho del Instituto y le pidió perdón profusamente. "No pasa nada, señora", le respondió. "De vez en cuando me gusta hacer un poco de trabajo físico. Además, es siempre un placer ayudar a un amigo". La mujer sacudió la cabeza y le aseguró que la cortesía y la gentileza que había demostrado con su actitud le habían granjeado su más sincera admiración por su obra. Poco después, la mujer demostró dicha admiración convenciendo a algunos de sus ricos amigos a seguir su ejemplo y donar miles de dólares al Instituto Tuskegee.

Washington fue cortés con aquella mujer por voluntad propia, libre de toda imposición, porque la veía como a una amiga. Cuando vivimos con esa misma libertad, vemos el gran impacto que puede tener sobre los demás una pequeña muestra de cortesía.

¿Cómo serían tus relaciones si…

- tratases a todas las personas como a amigos potenciales?
- al conducir, al hablar por teléfono, al viajar y al tratar con tus vecinos, tus acciones mostraran a los demás que aprecias el valor de todas las personas?
- recibieras los actos de amabilidad y generosidad de los demás con gentileza?

- hablaras cortésmente con todo el mundo, aun con las personas con las que no estás de acuerdo?
- aprendieras a usar las formas habituales de cortesía con las personas a las que más quieres?

Adáptalo a tu vida

TEMAS PARA REFLEXIONAR

1. ¿Alguien ha sido desagradable o ha actuado de manera descortés contigo durante la semana pasada? Si es así, ¿cuál fue tu respuesta?
2. ¿Alguna vez la cortesía de otra persona ha cambiado tu estado de ánimo?
3. Piensa en una ocasión la semana pasada en la que trataste a alguien con cortesía y te sentiste bien por ello. ¿Qué es lo que te movió a ser cortés?
4. Piensa en una ocasión la semana pasada en la que trataste a alguien con descortesía. ¿Qué podrías haber hecho para ser más cortés en esa situación? ¿Estás aún a tiempo de disculparte?
5. ¿Cuándo es más fácil que te comportes de manera descortés: en el auto, por teléfono, en el trabajo, al final del día, con la familia? ¿Por qué crees que es así?
6. ¿Cómo respondes normalmente cuando alguien no está de acuerdo con tu opinión?
7. ¿Qué fórmulas habituales de cortesía aprendiste de niño?

POSIBILIDADES DE APLICACIÓN

1. ¿Estás de acuerdo con las cinco afirmaciones siguientes?
   a. Todas las personas son valiosas.
   b. Todas las personas tienen la capacidad de formar parte de una relación positiva.
   c. Todas las personas están en continua lucha.
   d. Todas las personas necesitan amor.
   e. La cortesía enriquece a todas las personas.
   Procura escribir esas cinco verdades en una ficha. Des-

pués, piensa en una persona con la que tengas trato diario y a la que resulte difícil querer de ordinario. Pon el nombre de esa persona allí donde dice "todas las personas" (y pon el verbo en singular), y ten siempre presentes esas cinco verdades cuando te relaciones con dicha persona.

3. Esta semana, entabla conversación con alguien a quien no conozcas mucho, sea un compañero de trabajo, un vecino o alguien a quien encuentres en un lugar público. Aprender a entablar conversación es un gran paso para hablar con cortesía.

4. Si vives con tus padres, hijos, cónyuge o compañero de piso, haz una lista de las formas habituales de cortesía que querrías practicar en casa.

CAPÍTULO 6

La humildad

SITUARSE POR DEBAJO PARA QUE ALGUIEN PUEDA SITUARSE POR ENCIMA

La humildad es algo muy extraño. En el preciso instante en que crees que la has adquirido, acabas de perderla.
— BERNARD MELTZER

Cuando el autor Jim Collins y su equipo de investigadores estudiaban los secretos que hay detrás de las empresas más exitosas del país, descubrieron cosas que no se esperaban. El libro de Collins *Empresas que sobresalen (Good to Great)* explica con detalle qué es lo que hace que una buena empresa se convierta en una empresa excelente en términos de rendimiento a largo plazo. La obra incluye un estudio del estilo de liderazgo de los ejecutivos de las empresas que pasan de ser simplemente buenas a ser empresas excelentes.

"Nos sorprendió, de hecho nos asombró", escribe Collins, "descubrir cuál era el tipo de liderazgo requerido para transformar una buena empresa en una empresa magnífica. Si se los compara con los altos directivos con una gran personalidad que ocupan los titulares de la prensa y se vuelven célebres, los directivos de esas empresas parecen salidos de Marte. Discretos, callados, reservados, casi tímidos, esa clase de directivos son una mezcla de humildad personal y voluntad profesional".[1]

La humildad de esa clase de directivos era especialmente manifiesta cuando hablaban de sí mismos (o, más bien, porque no hablaban de sí mismos). En palabras de Collins: "Durante las entrevistas con los directivos de las empresas que habían pasado de buenas a magníficas, estos hablaban de la empresa y de la contribución de los demás ejecutivos, pero evitaban hablar de su propia contribución. Cuando se los presionaba para que hablaran de sí mismos, decían cosas como: 'espero no sonar ostentoso', o 'si la junta no hubiera escogido tan dignos sucesores, probablemente usted y yo no estaríamos hablando en estos momentos', o '¿he tenido yo mucho que ver con ello? Eso suena muy presuntuoso. No creo que el mérito sea mío. Hemos tenido la suerte de contar con gente maravillosa' ".[2]

A pesar de la notable humildad, todos los directivos citados habían logrado excelentes resultados. Habían generado ganancias en la bolsa para sus empresas siete veces mayores que la media del mercado en un periodo de quince años.

Me imagino que no pasaban mucho tiempo preocupados por ser humildes. Se concentraban más bien en adoptar prácticas empresariales sólidas y en tener una buena relación de comunicación con sus empleados y clientes. Su actitud nos lleva a una nueva forma de ver la humildad.

La mayoría de nosotros pensamos que la humildad es señal de carácter débil, algo que quizás debamos mostrar, pero solo a riesgo de fracasar profesionalmente y de soportar que nos pisoteen en nuestra propia casa. Si pedimos a la gente que defina lo que es la humildad, lo más probable es que las palabras "éxito", "satisfacción", "respeto" o, sobre todo, "relación" no aparezcan en la definición. Sin embargo, son esas justamente las palabras que más importan a los directivos de carácter humilde que han llegado a crear empresas excelentes.

En realidad, ser humilde no es algo que quede a nuestra elección si queremos que el amor se convierta en una forma de vida para nosotros. Al igual que las restantes cualidades de la persona que ama de verdad, la humildad reafirma la valía de los demás. Y, al igual que cualquier otro acto de amor, situarse a uno mismo por debajo de la otra persona es una oportunidad de experimentar una gran satisfacción.

¿Soy una persona humilde?

La humildad en abstracto no interesa. Es la humildad que mostramos en las circunstancias normales, de cada día, la que determina si nuestro comportamiento sirve para reafirmar o destruir a las personas que amamos. Vale la pena prestar atención a cómo reaccionaríamos en situaciones reales en las que podemos escoger entre actuar con orgullo o con humildad.

1. Si alguien explica alguna hazaña o algún logro, normalmente...

a. intervengo para hacerlo callar con una historia aún más impresionante sobre mí mismo.

b. no digo nada, pero le muestro con el lenguaje corporal que no me interesa demasiado su historia.

c. muestro interés y le hago preguntas.

2. En el trabajo, cuando hay superiores cerca, suelo...

a. aparentar, aunque eso signifique atribuirme méritos que corresponden a otra persona.

b. hablar de mi propia contribución a la empresa en cuanto tengo oportunidad.

c. señalar las contribuciones de los demás y dejar que mis propias acciones hablen por sí mismas.

3. Cuando un familiar o un amigo cercano ha logrado algo importante en un área en la que a mí mismo me gustaría destacar, normalmente...

a. busco defectos a lo que ha hecho y después intento centrar la atención en mí mismo.

b. ignoro su logro.

c. lo felicito y me aseguro de que todo el mundo se entere de lo que ha hecho.

4. Si alguien con quien no simpatizo fracasa en algo, lo más habitual es que...

a. piense en aprovechar su fracaso en beneficio propio.

b. intente mencionar casualmente el incidente para que se enteren los demás.

c. busque oportunidades para reconocer su valor como persona.

5. Cuando me doy cuenta de alguno de mis defectos o errores, lo normal es que...

a. piense en quién ha contribuido a que yo adquiera ese defecto.

b. intente no pensar mucho en ello.

c. procure corregir el defecto o error en el futuro.

Las respuestas *a* valen o puntos; las respuestas *b*, 1 punto, y las respuestas *c*, 2 puntos. Cuanto más alta sea tu puntuación, más cerca estás de ser verdaderamente humilde.

Vivir en paz

¿Alguna vez te has parado un momento a observar a la gente que hace cola en la caja del súper? Cuando acabamos la compra y llegamos a la caja, la mayoría de nosotros ponemos cara de impaciencia y gesticulamos con inquietud: "¿Por qué va tan lento esto? Quiero irme ya". Buscamos la cola más corta, sin preocuparnos por la persona que se acerca por el pasillo diez segundos detrás de nosotros. Mientras esperamos, no dejamos de mirar si abren otra caja para ir corriendo y ser los primeros. Es raro que digamos: "Pase usted, yo no tengo prisa". El deseo de ser los primeros es más poderoso que la idea de dejar que alguien nos pase delante.

El deseo de ser los primeros es algo tan arraigado en nosotros que tal vez haya quien se pregunte si realmente es posible aprender a ser humilde. La verdad es que la humildad de espíritu es algo que solo se puede aprender. ¿Alguien ha visto alguna vez a un niño de dos años comportarse con humildad? Desde que nacemos, el instinto nos lleva a adueñarnos de todo cuanto queremos.

No obstante, en el momento en que llegamos a entender la humildad como una forma de experimentar la satisfacción de amar a los demás, esta se convierte en parte de nuestro carácter. La definición oficial de humildad es "inclinarse, rebajarse a uno mismo". Pero también podríamos decir que la humildad reemplaza la rabia, la ambición y el egoísmo de nuestro yo falso por la paz del yo verdadero. La gente humilde está segura de sí misma. Reconoce su propia valía y la valía de los demás, y, por lo tanto, se alegra de los triunfos de los demás. La humildad no es un tema del que se trate habitualmente en la cultura occidental, pero es una de las cualidades esenciales y más satisfactorias del amor. Y eso no significa que sea fácil ser humilde.

Humildad: paz interior que nos permite apartarnos para reafirmar el valor de otra persona.

El anonimato

Uno de los principios clave de Alcohólicos Anónimos, tal y como el propio nombre sugiere, es el anonimato. En AA nadie es más importante que los demás. Todos son iguales en tanto que todos han caído en la esclavitud del alcohol y luchan por librarse de la adicción. Cabría pensar, así pues, que Bill Wilson, fundador de Alcohólicos Anónimos en la década de 1930, era un maestro en cuestión de humildad. Y así es, pero tardó mucho en llegar a serlo.

En *My Name Is Bill* (Mi nombre es Bill), Susan Cheever, biógrafa de Wilson, nos muestra lo mucho que tuvo que luchar Wilson contra el deseo de obtener reconocimiento. Años después de la creación de AA y el diseño de su programa de doce pasos, algunos cargos directivos de la Universidad de Yale le comunicaron el deseo de otorgarle un título honorífico por su iniciativa. Wilson deseaba el título y los honores asociados. Sin embargo, en ese momento Wilson ya "era lo bastante sofisticado en sus principios como para saber que aceptar el título podía ser una mala idea".[3]

El propio Wilson escribió que el principio del anonimato "nos recuerda que debemos dar más importancia a los principios que a las personalidades, que debemos practicar, de hecho, una humildad sincera". También dijo: "Movidos por el espíritu de anonimato, abandonamos el deseo natural de distinción personal".[4] Aun así, según Cheever escribe, Wilson "tuvo que luchar contra su deseo para procurar ser humilde".[5]

Wilson dudaba sobre cuál debía ser su respuesta a la Universidad de Yale, y consultó a la junta directiva de Alcohólicos Anónimos. "Lo animó mucho el hecho de que todos los miembros de la junta, excepto uno, pensaran que debía aceptar el honor", explica Cheever. La única excepción dentro de la junta era Archibald Roosevelt, hijo del ex presidente Theodore Roosevelt. El joven Roosevelt le explicó a Wilson que su padre, preocupado por la atracción que sobre él ejercía el poder, había decidido no aceptar jamás ningún honor personal, y sólo había hecho una excepción con el premio Nobel.

Cheever escribe: "Bill sabía que [Roosevelt] estaba en lo correcto".[6] Wilson rechazó el honor personal (aun cuando Yale le ofreció otorgárselo como W. W., sin utilizar su nombre) y pidió que se lo otorgaran a Alcohólicos Anónimos como organización. Yale declinó la sugerencia.

La obra de Cheever describe los progresos finales de Wilson en materia de humildad. "Más adelante, rechazó la oferta de ser portada de la revista *Time*, aunque en la foto saliera de espaldas a la cámara, tal y como sugerían los editores. También rechazó otros seis títulos honoríficos, así como todas las insinuaciones que recibió del Comité del Premio Nobel".

Wilson tenía la misma tendencia natural a ser orgulloso que todos tenemos. Sin embargo, después de percibir los beneficios del anonimato dentro de su propia organización, escogió la vía de la humildad antes que la vía que le habría aportado un mayor reconocimiento público. Con su opción, mantenía la credibilidad y la influencia sobre sus colegas alcohólicos al servicio de los cuales había dedicado su vida entera.

Si explico esta historia, no es para decir que esté mal recibir el reconocimiento de los demás. Normalmente los premios y honores son motivo de ánimo para las personas que los reciben y ayudan a promover las buenas acciones. Sin embargo, la lucha de Bill Wilson entre el deseo de obtener reconocimiento y la voluntad de ser humilde es un buen reflejo de la tensión que muchos de nosotros experimentamos. Wilson tenía miedo, sin duda, de que el reconocimiento pudiera distraerlo de su objetivo. La humildad y el reconocimiento no siempre son opuestos, pero la búsqueda constante de afirmación nos puede alejar del verdadero amor.

Cuando la ambición domina nuestros pensamientos, lo que somos incapaces de reconocer es que la energía que utilizamos para ofrecer una buena imagen podríamos usarla en cambio para fortalecer nuestras relaciones. Si esas relaciones nos proporcionarán el éxito que deseamos es algo que no sabemos. Lo importante es actuar movidos por el amor y, cuanto más humildes seamos, más distintas serán nuestras prioridades.

Cuando miramos con los ojos del amor verdadero, nos damos cuenta de que la humildad:

- Es reflejo de que somos conscientes de nuestro propio lugar en el mundo.
- Nos da ocasión de anteponer a los demás a nosotros mismos, aun cuando eso implique un cierto sacrificio.
- Es señal de fortaleza, y no de debilidad.
- Hace que reconozcamos que las necesidades de los demás son tan importantes como las nuestras.
- Reafirma a los demás en su propia valía.
- Hace que no malgastemos energía en ser orgullosos, en estar resentidos o en sentirnos enojados.

Ser conscientes de cuál es nuestro lugar

Jim es un líder destacado de una ONG en la India, un hombre de risa sonora, fuertes convicciones y un gran deseo de ayudar a los demás. Jim explica que su abuela, con quien creció, solía decirle: "Recuerda siempre que nadie es mejor que tú, y recuerda también que nadie es peor que tú". Hace falta humildad para vivir sin ser mejor ni peor de lo que se es. Eso significa reconocer que eres tan valioso y tan débil a la vez como la gente a la que se te pide que ames.

EL PRIMERO DE LA FILA

Mucha gente dice que el primer paso para llegar a ser humilde es darse cuenta de que se es orgulloso. Al reconocer que queremos ser más grandes y mejores que los demás, nos sentimos liberados para llegar a entender cuál es la persona que realmente estamos capacitados para ser.

G. K. Chesterton fue un prolífico escritor de principios del siglo XX cuyas palabras inspiraron a Mohandas Gandhi a liderar un movimiento para acabar con el gobierno colonial británico en la India. Sus palabras también incitaron a Michael Collins a luchar por la independencia de Irlanda. Una vez, a Chesterton le pidieron que colaborara en una serie de artículos en el *Times* londinense sobre el tema "¿Cuál es el problema del universo?". Su respuesta fue: "Soy yo. Sinceramente, G. K. Chesterton".

Cuando sentimos la tentación de creernos más de lo que deberíamos creernos, una forma útil de combatir el orgullo es recordar que tenemos la misma capacidad de herir a los demás o de cometer errores que cualquier otra persona. Cuando somos capaces de reconocer que estamos siendo orgullosos, estamos preparados para no caer en dicho orgullo.

El deseo de autoafirmación no es orgullo. El orgullo es el deseo de recibir la admiración de los demás al margen de llevar una vida llena de amor. Cuando la humildad es parte del amor como forma de vida, lo que deseamos ser es aquello para lo que fuimos creados, ni más ni menos.

> **Ser conscientes de cuál es la propia valía es un paso hacia amar a los demás de manera más auténtica.**

EL ORGULLO AL REVÉS

El orgullo no es el único enemigo de la humildad. El hecho de no ser conscientes de nuestra propia valía también nos impide amar a los demás.

Bill Wilson, de Alcohólicos Anónimos, escribió una vez: "Todos podemos sentirnos inundados por la culpa y el desprecio de nosotros mismos. Nos revolcamos en esa sucia ciénaga y, a menudo, sentimos en ello un placer deforme y doloroso [...] Es el reverso del orgullo".[7] Si somos verdaderamente humildes, no nos detestaremos a nosotros mismos. El amor, igual que exige que reconozcamos el valor de los demás, también requiere que afirmemos nuestro propio valor.

A menudo veo que la baja autoestima nos impide dar y recibir verdadero amor. Colin, un hombre de treinta y cinco años residente en Seattle, estaba sumido en la depresión y la soledad. Estaba prometido con una joven triunfadora que parecía adorarlo. Sin embargo, tenía problemas para expresarle su amor e, incluso, llegó a romper el compromiso en una ocasión, para luego reemprender de nuevo la relación. Él era supervisor en una empresa, con doce empleados a su cargo, lo que hacía de él un cargo de mando intermedio, pero no tenía verdaderos amigos en el trabajo. Las relaciones parecía que le aportaran más dolor que dicha.

Un día, mientras hablábamos en mi despacho de asesoría, la conversación viró hacia la infancia de Colin. Como muchas otras personas que conozco, Colin se había criado en un hogar con una actitud muy crítica y poco reafirmativa. Al llegar a la edad adulta, todas esas palabras de condena resonaban aún en su mente: "Eres un irresponsable, un ignorante; eres feo, gordo, un inútil". Cuanto más me hablaba, más me daba cuenta de que Colin no podía preocuparse sinceramente por nadie hasta que no fuera consciente de su propia valía. En otras palabras, no podía mostrar amor a través de la humildad ni de ninguna otra forma hasta que supiera que él también merecía ser amado.

Para las personas como Colin, el primer paso que hay que dar para amar es reconocer su propia valía. Eso significa estar agradecidos por ser quienes son y por los dones y talentos que poseen. No pueden emplazarse a sí mismos por debajo de los demás si antes no se elevan por encima de ellos para darse cuenta de que los mensajes recibidos en la infancia eran falsos. Cuando empiezan a reconocer su propia valía, adquieren la capacidad de ser verdaderamente humildes.

HÁBITOS A ADQUIRIR
Si te preocupa recibir la atención que crees que
mereces, cambia de actitud y haz que la otra persona
te hable de sí misma; después, escucha atentamente
su respuesta.

Voluntad de sacrificio

Con los años, he observado en mi carrera como asesor que sin humildad nos enfadamos con todo y todos los que creemos que nos impiden ser los primeros. Cuando sentimos que no estamos avanzando hacia nuestros objetivos, nos desanimamos, incluso nos deprimimos, y buscamos alguien a quien culpar por ello.

Eso sucede especialmente en el trabajo. Casi todas las personas que he conocido que luchaban por progresar en su profesión se quejaban de que alguien había hablado mal de él y eso había influido en el jefe, que no le había concedido el ascenso. Como consecuencia, están en un nivel inferior al que les corresponde. Si la persona deja que la ira vaya en aumento, puede estar años con él porque alguien cortó su ascenso a la cima.

Comparemos esa actitud egocéntrica con la perspectiva que adopta Josh, un licenciado universitario desde hace poco tiempo que trabaja en una gran empresa de corte progresista. Una mañana, su superior lo llamó al despacho y le dijo:

—Tengo un puesto que podría interesarte. La cosa está entre tú y Tim. Creo que tú tienes más potencial, pero Tim tiene más experiencia. Quiero hablar con ambos para que me digan por qué creen que se merecen el ascenso.

—¿Cuántos años tiene Tim? —preguntó Josh.

—Cuarenta y cinco, más o menos —respondió el superior.

—Creo que debería darle el puesto a él —dijo Josh—. Yo ya tendré otras oportunidades, pero para él tal vez esta sea la última. Creo que debería premiar su experiencia en la empresa.

Tim recibió el puesto porque Josh decidió dejarle paso. Como consecuencia, Josh tuvo la oportunidad de aprender de Tim desde una posición de discípulo. Con el paso de los años, desarrollaron una buena amistad que fue beneficiosa para ambos, tanto personal como profesionalmente.

La verdadera humildad tiene que ver más con sacrificarse para que otra persona pase delante que con presionar a los demás para ser nosotros los que pasamos delante. Cuando la humildad es algo natural en nosotros, estamos siempre atentos para hacer los sacrificios que sean necesarios para ayudar a los demás.

LA HUMILDAD EN EL MATRIMONIO

Esa actitud de sacrificio puede ser decisiva para el matrimonio. Si juntas a dos personas con personalidades, prioridades y talentos distintos en un mismo hogar, una de las dos va a tener que sacrificarse por la otra en algún momento.

Cuando Bruce Kuhn, antiguo actor de Broadway, conoció a Hetty, sabía que había encontrado a la mujer de sus sueños. El único problema era que su profesión hacía que Bruce viajara constantemente por todos los Estados Unidos. Hetty era artista y vivía en Holanda. Su clientela estaba al otro lado del océano. Bruce, llegado ya a la mitad de su vida y sin saber una palabra de holandés, se trasladó a los Países Bajos para que Hetty pudiera continuar con su trabajo. Después de retraerse en parte de la opción inicial, demasiado exigente, ahora va y viene entre ambos lados del Atlántico siempre que puede y ayuda a criar a sus dos hijos.

Explica: "Mis ambiciones artísticas eran el centro de mi universo. [Sin embargo,] llegó un momento en el que me dije, 'Escojo deliberadamente pensar en ti antes que en mí mismo', y ella hizo lo mismo [...] Me honra y respeta mi trabajo, hasta el punto de que el suyo puede esperar a veces, y, a la vez, se dedica a su vida artística tanto como yo a la mía".

Bruce reconoce que ajustar su carrera profesional y trasladarse al otro lado del océano no ha sido fácil, pero la dicha que ha descubierto en el sacrificio no deja lugar a dudas.

La humildad en el matrimonio puede suponer renunciar a un trabajo, o a lo que te gustaría hacer el fin de semana, o, sencillamente, a la necesidad de salir victorioso de una discusión. Puede que a veces sea tentador obligar a tu cónyuge a aceptar que eres tú quien tiene razón sobre el año en que visitaron el Gran Cañón. Sin embargo, a veces la humildad exige sacrificar la propia necesidad de tener la razón en nombre de la relación.

ESPACIO PARA LA RELACIÓN

Mostrar amor a una persona mediante un comportamiento humilde no siempre requiere hacer sacrificios, pero sí que exige que estemos dispuestos a sacrificarnos si, al hacerlo, mejoramos la vida de los demás. Ser humilde puede implicar ceder el mejor sitio en un restaurante, dedicar una hora de tu tiempo a ayudar a tu cónyuge a prepararse para una entrevista importante o sacrificar la oportunidad de impresionar a tu superior. Cuando reconocemos que todas esas cosas fueron antes regalos que nos fueron dados, somos libres de cederlos a los demás en lugar de aferrarnos a ellos. Ni la opción de Josh ni la de Bruce Kuhn los hicieron triunfar de inmediato, pero sí que ambas decisiones crearon un espacio donde la relación podía desarrollarse.

Si quieres mostrarle verdadero amor a una persona, sacrifica algo de valor por el bien de la relación.

Descubrir la fuerza de la humildad

Explican los historiadores que, antes de que el Ejército Revolucionario Americano se disolviera en 1783, algunos de los oficiales acampados en Newburgh (Nueva York), estaban muy enojados por los salarios retrasados que aún les debían. Amenazaban con enfrentarse al Congreso para cobrar lo que les debían. En aquellos tiempos, la toma del gobierno de la nación por los militares era una posibilidad bien real.

El general Washington simpatizaba con las reivindicaciones

de los hombres, pero sabía que la sublevación podía resultar muy perjudicial para la democracia en el nuevo país. Convocó una reunión el 15 de marzo en la que se enfrentó con sus oficiales, muy enojados e irrespetuosos.

Después de un corto discurso sobre las finanzas de la nación, Washington se metió la mano en el bolsillo y extrajo una carta de un miembro del Segundo Congreso Continental en la que se afirmaba que se estaba trabajando para hacer frente a los salarios que aún se adeudaban. Sin embargo, en lugar de leer la carta inmediatamente, estuvo unos momentos jugando con el papel en silencio. Después, sacó un par de gafas de lectura del bolsillo.

"Caballeros", dijo por fin, "me permitirán que me ponga las gafas porque, no solo he envejecido sirviendo a mi país, sino que también me he quedado casi ciego".

Washington tenía cincuenta y un años en ese momento, y había asumido la comandancia de las tropas americanas con cuarenta y tres. Ese instante de vulnerabilidad frente a los hombres que lo habían seguido durante ocho años y medio calmó la tensión del momento. Los oficiales recordaron que Washington había sacrificado por su país tanto o más que ellos mismos.

Cuando Washington abandonó la sala, el ejército confirmó su lealtad a la causa. La humildad de Washington con respecto a su propia debilidad, en lugar de su exhibición de poder, había suavizado la actitud de los soldados. Tal y como escribió un testigo: "Había tanta naturalidad, tanta sencillez, en su petición, que la hacía superior a la oratoria más calculada y hacía que llegara al corazón".[8]

Y eso es lo que hace la humildad: abrirse paso hasta el corazón de las personas. Al mostrar nuestras debilidades, mostramos, de hecho, la fortaleza de nuestro carácter. Eso puede implicar admitir que necesitamos ayuda aun cuando lo que queremos es demostrar nuestra valía.

Ser humilde es particularmente difícil en entornos laborales o familiares en los que hay muchas personas pendientes de si salimos o no victoriosos. La escritora Jay Jordan-Lake explica en *Working Families* (Familias trabajadoras) la lucha y el privilegio de criar a los hijos a la vez que se sigue una carrera profesional. "Mi familia no deja de decirme que grabará las palabras 'lo puedo hacer yo sola' en mi tumba", dice la autora. Al mismo tiempo, reconoce que para tener éxito, tanto en las relaciones de trabajo como en las familiares, hay que contar con la ayuda de los demás.[9]

Pensemos en Amy, que quería impresionar a su suegra, Becky, con elaboradas comidas y postres caseros la primera vez que Becky fue a visitarla. También era la primera visita desde el nacimiento del hijo de Amy y Mark, hacía entonces tres semanas. Agotada y llena de afecto, Amy hizo cuanto pudo por ser la anfitriona ideal, entre dar de comer al bebé y conseguir unas cuantas horas de sueño. Rechazó todos los ofrecimientos de Becky para ayudarla en la cocina insistiendo en que lo tenía todo controlado.

"¿Sabes una cosa? En realidad, sí que necesito ayuda", le dijo a Becky hacia finales del día. "Supongo que, si no te importa, podrías preparar la cena. Me harías un gran favor. Todos los ingredientes están encima del mármol". Becky aceptó inmediatamente y ambas mujeres estuvieron charlando en la cocina mientras Becky cocinaba y Amy estaba sentada sin hacer nada por primera vez en días. No solo cenaron esa noche, sino que Amy y Becky se acercaron personalmente y disfrutaron respectivamente de la presencia de la otra.

Aceptar la ayuda de los demás es una de las formas más difíciles de cultivar el amor en las relaciones.

Aunque es natural que queramos ocultar las debilidades y mostrar las mejores cualidades que poseemos, la humildad que hace que nos mostremos a los demás tal y como somos tiene el potencial de revolucionar las relaciones. La humildad, como las demás cualidades del amor auténtico, es contracultural. Va en contra de la mentalidad de intentar conseguir todo lo que nos proponemos y reconoce que las relaciones son lo más importante para vivir bien.

Reconocer las necesidades de los demás

A menudo es más fácil ser humilde con los desconocidos que con los seres más próximos. Lo he podido ver durante muchos años en las relaciones matrimoniales. El marido se enfada con la esposa, o ella con él, porque cree que "no recibo el apoyo que me merezco; mi esposa se dedica a herirme en lugar de ayudarme. ¿Por qué debería hacer yo algo por ella?".

Con esa actitud, las parejas se atacan con ira y se convierten en enemigos, en lugar de quererse. El progreso personal de cada uno pasa a ser más importante que cuidar del otro. La verdadera humildad exige que dejemos de lado las propias preocupaciones e intentemos ponernos en el lugar de la otra persona.

Deb y Kevin son una pareja joven que lleva varios años casada. Hace poco, Deb pensaba quedar con sus padres el fin de semana en una estación de esquí cercana. Le mencionó casualmente la idea a Kevin, pensando que estaría encantado de ir. Kevin, no obstante, estaba muy cansado después de una semana de reuniones de ventas en el trabajo y quería pasar un fin de semana tranquilo en casa. En realidad, lo último que pensaba era en gastar varios cientos de dólares para tomar un vaso de chocolate con sus suegros en un hotel para esquiadores repleto de gente.

Cuando Deb le dijo ilusionada que había encontrado un apartamento perfecto para los cuatro, Kevin acabó de perder la paciencia:

—¿Por qué siempre te empeñas en ir a alguna parte? ¿Qué le pasa a esta casa? ¿No te importa que esté agotado de trabajar, o también a ti se te olvida eso, como a mi jefe?

—No sé si siempre me empeño en ir a algún sitio —dijo Deb, que se había quedado de piedra con las palabras de Kevin—. ¿Por qué te empeñas tú en impedir que pase un fin de semana tranquilo con mi familia?

Deb salió de casa hecha una fiera y se metió en el auto, sin saber adónde ir, pero con ganas de huir de allí durante unas horas.

Mientras Deb y Kevin digerían la discusión en rincones separados, ambos empezaron a pensar en la situación de la otra persona.

"Trabaja tanto, y en realidad no le he preguntado si quería salir de fin de semana. Supongo que no hemos tenido demasiado tiempo para estar solos últimamente…".

"Ha planeado todo el fin de semana creyendo que me haría ilusión. Trabaja mucho, y esa es la forma que tiene de relajarse…".

Cuando Deb volvió a casa, ya entrada la noche, había decidido que esperaría a más adelante para ir a esquiar. En ese momento era más importante para la pareja tener un tiempo de calidad para estar juntos. Por su parte, Kevin había encontrado una casa de alquiler aislada, cerca de las pistas de esquí, que sería lo bastante tranquila para él y que, aun así, permitiría que Deb pasara algún tiempo con sus padres. Al comparar lo que ambos habían decidido, se dieron cuenta de que el dilema ahora era cuál de los dos planes era mejor.

Deb y Kevin se dieron cuenta humildemente de lo que significaba recibir amor para cada uno de ellos: Deb necesitaba actividad y tiempo con su familia, mientras que Kevin quería calma y tiempo a solas con su mujer. Ambos se mostraron humildes por el hecho de ponerse en el lugar del otro.

HÁBITOS A ADQUIRIR
Cuando creas que te han criticado injustamente, no devuelvas el golpe. Tómate un tiempo para pensar si hay algo de cierto en la crítica y estate dispuesto a aprender de la situación.

Usar bien las energías

En abril de 2007, en la víspera del festival anual de cine para películas que habían recibido poca atención, el crítico cinematográfico Roger Ebert escribió un artículo dirigido a sus admiradores.[10] "He recibido numerosos consejos que me recomiendan que no asista al festival", decía. "¿Qué imagen voy a dar de mí mismo? Parafraseando lo que dicen en *Toro salvaje*, 'Ya no soy más un niño bonito' ". La asistencia al festival era la primera aparición en público de Ebert después de que le extirparan un tumor cancerígeno de la mandíbula inferior derecha. Los médicos le habían extraído una parte de la mandíbula en la intervención, y le habían perforado además la tráquea para que pudiera respirar mejor. Como consecuencia, Ebert no podía hablar temporalmente.

El crítico escribió que, cuando hiciera su entrada en el festival, "llevaré una venda de gasa en el cuello y mi mandíbula colgará ostensiblemente. Así son las cosas. Me han dicho que, si me fotografían en ese estado, las fotos atraerán a las revistas del corazón. ¿Y qué? He atravesado por una terrible enfermedad, me estoy recuperando y este es mi aspecto". Ebert proseguía: "Pasamos demasiado tiempo ocultando las enfermedades". La noche del festival, Ebert hablaba mediante una libreta de notas y gestos con las manos, mientras disfrutaba de la velada con sus amigos y colegas de profesión.

Muchos de nosotros sentimos vergüenza cuando no ofrecemos el mejor aspecto posible. Sin embargo, ese periodista, galardonado con el premio Pulitzer, no estaba dispuesto a dejar que el orgullo lo apartara de lo que más amaba. La humildad de Ebert fue una gran inspiración para miles de personas que habían sobrevivido a un cáncer y para sus familias, cansados ambos de "ocultar la enfermedad". A todos nosotros, nos recordó que no siempre estamos en condiciones de ofrecer nuestro "lado bueno" al mundo y que, a veces, mostrar las debilidades puede ser un regalo para los demás.

La persona que ama de verdad no malgasta energías por orgullo. Tiene un gran sentido de lo que es más importante en la vida y hace realidad su deseo de amar a los demás.

Nuestras debilidades pueden convertirse en virtudes cuando las contemplamos con humildad.

La verdadera humildad frente a la falsa humildad

La persona que siente la tentación de escribir un libro sobre *la humildad y cómo llegué a ella* no está escribiendo un libro sobre la humildad, sino más bien sobre *cómo disimular el orgullo*. La humildad es una actitud, no una conducta, y su origen está, ante todo, en el deseo de amar.

¡MÍRAME!

Si observas cualquier grupo de párvulos, verás que los niños ponen una mirada familiar cuando comparten los lápices de colores o recogen un juguete sin que nadie se lo pida. De forma no verbal, lo que el niño pregunta es: "¿Has visto lo que he hecho? ¿Qué me vas a dar por eso". Los niños saben que, cuando hacen algo bueno, es probable que reciban alguna recompensa.

Cuando maduramos en humildad, hacemos el bien simplemente porque otra persona merece nuestro amor, no porque esperemos nada a cambio. Esperar que los demás nos reafirmen en nuestros actos de humildad nos distrae de amar a los demás. Tal vez hayas oído decir que, cuando se tienen veinte años, uno se preocupa por lo que los demás piensan de él. Cuando se tienen treinta años, a uno ya no le importa lo que piensen los demás. Con cuarenta años, te das cuenta de que, de todas formas, nadie piensa en ti. En la madurez, dejamos que nuestras acciones queden en la sombra y no nos preocupa que nadie las aplauda.

Como hemos visto a lo largo de este libro, amar de verdad no es actuar movidos por la ambición egoísta, sino que consiste en amar por el mero hecho de amar. Cada vez que actúas con humildad, pregúntate: "¿Lo hago porque espero algo a cambio?". Es posible que nos honren por ser humildes, pero no es eso lo que debería motivarnos. Hacer algo que pueda percibirse como un acto de humildad para obtener la atención de los demás no es más que otra forma de orgullo.

UN NUEVO ENFOQUE

Si alguien va por ahí diciendo "yo no soy nadie" y "no te preocupes de lo que pienso, mejor que lo olvides", es posible que al principio parezca una persona humilde, pero en realidad lo que demuestra es orgullo. En lugar de hablar siempre de sí misma, la persona verdaderamente humilde muestra un interés sincero por los demás y quiere conocer su historia, lo que piensan de las cosas, lo que se les da bien. Es el tipo de persona que los demás siempre quieren tener cerca. No piensa en lo humilde que es, y mucho menos se lo dice a los demás. Probablemente, ni siquiera piensa mucho en sí misma.

LA MEJOR MOTIVACIÓN

La verdadera persona humilde es sensible a las acciones que serán de mayor utilidad para los demás. Está dispuesta a renunciar a comer si, al hacerlo, otras personas pueden alimentarse, a pasar sin dormir para que otros puedan dormir en paz. El objetivo no es ganar méritos con el sacrificio personal, sino fomentar el bienestar de los demás.

Cuando Henri Nouwen, autor internacionalmente reconocido y sacerdote católico, dejó su prestigiosa cátedra en la Universidad de Harvard y empezó a trabajar en la Comunidad del Amanecer L'Arche, cerca de Toronto (Canadá), una residencia para discapacitados con problemas de desarrollo, no lo hizo para demostrar lo humilde que era. Lo hizo porque era auténticamente humilde. Lo que dijo fue: "Después de veinticinco años de sacerdocio, me di cuenta de que mis rezos eran pobres, de que vivía en cierto modo aislado de los demás y muy preocupado por las cosas urgentes [...] Me desperté un día con la idea de que vivía en un lugar tenebroso y de que la expresión 'completo agotamiento' era una buena traducción fisiológica de la muerte espiritual".[11]

Para Nouwen, la Comunidad del Amanecer fue como una vuelta a casa. Se instaló en una de las residencias, donde le pidieron que ayudara a Adam Arnett, un hombre con una grave discapacidad, a vestirse, bañarse y afeitarse por la mañana. El libro de Nouwen, *Adam: God's Beloved (Adam, el amado de Dios)*, explica cómo Adam se hizo amigo suyo y se convirtió en su maestro y su guía. En su humildad, Nouwen aprendió de la persona a la que ayudaba. Es en la humildad donde solemos hacer el mayor bien y recibir el mayor bien a cambio.

La humildad no tiene nada que ver con el estatus que tengamos en este mundo. Una persona puede ser de bajo estatus y ser orgullosa de corazón, y al revés. De la misma manera, cuando una persona es verdaderamente humilde, no le importa enseñar en una prestigiosa universidad o ayudar a un discapacitado. Ambas son expresiones del amor verdadero.

La humildad como forma de vida

Reflexionar sobre las tres verdades siguientes es la clave para vivir con verdadera humildad:

1. No tengo nada que no me haya sido dado.
2. Mi conocimiento del universo es limitado.
3. Dependo completamente de algo externo a mí para vivir.

Cuando llegamos a incorporar esas tres verdades a nuestra forma de ser, la humildad resulta inevitable.

1. *No tengo nada que no me haya sido dado.* Si has dado el primer paso hacia la humildad y has admitido que eres propenso a ser orgulloso, estás preparado para dar el segundo paso. Avanza por la vía de la humildad reflexionando sobre la verdad según la cual no tienes nada que no te haya sido dado. La vida misma es algo que tú no has escogido. Una vez nacido, alguien te satisfizo todas las necesidades físicas durante años. Tu cerebro y tus capacidades físicas te fueron regalados para que te desarrollaras. La sangre que hace funcionar tu cuerpo no fluye porque tú te esfuerces. Todo lo que has logrado ha sido con la ayuda de los demás.

Alex Haley, el fallecido autor de *Raíces*, tenía una foto curiosa en su despacho. Enmarcada en la pared había una fotografía de una tortuga sentada sobre el poste de una valla. Haley apreciaba la imagen porque le recordaba algo que había aprendido hacía años. "Si ves una tortuga en lo alto de un poste, sabes que la han ayudado a subir. Cada vez que empiezo a pensar '¿no es maravilloso lo que he hecho?', miro la foto y recuerdo cómo esta tortuga que soy yo mismo ha logrado encaramarse al poste".[12] Por lo tanto, si estás subido a un poste disfrutando de la vista, recuerda que alguien te ha ayudado a subir.

2. *Mis conocimientos son limitados.* La persona más sabia que pueda haber solo tiene una brizna de conocimiento. Isaac Newton, celebrado como una de las mentes más prodigiosas de la historia del pensamiento humano, dijo una vez: "Pienso que no he sido más que un niño que jugaba en la orilla y se entretenía de vez en cuando en buscar un guijarro más pulido o una concha más bonita de lo habitual, mientras que el gran océano de la verdad seguía por descubrir ante mí".[13]

Newton hablaba por todos nosotros. Una persona con un doctorado en aerodinámica es posible que sepa poco sobre las relaciones humanas. La persona versada en psicología, tal vez no sepa casi nada de física. Aunque logremos saber mucho de un pequeño aspecto del universo, seguimos siendo seres ignorantes apostados junto al inmenso océano del conocimiento. A la vista de esa gran ignorancia, ¿cómo se puede justificar el orgullo?

3. *Dependo completamente de algo externo a mí para vivir.* Todo lo que tenemos es regalado, incluso el aire que respiremos en la siguiente inhalación. Personalmente, yo creo que Dios nos ha creado y su providencia nos mantiene. He encontrado en Dios mi fuente de energía, de sabiduría, de rumbo y de vida misma. Yo busco en él mi razón de ser y mi sentido.

Aun cuando no compartas la fe en Dios, lo más probable es que estés de acuerdo con que ninguno de nosotros se ha fabricado a sí mismo. Es imposible ser el único responsable del éxito en la vida, ni siquiera de la propia supervivencia en el planeta. En cierto modo, todos dependemos de algo externo a nosotros.

Albert Schweitzer, médico que invirtió la vida en ayudar a los leprosos en el África Ecuatorial francesa, no fue a África a forjarse una reputación, aunque en 1952 le concedieran el premio Nobel.

Una vez le preguntaron:

—Si pudiera volver a vivir la vida otra vez, ¿qué haría?

—Si volviera a vivir la vida, seguiría el mismo camino, porque ese es mi destino. Mi vida no ha sido fácil. He atravesado por muchas dificultades. Sin embargo, pertenezco al pequeño grupo de privilegiados que han podido seguir su ideal de juventud, y estoy profundamente agradecido por ello.[14]

Durante toda su vida, Schweitzer regaló su atención a todos y cada uno de sus pacientes. Antes de proceder, les decía: "Te dormirás y un rato más tarde te despertarás y el dolor habrá desaparecido. No tengas miedo". Y el paciente se calmaba.

Horas después, a oscuras en el dormitorio, Schweitzer observaba al paciente que se despertaba. Si el paciente le daba las gracias al médico por haberle calmado el dolor, Schweitzer le replicaba que no era obra suya. Era el amor lo que lo había llevado a África, era el amor lo que había movido a otros a darle medicinas y vendas, y era el amor lo que había mantenido allí a Schweitzer y a su esposa.[15] Para Schweitzer, la humildad era una forma de vida.

El orgullo es depender de nuestras propias capacidades; la humildad es reconocer que dependemos de una fuerza externa a nosotros.

Rival de la humildad: el dolor

Anita no se daba cuenta de ello, pero, cuando se reunía con sus hermanas, todas ya en la cuarentena, volvía a actuar según patrones grabados en su mente durante la infancia. La hija mediana de la familia, Anita siempre había pensado que su hermana mayor captaba la atención como "líder", mientras que a su hermana pequeña la adoraban como "payasa". Anita pasaba a menudo desapercibida en la familia, o eso creía. Sin darse cuenta, compensaba esa sensación procurando darse importancia.

Cuando se reunían las tres mujeres en las celebraciones familiares, Anita intentaba llamar la atención hablando de lo reconocida que estaba en el trabajo, del papel tan importante que tenía en el grupo de teatro de su comunidad, o de las buenas notas que sacaban sus hijos en la escuela. En otras palabras, el dolor que le provocaba el sentirse ignorada la llevaba a centrarse siempre en sí misma. Para ella, la distancia existente entre ella y sus hermanas no era más que otra prueba de que era la marginada de la familia, en lugar de darse cuenta de que era ella la que creaba esa distancia. Estaba tan preocupada por reafirmarse a sí misma que estaba alejando de sí a sus hermanas, en lugar de mejorar la relación. Si hubiera mostrado interés por ellas, en lugar de hablar tanto de sí misma, habría tenido ocasión de cultivar la relación.

Las heridas del pasado pueden dificultar fácilmente los intentos de ser humilde. No son solo las heridas provocadas por una antigua dinámica familiar, como en el caso de Anita. El dolor puede proceder del hecho de que alguien nos pasara por encima a la hora de recibir un ascenso en el trabajo, o del enfriamiento de una amistad, o de la pérdida de una pareja porque se ha sentido atraída por otra persona. Sea cual sea la situación, el deseo de no volver a salir heridos puede hacer que, como defensa, intentemos impresionar a los demás. En pocas palabras, puede hacer que nos mostremos orgullosos y nos olvidemos del arte de la humildad.

Solo cuando intentamos curar nuestro corazón mediante las otras seis cualidades del amor, somos libres de pensar menos en nosotros mismos y prestar más atención a las personas a las que amamos.

La verdadera amistad

Hoy en día pensamos que Meriwether Lewis y William Clark fueron responsables en la misma medida de la extraordinaria proeza de trazar el mapa de gran parte del Oeste de los Estados Unidos a comienzos del siglo XIX. Eso mismo pensaban también los miembros de la expedición. Sin embargo, si no hubiera sido por un acto de sacrificio por parte del capitán Lewis, es probable que su viaje hubiera quedado registrado en la historia como la Expedición de Lewis, en lugar de la Expedición de Lewis y Clark.

En 1803, el presidente Thomas Jefferson encomendó a su preciado asistente Lewis el mando de la expedición que atravesaría la ignota región del oeste del país, y Lewis, por su parte, escribió inmediatamente a su buen amigo Clark para hablarle de la expedición que estaba preparando. Tal y como escribe uno de los historiadores: "Lewis procedió a hacerle una fantástica oferta. Si Clark podía acompañarlo, Lewis le prometía que sería nombrado capitán y que ambos comandarían conjuntamente la expedición. Lewis había hablado con el presidente y había obtenido permiso para añadir otro oficial a la expedición. Jefferson creía que pensaba en un teniente como segundo en la línea de mando y, ciertamente, la autorización no era para que Lewis le ofreciera a su amigo el nombramiento de capitán".[16]

Clark aceptó la oferta que Lewis no estaba autorizado a hacerle. Varias semanas después, Lewis se enteró de que el Departamento de la Guerra había nombrado a Clark teniente. Llegados a ese punto, lo más fácil para Lewis habría sido disculparse con su amigo por la confusión y pedirle que aceptara ser su segundo al mando de la expedición. Pero no es eso lo que pensó Lewis.

Le escribió a Clark y le dijo: "Creo que lo mejor será que nadie de la expedición ni ajeno a ella sepa cuál es tu graduación".[17] Clark aceptó agradecido la oferta de Lewis. Así pues, aunque oficialmente Clark partió hacia el oeste como teniente, ambos hombres se referían a él como capitán, igual que el resto de miembros de la expedición, que no sospechaban nada. Lewis podría haber hecho valer su graduación sobre Clark en algún momento durante la peligrosa travesía de 6.400 kilómetros por terrenos inhóspitos, pero no lo hizo.

De esa forma, Meriwether Lewis renunció a la oportunidad de dirigir él solo la expedición y obtener mayor gloria en los anales de la historia. Sus nombres han llegado hasta nosotros indisolublemente unidos como los del capitán Lewis y el capitán Clark, co-comandantes de la mayor travesía de exploración en la historia de los Estados Unidos y ejemplo de una de las amistades más sinceras que en la historia se recuerdan.

Es el tipo de dicha que otorga la verdadera humildad: amar

tanto a los demás que el deseo de reafirmarlos es más poderoso que cualquier ambición egoísta.

¿Cómo serían tus relaciones si...

- estuvieras dispuesto a renunciar a tus propios "derechos" cuando hacerlo sirve para beneficiar a los demás?
- buscaras una posición de servicio a los demás en lugar de una posición de autoridad sobre ellos?
- utilizaras tus posesiones, tus talentos y tu posición en la vida para ayudar a los demás a triunfar?
- contemplaras todos tus talentos, tu tiempo y tus posesiones como un regalo que has recibido?
- no albergaras ninguna rabia cuando los demás se anteponen a ti?

Adáptalo a tu vida

TEMAS PARA REFLEXIONAR

1. Si reflexionas sobre el mes pasado, ¿qué conductas has observado en los demás que reflejen una actitud humilde?
2. ¿Cuándo has obtenido tú algo porque otra persona ha dejado de obtenerlo?
3. La humildad implica reconocer nuestra propia valía, además de la de los demás. ¿Qué crees que te cuesta más, reconocer tus talentos especiales o los de los demás? ¿Por qué crees que es así?
4. ¿Qué es lo que te convierte en una persona valiosa?
5. ¿Qué es lo que más te cuesta sacrificar?

POSIBILIDADES DE APLICACIÓN

1. ¿Cuál es la persona que más te cuesta anteponer a ti mismo? Piensa en algo que puedas hacer esta misma semana para emplazarte a ti mismo por debajo para que esa persona se sitúe por encima de ti.
2. Esta semana, busca un lugar habitual (la tienda de alimentación, la cocina, la sala de descanso en el trabajo) y pre-

gúntale a alguien: "¿Te ayudaría en algo si yo…?". Si la respuesta es sí, hazlo.

3. Piensa en una persona con la que te relaciones regularmente. Practica la humildad poniéndote ahora mismo en el lugar de esa persona. ¿Cuál sería la mejor forma de expresarle amor hoy mismo? ¿Implicaría ese acto de amor algún sacrificio por tu parte?

CAPÍTULO 7

La generosidad

ENTREGARSE A LOS DEMÁS

Amar es, en una palabra, regalar el yo.

—PAPA JUAN PABLO II

El doctor Jack McConnell creció en "la última casa del valle" en la comunidad minera de Crumpler, Virginia Occidental. Su padre nunca ganó más de 150 dólares al mes y nunca tuvo auto, y sin embargo, durante la Depresión, los padres de McConnell daban de comer a cuarenta o cincuenta personas cada día. La gente que pasaba veía el cartel en la valla de los McConnell y sabía que allí encontrarían comida. "No teníamos gran cosa", dice McConnell, "pero teníamos un huerto grande y podían tomar maíz y tomates, y siempre encontrábamos algún pollo y hacíamos comida para todos".[1] McConnell recuerda que una de las preguntas que a su padre más le gustaba hacer a sus siete hijos en la mesa era: "¿A quién han ayudado hoy?".[2]

Ese espíritu de generosidad causó una gran impresión en él. Hoy, el doctor McConnell, ya retirado, es famoso por haber creado una clínica en Hilton Head Island, Carolina del Sur, que presta asistencia médica gratuita a personas que no se la pueden pagar. Hace donación de su tiempo para ayudar a miles de "amigos y vecinos que no se encuentran bien" e inspirar a otros médicos y enfermeras retirados a hacer lo mismo.[3] El éxito de los Voluntarios Médicos ha dado lugar a la creación de más de cincuenta clínicas similares en todos los Estados Unidos.[4] Cuando alguien le preguntaba si le gustaba trabajar gratis, McConnell respondía: "Gano un millón de dólares cada día. Lo que esta clínica me proporciona no se compra con dinero".[5]

A menudo creemos que la generosidad consiste en donar dinero para una buena causa o en comprarle algo de comer a una persona de la calle. Evidentemente, esos son actos de generosidad, pero, en el contexto del amor auténtico, la generosidad es mucho más que ayuda económica. Cuando amamos de verdad, todo lo que hacemos tiene una actitud generosa. Estamos atentos a cuándo los demás necesitan el dinero, el tiempo, la atención y la ayuda que podemos proporcionarles. Eso puede implicar que vayamos a dormir tarde para hablar con el hijo adolescente que se decide a explicarnos sus sentimientos justo en el momento en que íbamos a dormir. Puede implicar darse cuenta de que un amigo necesita que lo llevemos al médico, aunque no nos lo pida, o darse cuenta de que la madre soltera de la casa de al lado tal vez necesite que le echemos una mano con el jardín los fines de semana.

La palabra *regalo* puede usarse para traducir la palabra griega *charis*, que significa "favor no merecido". Cada vez que regalamos dinero, talento o tiempo, antes que nada estamos reconociendo que previamente lo que regalamos también nos fue dado a nosotros como regalo. Los regalos que hacemos a los demás no dependen de su comportamiento ni de si el individuo ha hecho algo por nosotros, sino que emanan del amor que sentimos por él o ella. Cuando vivimos con espíritu de generosidad, es asombroso darse cuenta de la gran cantidad de oportunidades que se nos presentan para amar.

¿Soy una persona generosa?

Valora las siguientes afirmaciones del 1 ("raras veces") al 5 ("habitualmente").

1. Una de las cosas que más me gusta hacer es pasar tiempo con la familia.

2. Utilizo deliberadamente mis habilidades para ayudar a los demás.

3. Cuando hablo con alguien, centro toda mi atención en él.

4. Me gusta dar dinero porque creo que ayuda a los demás a darse cuenta de su propia valía.

5. Cuando pierdo algo, lo rompo o me lo roban, no tardo mucho en deshacerme emocionalmente de ello.

Suma tus puntuaciones. Si el resultado de la suma está entre 20 y 25, es probable que estés atento a amar a los demás mediante distintas formas de generosidad. Si es inferior a 20, piensa si podrías esforzarte más para regalar tiempo, dinero o favores a los demás.

El regalo de tu mismo

La generosidad tal vez se acabe traduciendo en acciones, pero emana de una actitud que anida en el corazón. Cuando nos entregamos generosamente a los demás, lo que hacemos es mostrarles lo mucho que los valoramos.

Una pareja que llevaba más de treinta años casada me explicaba la siguiente historia. Al principio del matrimonio, Peter viajaba frecuentemente por motivos de trabajo, y dejaba a Sharon y a sus dos hijas en casa solas. La mayoría de los viajes eran breves, pero cualquier padre o madre joven sabe lo estresante que puede ser para una persona cuidar sola de unas niñas pequeñas. En esa época, además, Sharon sufría depresión y ansiedad. Cuando Peter estaba de viaje, las cargas del día y el temor por su seguridad la desbordaban.

En uno de aquellos viajes, Peter salió de casa antes de que Sharon y los niños se levantaran. Se iba cinco días a Nueva York y tenía que tomar el avión temprano. Llamó a Sharon desde el aeropuerto en el momento en que ella les estaba dando el desayuno a las niñas. Sharon sabía que llamaba para darles los buenos días y procuró mostrarse alegre. Aun así, no podía ocultar el desánimo que sentía ante la perspectiva de tener que afrontar sola otra semana.

"Estoy bien, de verdad", le dijo, cuando él le expresó su preocupación. Era lo que siempre decía. Cuando colgó, se sentó junto a la mesa de la cocina, que estaba llena de leche y migas mojadas, y empezó a llorar.

Media hora después, Sharon estaba ayudando a las niñas a vestirse cuando oyó que se abría la puerta del garaje. Peter no tardó en entrar en la habitación.

—¿Qué haces aquí? ¿Qué pasa con las reuniones? Vas a perder el empleo —Sharon miraba con consternación la maleta que había en el suelo.

—Hago más falta aquí que en Nueva York —dijo Peter—. He llamado a mi jefe y le he dicho que necesitaba unos días de descanso. Se las arreglarán sin mí —se puso de rodillas para ayudar a las niñas a vestirse mientras Sharon no dejaba de mirarlo.

Sharon era consciente de lo que su marido acababa de hacer: había dejado algo que era importante para él para mostrarle lo mucho que apreciaba la relación entre ambos. Cuando Peter y Sharon llevaron juntos a las niñas al parque y, más tarde, se sentaron a hablar como pareja, Peter se centró tan solo en su esposa y en las niñas. Ese día, les entregó su propio yo para mostrarles que siempre estaba dispuesto a darles su amor.

La generosidad implica algo más que bienes materiales. Ante todo, la generosidad implica empatía, compasión, transparencia y capacidad de escucha. En las relaciones matrimoniales, es fácil dar por supuesto que la otra persona está ahí. Cuando somos generosos con las personas que amamos, les prestamos toda nuestra atención cuando hablan. Nos esforzamos por satisfacer sus necesidades en lo posible, no con desgana, sino con toda la energía posible. Eso no significa que tengamos que suspender todos los viajes de trabajo cuando alguien a quien amamos nos necesita. Significa que debemos tener espíritu de generosidad para estar pendientes de los momentos en que podríamos dar más de nosotros mismos para amar a los seres queridos.

Décadas después, Sharon aún recuerda con detalle ese día, como si acabara de pasar. El acto desbordante de generosidad de

Peter le dio a entender que Peter la valoraba de un modo que nunca olvidará.

> **Generosidad: ofrecer tu atención, tu tiempo, tu talento, tu dinero y tu compasión desinteresadamente a los demás.**

Regalar tiempo

En mi segundo año en la universidad, un día me sorprendió que mi profesor, el doctor Harold Garner, me invitara a comer por mi cumpleaños. Tres días después, en un frío día de enero, cruzamos juntos el campus hasta llegar a un buen restaurante. No recuerdo lo que comí, ni tampoco de lo que hablamos, excepto que me preguntó por mi familia en general. Lo que sí recuerdo es su interés sincero en mí como persona. Desde ese día, estuve mucho más atento en sus clases.

Durante todos mis estudios universitarios, nunca ningún otro profesor me invitó a comer. Hasta el día de hoy, guardo en un rincón especial de mi corazón el recuerdo de Harold Garner, porque me regaló su tiempo.

En la cultura actual, el tiempo es una de las cosas más importantes que podemos ofrecerles a los demás. Darle a alguien nuestro tiempo es darle una parte de nuestra vida. Una hora que invertimos en escuchar a un niño que nos explica su primer día de escuela es una hora que podríamos haber dedicado a jugar al golf, a limpiar la casa o a contestar el correo electrónico. El niño tal vez no sepa jamás lo que has sacrificado por él, pero el tiempo que le has dado es una potente expresión de amor.

CONOCER A LAS PERSONAS

Amar a los demás es estar dispuesto a dedicar tiempo a conocerlas. El escritor James Vollbracht nos explica la historia de una anciana, Ruth, que vivía en un barrio infestado de bandas. Casi cada día salía a dar un paseo, a pesar de las quejas de sus amigos, que temían que la atracaran. "Pero Ruth tenía una estrategia especial. En lugar de evitar a los chicos, entablaba conversación con ellos. Se les acercaba, les preguntaba cómo se llamaban y les explicaba historias del barrio y de sus padres, abuelos, tíos y tías".

Ruth no temía por su seguridad porque las bandas callejeras sabían que se preocupaba por ellos. "Todos esos muchachos lo que en verdad quieren es que se los reconozca y se los respete", decía. "La banda les da lo que no reciben de sus familias ni de su comunidad. Yo intento darles parte de todas esas cosas esenciales siempre que puedo".[6]

Dedicar tiempo a preguntarle a alguien por sus familiares, su trabajo, sus intereses sociales y su salud física transmite a los demás que son importantes para ti. Cuando pasas tiempo con la gente, descubres sus necesidades y deseos. Solo así puedes expresarles amor de formas distintas. Hasta que no dedicas tiempo a conocer a alguien, no es fácil que puedas ayudarlo. No podemos regalar tiempo a todos los que pasan por la calle o a todos cuantos encontramos en el metro, pero cada día podemos regalar a alguien con nuestro tiempo.

BUENA PREGUNTA

Preguntar a las personas es una de las formas de relacionarse que mayor amor demuestran, y una de las más gratificantes. En su libro *The Healing Art of Storytelling* (El arte curativo de explicar historias), Richard Stone habla de la importancia de pedirle a la gente mayor que nos explique sucesos históricos, como el bombardeo de Pearl Harbor, la Guerra de Corea o la crisis de los misiles cubanos. Es tanto lo que podemos aprender de los demás escuchando dónde estaban cuando sucedían hechos históricos o, simplemente, escuchándolos hablar de la primera vez que se enamoraron, que vieron el mar o que tuvieron un trabajo.

Antes de la imprenta, explicar historias era una actividad usual en las comunidades. Las historias se repetían una y otra vez, y las generaciones más jóvenes conservaban la tradición. Ahora, en un mundo de correos electrónicos y mensajes de texto, estamos expuestos a una gran cantidad de palabras a lo largo del día, pero pocas veces conectamos verdaderamente con la experiencia de los demás.

Tomarse el tiempo necesario para hacer buenas preguntas, en una comida de negocios, cuando tu pareja llega a casa al final del día, cuando un amigo te llama para saludarte, contribuye a crear buenas relaciones y demuestra que valoras a la otra persona.

HÁBITOS A ADQUIRIR
Cuando no sepas cómo mostrarle amor a alguien, pregúntale sobre sí mismo.

TIEMPO PARA CURAR

Cuando murió el bebé de Kara, ella no sabía si sería capaz de superar el dolor. Pocos meses después de la muerte, Sophie, la madre anciana de una amiga suya, perdió a su marido por un cáncer. Aunque Kara y Sophie no se conocían demasiado, Kara, consciente de lo difícil que podían ser las fiestas en medio de la pérdida, ese año llamó a Sophie el día de Acción de Gracias por la mañana. Después de hablar durante una hora, ambas mujeres hicieron planes para verse en diciembre. Poco después, empezaron a verse regularmente y a llorar juntas mientras miraban el álbum de fotos de la boda de Sophie o del bebé de Kara. Se hacían preguntas mutuas, se llamaban los días en que peor se sentían y salían a comer los aniversarios de las fechas difíciles.

Casi todas las personas que podamos conocer tienen su propia lucha. El problema puede ser de salud, o una relación rota, la tensión del trabajo o sentimientos de baja autoestima o de depresión. Prestarles oídos puede serles de gran utilidad para traerles esperanza y ayudar a esos individuos. Tal y como descubrieron Kara y Sophie, lo mejor de dedicarles tiempo a quienes están sufriendo es que, al ayudar a los demás, también nos ayudamos a nosotros mismos.

TIEMPO CON LA FAMILIA

A lo largo de los años, han sido incontables las ocasiones en que he oído a algún miembro de una pareja explicarme lo mismo que una esposa me explicaba hace poco: "Tengo la impresión de que a mi marido mi vida no le importa en absoluto. Tiene tiempo para todo el mundo menos para mí. Rara vez hablamos de algo que no sean cuestiones logísticas". Es un matrimonio que se está muriendo porque lo que más desea la esposa es tener tiempo de calidad con su marido, mientras que el marido no se da cuenta de que ella necesita que la amen.

Es fácil creer que no hace falta esforzarse mucho para estar con las personas con las que vivimos porque las vemos cada día. Sin embargo, ser generosos con el tiempo que les dedicamos a nuestra familia es un paso importante para llegar a darles a los demás lo que necesitan.

Los niños necesitan mucho esa forma de expresarles amor. Un joven me explicaba hace poco: "Mis padres están demasiado ocupados para tener hijos. No sé por qué nos tuvieron". Me recordó la dura canción de Harry Chapin "Cat's in the Cradle" ("El gato está en la cuna"), sobre un hijo que quería pasar más tiempo con su padre. Mientras el padre estaba siempre corriendo para tomar aviones y pagar los recibos, su hijo, que lo adoraba, le preguntaba cuándo estaría en casa. Su padre le decía que no estaba seguro.

Pero entonces estaremos juntos.
Sabes que, entonces, nos lo pasaremos bien.

El "entonces" no llegaba nunca, y el niño se hacía mayor y pasaba a ocupar su tiempo con su propia familia. Cuando su padre lo llamaba, el hijo adulto le decía que no tenía tiempo para verlo. El padre se daba cuenta de que, al crecer, su hijo se había vuelto como él.

A menudo pensamos que cuando pase el verano, la próxima fecha de entrega o el próximo grupo de visitas, cambiaremos la forma de emplear el tiempo. Sin embargo, como escribe Annie Dillard, "la forma que tenemos de emplear los días es, por supuesto, la forma que tenemos de emplear la vida".[7] Lo que decidimos invertir hoy en nuestras relaciones más próximas es probablemente lo mismo que decidiremos invertir en ellas a lo largo de toda la vida si no cambiamos de actitud.

Ninguno de nosotros llegará nunca a amar a la familia de forma perfecta. Cuando cultivamos un espíritu de generosidad, nos volvemos más conscientes de la necesidad de invertir tiempo en lo más importante, que tal vez no sea lo que consideramos que es más urgente.

Lo más importante tal vez no sea lo más urgente.

Sacrificar tiempo

Tal vez estés pensando que todo esto suena muy bien, pero ahora mismo no puedes añadir más cosas a tu vida. Te gustaría pasar más tiempo con la gente, pero también tienes que ganarte la vida y mantener la casa. Si crees que no puedes hacerlo todo, estás en lo cierto. Nunca encontrarás el difícil "equilibrio" perfecto entre amigos, familia, trabajo y todo lo demás, porque la vida y las relaciones no son tan sencillas.

La verdadera generosidad requiere sacrificios. Exige un cambio de perspectiva. Una madre joven que conozco dice que, cuando en la vida llega un punto en el que las pequeñas cosas de cada día la desbordan, ella se pregunta: "¿Qué es lo que ahora no me funciona?". Es posible que puedas cambiar más cosas del día a día de las que piensas. Tal vez aumentar las horas de trabajo te permite tener unas buenas vacaciones, pero te limita el tiempo que puedes dedicar a estar pendiente de tus padres ancianos. Tal vez si te paras a pensarlo, tu hijo pequeño se acuesta más tarde de lo necesario; media hora más de tiempo por la noche te daría un poco más de margen. Tal vez tú y tu cónyuge han cogido el hábito de ver la televisión por la noche, en lugar de hablar.

Cuando al banquero J. P. Morgan le preguntaban: "¿Cuánto es bastante dinero?", dicen que respondía: "Solo un poco más".[8] Me aventuraría a decir que muchos de nosotros diríamos lo mismo con respecto al tiempo: nunca tendremos todo el que nos gustaría tener o necesitaríamos tener. Cualquier pequeña cantidad "extra" de tiempo que podamos tener se pierde en las tareas diarias si no hacemos el firme propósito de anteponer las relaciones a todo lo demás.

Podemos tener ingresos y capacidades diferentes, pero todos tenemos el mismo tiempo cada día. Si restamos las horas que pasamos durmiendo, el resultado son las horas de que disponemos para regalar a los demás. Está claro que una parte de ellas tenemos que dedicarlas al trabajo o al estudio. Sin embargo, aun en esos ámbitos tenemos también la oportunidad de escuchar atentamente a los demás y mostrar interés por su bienestar. Si nos concentramos en dar, siempre buscaremos la ocasión de regalar a los demás nuestro tiempo.

CAMBIO RADICAL

Tú eres el único que puede decidir cómo vas a emplear tu tiempo. Es posible que el hecho de leer este capítulo y poner en práctica su mensaje implique hacer cambios radicales en la forma que tienes de emplear los días.

Eso me trae a la memoria a Robertson McQuilkin, presidente de la Universidad Internacional de Columbia, que abandonó la presidencia cuando su esposa empezó a sufrir demencia. Los únicos ratos de paz que ella tenía eran cuando él estaba en casa. A McQuilkin no le costó mucho tomar la decisión. Según dijo: "Ella se ha ocupado de mí de manera completa y sacrificada durante todos estos años: si yo tuviera que ocuparme de ella los próximos cuarenta años, no acabaría de pagar la deuda que tengo con ella [...] Y hay algo más: amo a Muriel". Durante los trece años siguientes, le regaló su tiempo a su esposa y se ocupó de ella. Solo cuando ella murió volvió a ocuparse de sus propios asuntos.[9]

Para muchos de nosotros, cambiar de actitud con respecto al

tiempo no implicará nada tan radical. Puede ser algo tan simple como fijarse como objetivo el sostener una conversación de calidad al día con al menos una persona. La conversación puede ser más breve o más larga, pero debería ser más profunda que hablar sobre el tiempo o sobre deportes. Regalar tiempo es una gran muestra de amor que cuenta con muchos receptores posibles.

Regalar nuestros dones

Era un frío viernes de enero por la noche. Estaba lejos de casa dirigiendo un seminario sobre el matrimonio. Cuando llamé a mi esposa para ver cómo estaba, me dijo que el piloto de la caldera se había apagado y la casa se estaba enfriando. Le sugerí que llamara a nuestro amigo Larry a ver si él podía encenderlo de nuevo. Cuando la volví a llamar media hora después, Karolyn me dijo: "La casa vuelve a calentarse". Larry había respondido inmediatamente, había vuelto a encender el piloto de la calefacción y la casa volvía a calentarse. Había expresado su amor utilizando algo que él sabía hacer y Karolyn no. De hecho, Larry sabe hacer muchas cosas, entre otras, hacer galletas y preparar platos. Utiliza regularmente todos esos talentos cuando se ofrece voluntario para hacer de cocinero en los campamentos de verano para jóvenes y cuando nos invita a nosotros a degustar su cocina.

Personalmente, yo no sé cocinar platos ni hacer galletas. Y, sinceramente, habría tardado mucho más que Larry en volver a encender el piloto de la caldera de gas. En el ámbito de las habilidades culinarias y técnicas, yo caigo dentro de la categoría de personas a las que todo eso les supone un verdadero desafío. Tú puedes parecerte más a Larry o a mí, pero es bueno saber que todos sabemos hacer algo, y podemos usar lo que sabemos hacer para expresar amor.

ENCONTRAR LA SATISFACCIÓN

Anne Wenger fue durante muchos años una buena amiga. Era logopeda y, a los cincuenta y cuatro años, sufrió la polio y desde entonces tuvo problemas para caminar. Durante muchos años, se pasaba el día sentada en casa con la puerta abierta e invitaba a los padres a llevarle a los niños que necesitaban una logopeda. Dedicaba horas a la vida de esos niños, de manera gratuita, y usaba sus conocimientos para expresar amor a los demás. No he conocido a una mujer más feliz, más satisfecha, que Anne Wenger. Sabía lo que era la dicha de amar a los demás regalándoles lo que sabemos hacer.

Hace pocos años viajé al Sudeste asiático a dar ánimos a los trabajadores que habían respondido a la catástrofe del tsunami en 2004. Fue allí donde conocí a Gary y Evelyn. Él tenía ochenta y cinco años, y ella ochenta y uno. Gary era perito agrónomo, y él y Evelyn habían invertido doce años de su vida en la isla de Antigua, en el Caribe. Después de retirarse, con sesenta y cinco años, empezaron a buscar oportunidades de ayudar en otras partes del mundo. Fueron al Sudeste asiático y descubrieron que parte de la población estaba ansiosa por aprender inglés. Rápidamente, aprendieron a enseñar inglés como segunda lengua. Pronto recibieron invitaciones de monasterios budistas, hospitales estatales y otros lugares para enseñar inglés.

A lo largo de los últimos veinte años, Gary y Evelyn han diseñado y publicado numerosos libros para enseñar inglés. Se los han regalado a cualquiera que quisiera utilizarlos y han dado permiso para copiarlos gratuitamente, sin pagar derechos. Cuando le pregunté cómo financiaban el proyecto, Gary me dijo:

—Gracias a la Seguridad Social y a la pequeña pensión que recibo de una de las antiguas empresas para las que trabajé.

—¿Cuánto tiempo piensan seguir así? —le pregunté.

—Mientras tengamos salud y energías —me contestó Gary.

Son una pareja que ha descubierto la dicha de coger una simple capacidad, la de enseñar inglés como segunda lengua, y usarla para expresar amor a miles de individuos.

No hace falta que crucemos el océano para amar con generosidad. Utilizar lo que sabemos hacer para amar a los demás puede ser mucho más simple y más satisfactorio de lo que imaginamos.

LA LLAMADA DEL AMOR

Cuando Bill entró en una residencia de ancianos y vio reducida su capacidad para gestionar su propia cuenta bancaria y tomar sus propias decisiones económicas, casi lo invade el pánico por lo que pudiera pasar con su situación económica. Su hija llamó a Keisha, una empleada del banco local que trabajaba con varias personas de la residencia en la que estaba Bill. Keisha estuvo horas hablando con Bill y su hija del futuro económico de Bill y les dio algunos consejos que le ahorraron a la familia miles de dólares.

Cuando Bill estaba ya demasiado enfermo para salir de su habitación, empezó a comprar ropa, utensilios de jardinería y otras herramientas por catálogo. Todo se lo enviaban a un apartado de correos y alguien del banco siempre tenía que ir a recogerlo. En lugar de reprender a Bill por usar el dinero de esa manera o por abusar de su tiempo, Keisha recogía los paquetes y se aseguraba de que le fueran entregados a Bill. Cuando pidió una chaqueta nueva de L. L. Bean, Keisha fue especialmente a la residencia a ver cómo abría el paquete, porque sabía que le hacía mucha ilusión.

Cuando Bill murió, varios años más tarde, Keisha siguió usando sus conocimientos, más allá del ámbito de su trabajo, para ayudar a la familia a resolver todas las cuestiones financieras pendientes. Hizo más de lo que su trabajo le exigía porque era consciente de cuál era su vocación: se sentía llamada a amar a los demás.

EL PODER DE LA VOCACIÓN

La palabra "vocación" significa "llamada". Lo más importante a lo que estamos llamados es a enriquecer la vida de los demás haciendo del amor el propósito fundamental de nuestra vida, lo que es el tema de este libro.

La vida entera, incluido aquello a lo que estamos llamados, es sagrada. La mayoría de nosotros recibimos una compensación económica por usar lo que sabemos hacer para cumplir con una vocación específica. Usamos el dinero para mantener a la familia y ayudar a los demás. Pero toda vocación es en sí misma una expresión de amor, porque implica satisfacer las necesidades de los demás.

Es por eso por lo que hay determinadas ocupaciones que las personas que viven una vida de verdadero amor no eligen nunca. Son tres tipos de ocupaciones: (1) las que tratan de asuntos que pueden ser perjudiciales a los demás (como el tráfico ilegal de drogas), (2) las que no ofrecen ningún servicio útil a la sociedad, y (3) las que, aunque sean permisibles en sí mismas, pueden ser perjudiciales para la persona en particular (como trabajar de portero en un bar cuando se es alcohólico). Esa es la razón por la que hay personas que han abandonado una vía profesional y han tomado otra después de progresar en el camino hacia el verdadero amor. ¡Qué trágico es dedicar gran parte de la vida a una vocación que no mejora la vida de los demás! Hacer eso supone desperdiciar los talentos que nos han sido concedidos.

Cuando aquello a lo que nos dedicamos por vocación sirve para ayudar a los demás física, emocional o espiritualmente, nuestra dedicación es en sí misma una expresión de amor. Eso no significa que tengamos que dedicarnos a cualquiera de las tradicionales ocupaciones de ayuda a las personas, como pastor, rabino, enfermera o maestro.

Sea cual sea tu trabajo, siempre puedes procurar servir a las personas con las que trabajas. Si no te gusta donde trabajas, si tu trabajo es más un empleo que una vocación, puedes cambiarlo algún día. Sin embargo, mientras tanto, vivir con espíritu de generosidad hacia quienes te rodean puede ser una expresión de amor y sacrificio.

Podría ser que en este momento te sientas llamado a bajar el ritmo en el trabajo, o a abandonarlo del todo, para ocuparte de tu familia o de tus padres ancianos. Si es así, lo que haces es sacrificar parte de tus habilidades para usar otras en nombre del amor. Tal vez te sientas llamado a seguir a tu cónyuge al otro extremo del país para que este pueda seguir su vocación. También eso es un acto de generosidad, cuando se hace desde el amor y por el bien de la relación.

Sea cual sea tu trabajo, puedes hacer de él una forma de expresar amor.

Todos tenemos ocasión de usar nuestras capacidades para amar a los demás fuera de nuestra dedicación profesional. Conozco un hombre que enseña en una escuela de manera profesional, pero que pasa horas usando sus conocimientos para ayudar a niños desfavorecidos dándoles clases particulares. Conozco un grupo de mujeres jubiladas que dedican una mañana a la semana a hacer mantas para las personas sin techo. Conozco una esposa que se acuesta tarde casi todas las noches para ayudar a su marido a pasar a ordenador la tesis.

Una forma habitual de usar lo que sabemos hacer para ayudar a los demás es dentro del hogar. Cocinar, limpiar, cambiar los pañales, arreglar el ordenador, cortar el césped y cambiar bombillas son formas de usar lo que sabemos hacer para amar a la pareja, a los hijos, a los compañeros de piso y a los padres.

Una de las razones por las que es importante reconocer nuestra propia valía es porque, si sabemos lo que valemos, estamos atentos a la forma en que podemos utilizar lo que sabemos hacer para ayudar a los demás. Si quieres ser generoso con tus habilidades, tienes que estar convencido de que tienes un papel importante en este mundo. Nadie puede sustituirte. Tus habilidades son necesarias. Cuando las usas para expresar amor, no solo eres una persona que ama de verdad, sino que también contribuyes a que los demás hagan del amor una forma de vida.

Donar dinero

Cuando el fundador de Microsoft, Bill Gates, el hombre más rico del mundo, creó en 1994 una fundación caritativa con una contribución inicial de 94 millones de dólares, la noticia acaparó todos los titulares. Desde entonces, Gates y su esposa han donado más de 16.000 millones de dólares para buenas obras tales como el abastecimiento de agua en África y la lucha contra el sida. Después, en 2006, Warren Buffett anunciaba que donaría a la Fundación Gates acciones por valor de más de 30.000 millones de dólares. Una vez más, y es comprensible, la noticia copó todos los titulares del país.

Compárese todo eso con las acciones de Albert Lexie, un limpiabotas discapacitado de Pittsburgh, Pensilvania. Lexie, que cobraba 3 dólares por limpiar los zapatos, gana unos 10.000 dólares al año con su trabajo y, sin embargo, cada día les hace la vida más fácil a muchas personas.

A principios de la década de 1980, Lexie se enteró de que la Fundación Atención Gratuita recaudaba dinero para procurar atención médica a niños en el Hospital Infantil de Pittsburgh. Aunque él mismo andaba escaso de dinero, Lexie empezó a acudir dos veces por semana al Hospital Infantil a limpiar zapatos y donar las propinas a la fundación. Desde entonces, ha donado más de 100.000 dólares a la fundación infantil.

Si apreciamos la contribución de Lexie a través de la lente del amor auténtico, reconocemos que su generosidad es igual de notable que las donaciones de Gates o Buffett a importantes obras de caridad. En el curso de la historia de la humanidad, los regalos cotidianos de las personas de buena voluntad han hecho nacer hospitales, universidades, residencias para las personas sin hogar y centros de distribución de ropa y comida en todo el mundo.

Si tenemos la capacidad física e intelectual necesaria para trabajar, el amor nos exige que dediquemos nuestra energía a ganar dinero para, a su vez, poder satisfacer las necesidades, no solo de nuestra familia, sino también de otras personas. El deseo de donar dinero es uno de los aspectos más satisfactorios y prácticos del hecho de valorar a los demás. Igual que todo lo demás que poseemos o de lo que disfrutamos, el dinero es algo que previamente nos ha sido dado como un regalo. La dicha que obtenemos al donarlo es uno de sus muchos beneficios.

¿CUÁNTO DEBERÍA DAR?

Hay gente que dice que si sus ingresos fueran mayores podría dedicar más a buenas causas. El dinero que tengamos no es tan importante como la actitud que tenemos hacia el dinero y la actitud que tenemos hacia nuestras relaciones. Tal y como decía W. S.

Plumer: "La persona que no es generosa con lo que tiene, se engaña a sí misma cuando piensa que sería más generosa si tuviera más". En otras palabras, si no damos algo de lo "poco" que tenemos, tampoco damos de lo que tenemos "mucho".

En un cierto sentido, no importa cuánto demos, siempre que lo demos con espíritu de generosidad. Sin embargo, siempre resulta de ayuda fijarse un objetivo si lo que queremos es llegar a ser personas más generosas. Teniendo eso presente, creo que donar el 10 por ciento de los ingresos debería ser el objetivo mínimo de todas las personas, sean cuales sean sus medios. Si todo el mundo hiciera eso sistemáticamente, no habría necesidad de organizar recaudaciones de fondos nunca más.

La idea la respaldan asesores financieros bien conocidos. David Bach, autor de *The Automatic Millionaire (El millonario automático)*, anima a los lectores a donar el 10 por ciento de sus ingresos por el bien de los demás, así como para lograr mayores riquezas. "Cuanto más das, más rico te sientes", escribe. "Y no es solo un sentimiento. Por extraño que parezca, la verdad es que el dinero afluye más rápidamente a quienes dan. ¿Por qué? Porque las personas que dan atraen la abundancia a su vida, en lugar de la escasez".[10] Otros gurús de las finanzas señalan que, si dedicamos una parte de nuestros ingresos mensuales a donaciones, somos más cuidadosos con el 90 por ciento restante y, por lo tanto, acumulamos más dinero a largo plazo.

Cuanto más das, más riqueza verdadera tienes.

C. S. Lewis, autor de la serie de libros infantiles *Las crónicas de Narnia*, escribió una vez: "No creo que sea posible establecer cuánto deberíamos dar. Me temo que la única regla segura es dar más de lo que podemos permitirnos. En otras palabras, si lo que gastamos en comodidades, lujos, diversiones, etc. es equiparable a lo que gastan comúnmente las personas con los mismos ingresos que nosotros, es probable que estemos dando demasiado poco. Si lo que dedicamos a la caridad no nos supone ninguna privación ni ningún obstáculo, diría que es demasiado poco. Debería haber cosas que nos gustaría hacer y no podemos porque lo que dedicamos a la caridad nos lo impide".[11]

Las personas que viven de una nómina fija, tal vez no puedan dedicar a donaciones lo mismo que otras personas, pero siempre pueden dedicar algo. Algunas de las personas más generosas que he conocido han comenzado con las cantidades más pequeñas. Se dice que John D. Rockefeller, uno de los hombres más ricos del siglo pasado y un modelo para la filantropía moderna, donó un 10 por ciento de la primera nómina que cobró y, sencillamente, fue incrementando lo que daba a partir de ahí. ¡Imagínate el bien que podríamos hacer si todos donáramos el 10 por ciento de lo que tenemos para reafirmar la valía de las demás personas!

Cuando nuestros sentimientos se centran en los demás, deseamos invertir todo lo que poseemos en nuestras relaciones; si nuestros sentimientos se centran en nosotros mismos, entonces buscamos acumular cuanto podemos para nosotros mismos. Eso no significa que tengamos que lanzar por la borda nuestro propio plan de jubilación. Significa que hay que gozar del presente y planificar el futuro desde un espíritu de generosidad, sin acumular innecesariamente, sino planificando y dando a los demás por amor a los seres más próximos y a las demás personas necesitadas.

HÁBITOS A ADQUIRIR
Independientemente de cuánto dones este año, auméntalo el año que viene un 1 por ciento, y así sucesivamente cada año.

¿POR QUÉ DAR?

Cuando Steve se enteró de que la recepcionista de su empresa tenía que operarse inesperadamente pocas semanas después de que su marido se quedara sin empleo, le regaló un vale de cincuenta dólares para un supermercado descuento. Cincuenta dólares son poco comparado con la factura del hospital, pero sirven para comprar los alimentos básicos. Y más importante aún que eso, sirven para que la recepcionista sepa que hay alguien que nota su presencia y se preocupa por ella. Es la mejor manera de usar el dinero: para fortalecer nuestras relaciones.

Si damos, no por el valor de la relación, sino para recibir los elogios de la gente, entonces no somos verdaderamente generosos y nos estamos perdiendo la dicha de dar movidos por el amor. La Biblia cristiana lo expresa de la forma siguiente: "Y si repartiere toda mi hacienda y entregare mi cuerpo al fuego, no teniendo caridad, nada me aprovecha".[12] Cuando el verdadero amor por los demás nos mueve a dar, la generosidad no es una carga, sino una dicha. Damos porque reconocemos el incalculable valor de los demás.

EL PODER Y EL POTENCIAL DEL DINERO

Según John D. Rockefeller iba acumulando riquezas procedentes de la industria petrolera, uno de sus consejeros le dijo: "Mr. Rockefeller, su fortuna no para de crecer. ¡Es como una avalancha! ¡Y usted tiene que actuar en consecuencia! ¡Tiene que distribuirla más rápido que lo que crece! Si no, acabará aplastándolo, a usted y a sus hijos y a los hijos de sus hijos".[13] Cualquier suma de dinero tiene potencial para hacer más daño que bien en nuestra vida si se interpone entre nosotros y los demás en lugar de hacer crecer las relaciones. Cuando damos, recordamos lo importante que son los demás en nuestra vida. Cuando nos lo quedamos todo para nosotros, tal vez tengamos una existencia material más fácil, pero sufriremos la estrechez de espíritu.

Quizás la persona más infamemente avara de la historia de los Estados Unidos sea una mujer aproximadamente contemporánea de Rockefeller: Hetty Green (1834-1916). Green heredó dinero, se casó por dinero y ganó mucho dinero ella misma con hábiles inversiones, pero se hizo famosa por su tacañería. Para ahorrar dinero, nunca ponía la calefacción ni usaba agua caliente en casa. Llevaba siempre un vestido viejo que solo se cambiaba cuando estaba ya demasiado gastado. Cuando su hijo Ned se rompió una pierna, se negó a que le administraran el tratamiento necesario en el hospital, lo que hizo que perdiera la pierna a causa de la gangrena. Cuando su esposo murió y sus hijos abandonaron el hogar, empezó a mudarse una y otra vez de un apartamento reducido a otro para evitar tener una residencia fija que atrajera la atención de los inspectores fiscales. Ya mayor, tuvo una hernia que no quiso tratarse porque la operación costaba 150 dólares. Al morir, su renta neta era tal vez de unos 200 millones de dólares, lo que la convertía posiblemente en la mujer más rica de su tiempo, pero su alma estaba aquejada de penuria.

¡Cuánto no podría haber hecho Hetty Green por las personas próximas a ella y por los necesitados de su época con todo ese dinero! Aun así, se lo guardó todo para sí, sacrificó su propia tranquilidad y sus relaciones por algo que no la hacía feliz en este mundo y que no podía llevarse con ella al morir. El vicio de la avaricia, el acaparamiento de dinero más allá de lo necesario, por su propia naturaleza, hará que nos centremos en nosotros mismos y acabará con toda relación saludable con los demás. Tanto si tenemos tanto como John D. Rockefeller o Hetty Green como si tenemos tan poco como el limpiabotas, una actitud codiciosa empobrecerá nuestras relaciones, mientras que una actitud generosa las fortalecerá.

SIN AFERRARSE DEMASIADO

Dennis sólo se ha comprado un auto nuevo, acabado de salir del concesionario, una vez en la vida. Pensó qué es lo que quería comprar y añadió unos cuantos extras. La primera semana que lo tuvo, fue a visitar a su madre. Cuando estaba allí, aparecieron su hermana y sus hijos en una furgoneta con las bicis de los niños. No hacía mucho que estaban allí cuando Dennis oyó gritar: "¡Cuidado con el auto del tío Dennis!". No tardó en entrar su sobrino, "con el labio colgando hasta el suelo", según explica Dennis, para decirle que le había rayado el auto con la bici.

"No pasa nada. Gracias por decírmelo", le dijo Dennis. Después fue a ver la raya: recorría todo el lateral, desde el morro a la parte trasera. Lo único que podía hacer era arreglarla.

Pocas semanas más tarde, Dennis aparcó en la rampa de entrada de casa de un amigo cuando llegó su esposa y se estampó contra el lado del pasajero del auto de Dennis y le destrozó todo el exterior.

"En ambas ocasiones, me molestó mucho lo que había pasado", dice Dennis ahora. "Me encantaba ese auto, pero no dejaba de ser solo un auto". Debido a que no se aferraba demasiado a sus posesiones, Dennis fue capaz de mostrar las cualidades de la persona que ama de verdad. Valoraba más las relaciones que las posesiones, y sentía la libertad que proporciona vivir con tales prioridades.

El autor Sheldon Vanauken puso por escrito lo que sucedió cuando se compraron el primer auto con su esposa, Davy. La pareja estaba muy ilusionada con el hecho de tener un vehículo nuevo, pero lo primero que hicieron al llegar a casa fue darle unos cuantos golpes con un martillo, "para que tuviera algunas abolladuras y sentirnos tranquilos con él". Escribe Vanauken que no querían nada capaz de "separar a dos personas que se amaban". Llegaron a la conclusión de que "las posesiones que se valoran en exceso […] suponían una carga y eran ellas las que poseían a sus dueños". La generosidad requiere que impidamos que los bienes terrenales se vuelvan más importantes de lo que deberían.[14]

LA DONACIÓN A PROYECTOS

Muchas personas sienten deseos de practicar lo que yo llamo la donación a proyectos. Recuerdo un hombre que me decía: "Quedé cautivado cuando oí a Joni Earickson Tada, parapléjica, hablar del Proyecto Silla de Ruedas. Se dedica a recoger sillas de ruedas usadas, las restaura y las envía a países del Tercer Mundo. Me sentí conmovido y quería participar en ello. No podía viajar a otros países, pero sí podía donar dinero al proyecto". El hombre sentía la dicha de participar en una obra de amor que otra persona había iniciado.[15]

¿A quién debería dar mis donativos?

Un buen lugar para empezar a donar dinero o cualquier otra cosa son las organizaciones locales que te merezcan confianza, como refugios para gente sin hogar, escuelas, hospitales, programas de alimentos y asociaciones religiosas. Una vez leí la historia de una madre que hacía de voluntaria en la escuela a la que había asistido su hijo con necesidades especiales antes de fallecer. "Era el lugar donde era más feliz [...] Yo puedo ayudar allí porque sé lo que es ser padre de un hijo con necesidades especiales". La mujer se formó más adelante para ser terapeuta ocupacional y ayudar a otras familias que necesitaban atención.[16]

Si quieres donar dinero a alguna causa caritativa y no sabes por dónde empezar, visita www.justgive.org. Antes de donar dinero a una organización, infórmate sobre ella en Better Business Bureau (www.bbb.org) y el IRS (www.irs.org).

MÁS DE LO QUE CREÍAMOS QUE TENÍAMOS

Winston Churchill dijo una vez: "Vivimos de lo que ganamos, hacemos nuestra vida con lo que damos". Solo si damos una parte de nuestro dinero y nuestras posesiones, nos damos cuenta de todo lo que aún nos queda para nosotros. Es una de las muchas paradojas del hecho de vivir una vida de amor verdadero. Cuando el hecho de dar emana de un corazón agradecido, regalar nos hace ser más humildes y no más orgullosos. No damos por sentido del deber, sino por amor.

En la tumba de Christopher Chapman, en la abadía de Westminster, figura la fecha de 1680 y las siguientes palabras:

> *Lo que he dado, aún lo tengo*
> *Lo que he gastado, lo tuve*
> *Lo que he dejado, lo he perdido*
> *Por no haberlo dado.*

Tal y como nos enseña el arte de dar, acabamos descubriendo que tenemos más de lo que sabíamos.

La simple dicha de dar

Cuando la madre de Amber Coffman quiso trabajar como voluntaria en Sarah's House, una residencia para personas sin hogar en

Maryland, decidió que solo lo haría si la acompañaba Amber, de ocho años de edad. En el tiempo que madre e hija pasaban con los niños sin hogar y con sus padres cada semana, Amber aprendió la dicha y el dolor de conocer las historias de los demás. De las relaciones que tuvo con la comunidad de personas sin hogar, surgió el deseo de vivir una vida de generosidad y, tres años después, una Amber de once años de edad creaba el programa Happy Helpers for the Homeless (o Ayudantes felices para los desamparados) para ayudar a la población más pobre de Baltimore. Empezó reclutando a otros niños de su edad para hacer bocadillos de queso y salchichas ahumadas en su casa cada sábado por la mañana y distribuirlos entre gente sin hogar. En la actualidad, Coffman sigue dirigiendo la organización que fundó y que ha ayudado a más de treinta mil personas y ha generado cuarenta y nueve programas similares en los Estados Unidos y otros países. Cada semana, seiscientos almuerzos se distribuyen entre las personas sin hogar en Baltimore, Maryland.

CADA PERSONA ES UNA RELACIÓN

No somos generosos porque queramos iniciar un programa que se conozca en todo el mundo y ayudar a miles de personas. Somos generosos porque nos preocupamos por nuestras relaciones. La madre de Amber se preocupó por transmitir a su hija el espíritu de generosidad, y su hija se preocupó por la gente a la que conoció.

La Madre Teresa, cuya generosidad de espíritu ha traído la curación y la paz a decenas de miles de personas, escribió una vez: "Nunca miro a las masas como si fueran mi responsabilidad. Miro a cada individuo".[17] Es bueno recordar sus palabras cuando nos desborda la gente que necesita nuestra ayuda, en muchos casos gente de nuestra propia familia o del trabajo. Debemos dirigir nuestra generosidad no a las estadísticas, sino a los individuos que tenemos delante. Un espíritu de generosidad puede traer la curación a más personas de las que imaginamos, de una en una.

Independientemente de qué des o cómo lo des, recuerda que es a personas individuales a quien sirves.

SIMPLE CREATIVIDAD

Cuando un grupo de habitantes de Roswell, Nuevo México, se reunieron para pensar en formas de ayudar a los niños de su comunidad, pensaron en los clubes de chicos y chicas, en el YMCA, en el teatro y en deportes juveniles. De repente, una mujer de mediana edad levantó la mano y dijo: "Yo tengo media hectárea de jardín detrás de casa. Siempre he soñado que los niños y los adultos de la comunidad pudieran practicar juntos la jardinería. Cuando haces jardinería, algo mágico sucede [...] Juntos construimos algo que dura toda la vida".[18] Toda la sala quedó en silencio cuando acabó de hablar. La idea era tan simple y tan genuina. Tal vez funcionara.

Busca formas creativas de regalar tu tiempo, tu dinero y tus habilidades. Empieza preguntándote qué es lo que tú tienes que no tengan los demás. Tal vez no es tu misión adoptar a un niño, pero puedes ayudar a otra pareja a adoptarlo. Tal vez no tienes el dinero necesario para ayudar a otra pareja, pero tienes la habilidad de movilizar a la gente en internet para recaudar fondos para esa pareja. Si tienes algún recurso especial, piensa que es algo que te ha sido dado para que lo compartas con los demás. Ese cambio de enfoque te abrirá numerosas posibilidades de ser generoso.

LA GENEROSIDAD ENGENDRA GENEROSIDAD

Una historia tras otra, todas nos muestran que un acto de generosidad puede llevar a la participación de un número incontable de personas.

El 1 de agosto de 2007, Marcelo Cruz, con veintiséis años de edad, conducía por el puente de la autopista interestatal 35 en Minneapolis cuando este empezó a hundirse. Para evitar caer en el río Mississippi, estrelló deliberadamente la camioneta contra el muro. Cruz, parapléjico, no podía salir de su camioneta adaptada porque estaba inclinada. Después de que dos personas lo sacaran del vehículo, otras lo llevaron a la sala de urgencias para que le curaran la espalda lastimada.

Lawrence Pleskow, director de la organización caritativa con centro en California llamada When U Dream a Dream (o

Cuando tienes un sueño), vio la historia de Cruz en las noticias y lo llamó para decirle que le gustaría ir a Minnesota esa misma semana para regalarle una nueva camioneta que podía tener hasta que le sustituyeran la que había estrellado contra el muro. La organización de Pleskow quería, además, traer a Cruz y a su madre en avión hasta California para que visitaran Disneyland, conocieran a algunas celebridades y disfrutaran de unas vacaciones juntos.

Cruz va en silla de ruedas porque, siete años antes, un asaltante desconocido le disparó en una pelea callejera. En la actualidad, dice que se siente desbordado por la generosidad de otras personas que han sabido de su situación. Todo empezó con una persona que hizo cuanto pudo por ayudarle, y eso llevó a una cadena de generosidad capaz de transformar una vida.[19]

Del mismo modo, un simple acto de generosidad en casa o en el trabajo puede llevar a otros de los que te rodean a responder también con generosidad. Una persona que decora el despacho de otra el día de su cumpleaños puede provocar que otra lleve flores para el mostrador de recepción. Incluso algo tan insignificante como recogerle a alguien su café favorito en el bar, con la cantidad justa de crema, contribuye a crear un espíritu de generosidad en la amistad.

JUNTARSE CON OTROS

Pensar de forma creativa puede hacer que descubras nuevas formas de pasar el tiempo con los amigos y compañeros de trabajo. Las familias, como en el caso de Amber Coffman y su madre, pueden fortalecer su propia relación, a la vez que forjan nuevas relaciones con los demás, haciendo trabajos voluntarios juntas. Igualmente, las oficinas de las empresas suelen unirse en la ayuda a los demás. Cuando la esposa de Justin resultó muerta en un accidente de tráfico, toda la oficina reunió juguetes, juegos, libros y apetitosa comida para sus tres hijos, que aún se estaban recuperando del accidente. Al centrarse en asuntos externos al trabajo habitual, los diversos departamentos encontraron que trabajaban más unidos y descubrieron cosas positivas de los demás que antes desconocían.

Si en tu familia, con tu cónyuge o en tu comunidad existe una gran tensión, prueben a dedicar un sábado por la mañana a limpiar las hierbas de los jardines o a servir sopa juntos. Quizás les sorprendan los resultados.

"Me da energía"

Entre los ciclos inicial y superior de sus estudios en la Universidad de LeTourneau, en Texas, David cogió un trabajo de ingeniero en Wausau, Wisconsin, para el verano. Pocas semanas después de empezar el verano, perdió inesperadamente el lugar en que vivía. La pareja mayor propietaria de la habitación que tenía alquilada decidió que "la cosa no iba bien" y le pidió que saliera de allí inmediatamente. Así pues, David, que intentaba ganar dinero para pagarse el resto de los estudios, se encontró con un trabajo veraniego en una ciudad desconocida, un auto lleno con sus pertenencias terrenales y sin un lugar donde vivir. Visitó varios bloques de apartamentos, pero no consiguió que ni uno de los encargados de los bloques le enseñara una sola habitación, ya que era domingo. Llamó a algunos amigos en busca de alguna otra opción. Finalmente, un amigo le devolvió la llamada y le dijo que había una pareja joven que quizás tuviera una habitación libre.

Fue en el auto hasta su casa. Los tres pasaron la tarde sentados en la cocina charlando y, después, riendo, según se iban sintiendo más cómodos juntos.

— Y, así pues, ¿para cuándo necesitas la habitación? —le preguntó la esposa.

—Bueno, tengo todas mis cosas en el auto. —confesó David. La pareja se miraron el uno al otro y sonrieron.

—Nos encantaría que te quedaras aquí —dijeron ambos a la vez.

Lo que le cobraban por la habitación y la comida no habría dado ni para el desayuno en otro lugar. Sin embargo, la pareja parecía encantada de poder ayudar a alguien con ello. Su actitud generosa no solo dio pie al inicio de una amistad que aún perdura, veinticinco años después, sino que más tarde inspiró a David y a su mujer a abrir su casa a un compañero de trabajo que necesitaba un lugar donde vivir.

Una madre joven, Jana, me explica la ilusión parecida que siente una amiga que ha descubierto la dicha de dar. Cada vez que Jana y su familia se van de vacaciones, su amiga comprueba que la casa sigue bien y entra el correo. El día antes de que regresen Jana y su familia, les llena los estantes con todo lo fundamental y alguna otra cosa.

"¡Jabón de lavadora, sopa, leche, cereales, no dejo de descubrir cosas durante tres días, cuando volvemos a casa!", me explica Jana. "Cuando le di las gracias la última vez, me dijo: 'Me encanta hacerlo. Me da energía' ".

La generosidad no tiene por qué ser una carga en ninguna de nuestras relaciones. Aunque es posible que requiera algún sacrificio, como todo acto de amor, la recompensa que obtenemos en forma de mejora de la relación nos aporta una energía y un entusiasmo insustituibles. Tener la oportunidad de desarrollar una relación ayudando a los necesitados es uno de los mayores privilegios de esta vida.

∼ *Rival de la generosidad: nuestra propia agenda*

La vida está llena de esfuerzos por cumplir con el último plazo en el trabajo, por poner a los niños a dormir a su hora, por entrar un momento en el súper a comprar lo básico, por estar pendientes de cómo van nuestras inversiones, por cambiar el aceite del auto, por pasar un rato por el gimnasio a hacer ejercicio, por cortar el césped y por poner, otra vez, el lavavajillas.

Con todas esas cosas que hacer y muchas otras en nuestro horario, es fácil que nos concentremos en nosotros mismos y distribuyamos nuestro tiempo, dinero y energía para hacer todo lo que queremos hacer, en lugar de pensar en las personas por quienes queremos hacerlo. Cuando estamos atrapados en todo lo que pensamos hacer aquel día, es fácil que pasemos por alto lo que verdaderamente necesitan las personas que nos rodean y, por eso, es fácil que perdamos la oportunidad de servirlas.

Los artículos de las revistas nos hablan de la necesidad de bajar el ritmo por el bien de nuestra salud y de nuestro bienestar. Quizás eso sea cierto, pero, además, debemos también levantar el acelerador por el bien de la relación con nuestros seres queridos. ¿Cómo podemos saber lo que necesitan las personas, y mucho menos ayudarlas en ello, si estamos todo el tiempo pendientes de lo que tenemos que hacer?

¿Cuántos de nosotros hemos pasado junto a una persona sin hogar en la calle sin percatarnos de su mirada? Igualmente, cada día pasamos deprisa junto a personas, a veces en nuestra propia cocina, cuyas necesidades podríamos satisfacer si, por un instante, dejáramos de lado la lista de cosas que queremos hacer.

Por supuesto, todos tenemos que hacer ciertas cosas cada día. Pero, tal y como dijo una vez Agustín de Hipona, "nada que valga la pena hacer es posible acabarlo en toda una vida". Si anteponemos los planes a largo plazo a la lista de cosas que hacer a corto plazo, nos damos cuenta de que la generosidad suele ser más simple de lo que pensamos. La pregunta de la persona que ama de verdad ("¿qué puedo hacer hoy por ti?") no se tarda gran cosa en responder. Pararse a escuchar la respuesta puede marcar una gran diferencia para la persona necesitada de amor.

Para llevar una vida generosa

El divorcio, la pobreza y la negligencia marcaron la infancia de la escritora Barbara Curtis. Al hacerse adulta, bebía exageradamente, tomaba drogas y desatendía a sus dos hijas. Después de superar sus adicciones con la ayuda de Alcohólicos Anónimos, se dio cuenta de lo mala madre que había sido. "Cuando te crías con unos padres que no se desviven de amor por ti", dice Curtis, "la generosidad no es algo que te salga naturalmente. Es como un interruptor que tienes que descubrir y activarlo en ti misma. Cuando conseguí estar sobria, lo primero a lo que me tuve que enfrentar es al hecho de que tenía que hacer las cosas de otra forma. Fui al parque a observar a las madres con sus hijos para ver lo que hacían las madres que los trataban con amor, porque eso no formaba parte de mi experiencia".

Ahora, a los cincuenta y nueve años, Curtis dice que está aprendiendo nuevas verdades sobre lo que significa amar con generosidad. Después de dar a luz a nueve hijos, entre ellos uno con síndrome de Down, Curtis y su marido adoptaron tres hijos más con síndrome de Down. Dice que suena más heroico de lo que realmente es.

"Había días, cuando los niños eran pequeños, que no quería salir de la cama y encarar el día. Sentía que ya no podía dar más de mí. Pero esos días servían para expandir mi capacidad de amar. Ahora, me gustaría sentarme y estar todo el día escribiendo, o irme de crucero con mi marido, en lugar de limpiar la casa u oponerme al sistema escolar por el bien de mis hijos adolescentes. Pero creo que mi trabajo cuando limpio los baños es tan importante como escribir para miles de personas o hablar frente a un grupo de quinientas personas. Dedicar tiempo y energías a hacer de padre o a cualquier otro tipo de relación puede ser ingrato. Lo importante es tener un espíritu generoso. Tanto si la gente lo reconoce como si no, actuar por amor acrecienta tu capacidad para amar. Si no te cuesta ningún esfuerzo, ¿cuál es la diferencia?".

Barbara Curtis se deleita en ayudar a los demás. "Mi forma de amar a las personas es servirlas", dice. "Podría pasar el resto de la vida ayudando a la gente y no acabar nunca de mostrar lo agradecida que estoy de haber tenido la oportunidad de dar un vuelco a mi vida. Al hacerte mayor, ves lo mucho que aún tienes que trabajar en tu alma para poder amar de verdad, tanto como en tu corazón para poder ser una persona más generosa".[20]

Toda nuestra vida cambia cuando nuestra actitud con respecto al tiempo, al dinero, a nuestros bienes y a nuestras capacidades cambia. Como escribe Anna Quindlen, "no puedes ser excelente en el trabajo si todo lo que eres es tu trabajo". Lo mismo puede decirse de tu actitud hacia el hogar, la educación o, incluso, tus aficiones. Cuando nos centramos demasiado en lo que hacemos, nos olvidamos del valor de las personas que encontramos cada día. La generosidad nos saca de la rutina en que caen la mente y el corazón y nos devuelve a las relaciones. Nos da una nueva visión que nos permite ver la belleza de las personas que necesitan nuestros regalos. Quindlen escribe: "Búscate una vida en la que seas generoso. Mira a tu alrededor y contempla las azaleas que hacen estallar estrellas de fucsia en primavera. Contempla la luna llena como plata que cuelga del cielo negro en una noche fría. Y date cuenta de que la vida es soberbia, y de que no debes pasarla por alto. Preocúpate tanto de su bondad que sientas deseos de extenderla [...] Todos queremos hacer las cosas bien, pero si, además, no hacemos el bien, entonces hacer las cosas bien nunca será bastante".[21]

¿Cómo serían tus relaciones si...
- llevaras tus posesiones con las manos abiertas, dispuesto a librarte de ellas cuando fuera necesario?
- donaras el 10 por ciento de tus ingresos a los demás?
- cada día te tomaras el tiempo necesario para mostrarle a un conocido, un amigo, un hijo o un cónyuge lo mucho que te interesa su bienestar?
- utilizaras tus habilidades en beneficio de los demás de forma creativa?
- encontraras placer en tener un espíritu de generosidad hacia los demás, sin importar las circunstancias?

Adáptalo a tu vida

TEMAS PARA REFLEXIONAR

1. ¿En alguna ocasión has experimentado la dicha de dar a los demás?
2. Si analizas tu pauta de conducta en cuanto al hecho de dar a los demás en los últimos años, ¿cómo describirías tu actitud con respecto al hecho de dar a los demás? ¿Egoísta? ¿Incoherente? ¿Moderada? ¿Generosa? ¿Estás satisfecho con tu pauta de conducta?
3. ¿Qué es más probable que te haga retraerte a la hora de darle dinero a una persona? ¿Y de darle tu tiempo? ¿Y de ofrecerle tus habilidades?

POSIBILIDADES DE APLICACIÓN

1. Haz una lista de algunos de los grandes regalos que te han hecho en la vida. Puedes incluir la educación, unos padres que te han querido, la inteligencia, una oportunidad laboral… Dar comienza por aceptar el siguiente hecho: Todo lo que soy y poseo es un regalo que he recibido.

2. ¿Hay personas en tu familia o en tu círculo de amigos con las que desearías pasar más tiempo? Si es así, ¿qué puedes hacer para que eso suceda?

3. ¿Qué podrías hacer ahora mismo para ser más sensible a las oportunidades que tienes a diario para conceder a la gente tu completa atención?

4. ¿Donas actualmente el 10 por ciento de tus ingresos a causas de ayuda a los necesitados? Si no es así, ¿crees que es una meta que te gustaría alcanzar? ¿Por qué, o por qué no?

5. Haz una lista de los regalos en dinero que has hecho el pasado mes. ¿Hay algún otro individuo, iglesia, grupo comunitario o proyecto que te gustaría añadir a la lista del próximo mes?

6. Haz una lista de algunas de las habilidades que crees que posees. ¿Has utilizado esas habilidades para ayudar a la gente en el pasado? ¿Qué pasos podrías dar para usar dichas habilidades en mayor grado? ¿De qué forma puedes usarlas para expresar amor a los demás?

CAPÍTULO 8

La sinceridad

**MOSTRARSE COMO LA PERSONA QUE EN REALIDAD
SÉ ES**

La verdad es algo tan extraño que es un placer decirla.

—EMILY DICKINSON

Joy y Becca empezaron a trabajar en el departamento de marketing de una compañía de telefonía con pocos meses de diferencia. Deseosa de empezar con buen pie su carrera profesional, Joy trabajaba jornadas larguísimas para causar la mejor impresión posible en la empresa. Becca también quería agradar a su encargado, pero veía en su trabajo básicamente una oportunidad para ganar algo de dinero antes de casarse y formar una familia.

A la joven le gustaba charlar en las pausas para almorzar y, a veces, ir a cenar con alguien después del trabajo. Ambas se hicieron muy amigas mientras se lamentaban juntas de lo duro que era el trabajo, lo pequeños que eran sus despachos y lo escaso que era el sueldo.

De repente, Becca le explicó excitadamente a Joy la noticia de que le habían ofrecido un ascenso. Su nuevo puesto significaba mejor sueldo, un despacho de verdad y más autoridad. Empezaba a subir.

Joy intentó sonar alegre, pero le costaba mantener un tono afectuoso. "¿Por qué le habrán dado a ella el ascenso cuando ni siquiera quiere seguir trabajando en la empresa?".

Durante los meses siguientes, Joy ponía excusas con frecuencia para no pasar más tiempo con Becca. Al final, Becca dejó de enviarle e-mails del tipo: "Estoy a punto de comerme los dedos. ¿Estás lista para ir a comer?". Joy le regaló a Becca una planta para el nuevo despacho, pero no se quedó a hablar un rato con ella. Pronto, las jóvenes empezaron a evitarse en los pasillos.

"¿Becca y tú no eran amigas?", le preguntó un compañero una tarde a Joy, sin darle demasiada importancia a la cosa. El resto del día y de la noche, la pregunta se le quedó a Joy metida en la cabeza. Se daba cuenta de que, por orgullo, no quería admitir ante Becca lo que realmente la preocupaba, y estaba perdiendo una amiga por ello. Cogió el auto y fue al apartamento de Becca.

"Estaba celosa", le dijo desde la puerta. "Yo quería ese empleo, y tú ni siquiera parecías darte cuenta. A ti ni siquiera te preocupa el puesto. De cualquier forma, siento haber reaccionado como lo hice".

Becca invitó a Joy a entrar y, juntas, las mujeres hablaron francamente de por qué estaban dolidas. Ambas se sentían mal al acabar la conversación, pero algo había cambiado en su relación. En las semanas siguientes, retomaron gradualmente la amistad y decidieron que nunca más dejarían crecer la ira en silencio, sino que se hablarían sinceramente. Dado que, por fin, había sido sincera con respecto a lo que sentía, Joy pudo celebrar con Becca su éxito, mientras que Becca se sentía libre para hablar de sus inseguridades y sus miedos porque sabía que podía confiar en Joy.

En los años que llevo ejerciendo de consejero, he podido comprobar los efectos de la sinceridad, o la insinceridad, en las relaciones. Tanto si dos personas deben ser sinceras con respecto a sus pequeñas preferencias, como si deben serlo sobre algo que ha herido sus sentimientos o sobre algo tan importante como una relación extramarital, si la sinceridad está ausente de su relación, nunca llegarán a desarrollar verdadero amor.

Está claro que no podemos obligar a nadie a ser sincero con nosotros. Sin embargo, cuando nosotros vivimos en la verdad y decimos la verdad, nos sentimos libres para amar auténticamente y crear el espacio adecuado para que otra persona nos ame. Sin sinceridad, todas las demás cualidades de la persona que ama están incompletas.

¿Soy una persona digna de confianza?

Una de las cosas que trataremos en este capítulo es que los individuos tienen opiniones distintas sobre lo que significa mentir. Para descubrir en qué parte estás dentro del espectro de opiniones posibles, valora las siguientes afirmaciones del 1 ("raras veces") al 5 ("habitualmente").

1. Decir mentiras sin importancia para protegerme o proteger a otras personas no está mal.

2. No importa si creo lo que digo, mientras parezca que lo creo.

3. Si mi jefe sabe que todo el mundo se salta a veces las reglas, está bien que yo también me las salte.

4. Me resulta difícil defender lo que pienso porque no estoy seguro de estar en lo correcto.

5. Si le digo a alguien la verdad y se molesta, pienso que es problema suyo.

Suma las puntuaciones. Si la suma es cinco o menos, claramente deseas decir siempre la verdad y amar a los demás. Si es mayor de cinco, tal vez este capítulo te obligue a repensar lo importante que es la verdad. Es sorprendente lo importante que resulta la sinceridad cuando hemos decidido amar de verdad.

Las cualidades del amor

Mientras investigaba para escribir este libro, les pedí a muchas personas que me dieran el nombre de alguien que pensaran que amaba de verdad. Después, les preguntaba: ¿Por qué? ¿Qué tiene esa persona que te hace llegar a la conclusión de que ama de verdad?

La mayoría de las respuestas que recibía estaban dentro de las cualidades del amor que ya hemos discutido en esta obra. La persona que ama auténticamente era amable, paciente, capaz de perdonar, humilde, cortés y dispuesta a dar. Pero había también un número significativo de personas que respondían que la persona en cuestión amaba de verdad porque decía la verdad aunque la otra persona no quisiera oírla. Un conocido puede decirte lo que quieres oír, pero un amigo de verdad te dirá lo que debes oír.

Mark escribió en su respuesta que su esposa siempre le respondía sinceramente cuando él se sentía desanimado. "Me escucha y después me dice lo que piensa de la situación, aun cuando eso signifique señalar algún defecto mío por el que debo pedir disculpas. Pero me dice la verdad de forma tan cariñosa que sé que lo que de verdad quiere es ayudarme".

Ann, de Minnesota, decía de su amiga Angie: "Siempre piensa en los demás antes que en ella y hace que todo el mundo se sienta especial. Cuando acababa de llegar a la empresa, solía venir a mi mesa a darme los buenos días o a decirme adiós. Más adelante, cuando ya nos conocíamos mejor, me sugirió que me cambiara el peinado, de forma realmente amable. En lugar de decirme que me hacía parecer sosa, me dijo lo bien que me quedaría. En todo ve la parte buena". Hablar de peinados puede parecer trivial, pero opinar de las cosas con amabilidad y respeto refleja una libertad en la relación que solo puede emanar del verdadero amor.

EN BUSCA DE LA SINCERIDAD

Otra de las preguntas que hacía era: ¿Cuáles son las cualidades de la persona que ama de verdad? Aquí están algunas de las respuestas que recibí:

- "Una persona que ama de verdad es siempre sincera con las personas a las que ama y siempre les dice la verdad con tacto".
- "Una persona que ama de verdad es alguien que dice la verdad sin ser sentenciosa".
- "Una persona que ama de verdad está dispuesta a ayudarte en las decisiones difíciles, a consolarte cuando estás dolido, a

amarte cuando lo necesitas, a celebrar contigo tus logros, grandes o pequeños. Es sincera contigo cuando ve que debes cambiar algo en tu vida".

- "Una persona que ama de verdad está dispuesta a aconsejarte y a mostrarse crítica cuando es necesario para ayudarte a ser mejor persona. Es sincera y sensible".

La sinceridad era la respuesta común a varias preguntas sobre lo que significa amar, tanto si los que respondían eran hombres como mujeres, jóvenes o mayores. Todos queremos conocer a personas cuyas palabras y acciones son coherentes entre sí y reflejan el deseo de hacer del amor una forma de vida.

Sinceridad: mostrar afectuosamente coherencia entre lo que se dice, lo que se piensa y lo que se hace.

NOS GUSTA QUE NOS DIGAN LAS COSAS

El fallecido Fred Rogers, el muy querido presentador del programa de televisión *Mister Rogers' Neighborhood* (*El barrio del señor Rogers*), escribió muchas canciones muy bellas para niños que también contienen grandes verdades para los adultos. En "Me gusta que me lo digan", escribe sobre cómo todos los niños quieren que les digan "si les va a doler", si uno de sus padres se va a ir de viaje o si pasará algo nuevo o difícil, porque "confiaré más en ti" cada vez que lo que digas sea cierto.

Nunca superamos el deseo de que nos digan la verdad. Una colega escritora me explicaba que una mañana, cuando era niña, al despertarse le dijeron que ese día no iría a la guardería, sino que irían al hospital para que la operaran del ojo. La maleta ya estaba lista. Ya era lo suficientemente mayor para entender que sus padres le habían ocultado información. El recuerdo de sentirse traicionada es más doloroso que el de la propia operación.

Comparemos su historia con la de un niño que hace poco sufrió una operación de corazón. Le preguntó a su abuelo si le iba a doler. El abuelo le contestó con una sinceridad esperanzadora: "Sí, durante un tiempo. Pero el dolor será cada vez menor, y eso significará que te estarás poniendo mejor y te harás más fuerte".

La insinceridad es como sarro que se acumula en una amistad, un matrimonio, una familia o una relación laboral. Si tenemos que amar a las personas, tenemos que decir la verdad y comportarnos sinceramente. Solo entonces seremos libres de amar a los demás por quienes realmente son. Es por eso por lo que la sinceridad es tan crucial para amar de verdad en las relaciones.

DECIR LA VERDAD EN EL AMOR

Igual que hemos visto que sucedía en los capítulos anteriores, cuando nos esforzamos por ser sinceros en las relaciones, sentimos la necesidad de decir la verdad y de decirla con amor. Cuando ambos elementos están presentes en nuestras relaciones, estamos avanzando hacia hacer de la sinceridad un hábito. Decir la verdad con amor implica tener presentes todas las demás cualidades de la persona que ama de verdad.

- **La amabilidad.** A Allen y Lucy les gustaba invitar a cenar los domingos a alumnos de la universidad de su localidad. Durante el año escolar, llegaban a conocer y a disfrutar de la compañía de esos adultos jóvenes, y los alumnos llegaban a considerarlos un sustituto de los padres en el campus. Sin embargo, Thomas, estudiante de segundo curso, era más difícil que le cayera bien a alguien. Desde el instante en que entraba en la casa, no paraba de hablar de sí mismo. Costaba que los demás pudieran explicar sus propias historias porque Thomas siempre tenía una mejor. Nunca preguntaba nada ni escuchaba cuando los demás intentaban cambiar de conversación.

  Una noche, Allen invitó a Thomas a dar un paseo. Cuando empezaban a caminar por el barrio, Allen le preguntó:

  —Thomas, ¿quieres saber por qué no le caes bien a la gente?

—Sí que me gustaría, y nadie me lo dice —la respuesta de Thomas fue una sorpresa para Allen.

Allen le sugirió entonces a Thomas que escuchara más a los demás y mejorara sus habilidades sociales. Thomas estaba deseoso de escuchar una respuesta sincera como gesto de amabilidad.

El hecho de amar sinceramente a alguien está muy relacionado con la actitud interior con la que nos acercamos a la persona, así como con las palabras que utilizamos. Allen le dijo la verdad a Thomas porque lo apreciaba, no porque le gustara criticarlo. Si tenemos presente que la amabilidad requiere anteponer a los demás a nosotros mismos, entonces somos sinceros porque queremos mejorar la relación, no hundirla.

• *La paciencia.* Hay dos formas de decir la verdad: como una bala o como una semilla. Si utilizas la verdad como una bala, matas la relación. Si plantas la verdad como una semilla, esta arraiga y crece, e influye en la persona en cuyo corazón la has plantado. El amor tiene la paciencia necesaria para plantar semillas.

En algunas relaciones, sobre todo en el matrimonio, la sinceridad paciente puede implicar explicarle a la otra persona lo que sientes, aunque tal vez preferirías que la otra persona se lo imaginara por sí misma. La sinceridad exige que tengas paciencia con el hecho de la que otra persona no esté tan pendiente de ti como te gustaría. Antepones la relación a tu deseo de recibir atención y dices la verdad para que la ira no vaya en aumento.

• *El perdón.* El propósito de decir la verdad no es condenar, sino restaurar. A veces la sinceridad nos exige señalar los errores que ha cometido alguien a quien amamos. Si enfocamos la conversación con deseos de perdonar a la otra persona y restaurar la relación, estamos siendo sinceros de manera amorosa.

- *La cortesía.* Cuando al cliente que hace cola delante de nosotros se le cae un billete de veinte dólares y no se da cuenta, tal vez sea tentador embolsarse el billete como si nada hubiera pasado. Es poco probable que hiciéramos lo mismo si el cliente fuera un buen amigo nuestro. Cuando actuamos con sinceridad movidos por el espíritu de cortesía, tratamos a todos los demás como si fueran amigos. Tenemos muchas ocasiones de hacer tal cosa a lo largo del día, tanto si estamos con un ser querido, si nos reunimos con un empleado para su evaluación anual o si estamos rellenando los papeles del seguro. La persona con la que nos estemos relacionando tal vez sea un amigo, un enemigo o un desconocido, pero el auténtico amor requiere que seamos sinceros porque es lo que la cortesía exige.

- *La humildad.* Un joven llamado Daniel me dijo un día: "La cosa más difícil que he tenido que hacer jamás ha sido enfrentarme a mi hermano cuando sabía que le estaba siendo infiel a su mujer. Empecé diciéndole: 'Me cuesta sacar el tema porque sé que yo mismo podría estar en tu lugar. Espero que si fuera a mí a quien le pasara, tú harías lo mismo que yo estoy intentando hacer. Te quiero demasiado como para no decirte nada'. Después le conté lo que sabía y le insté a hablar con un consejero matrimonial. Lo hizo y, con el tiempo, él y su esposa se reconciliaron. Estoy tan contento de haber tenido el valor de enfrentarme a él con amor".

- *La generosidad.* La esposa que quiere reaccionar sinceramente con su marido cuando ve la forma en que trata a su hija adolescente podría decirle lo que piensa con rudeza o mientras está haciendo cualquier otra cosa. La sinceridad, en el contexto del amor de verdad, le exige que centre toda su atención en el marido mientras hablan de ello y le sugiera lo que considere con gentileza y respeto.

  Cuando actuamos con espíritu de generosidad, sabemos que el tiempo, el dinero y las habilidades que tenemos nos fueron antes concedidos como un regalo. No nos aferramos a ellos hasta el punto de mentir sobre nuestra situación económica o estar demasiado ocupados para dedicar tiempo a fortalecer una relación mediante una conversación sincera.

¿En qué consiste la sinceridad?

Para ser sincero con respecto a la sinceridad, debo admitir que no siempre es fácil saber en qué consiste ser sincero en el contexto del amor auténtico.

Según una encuesta de *Reader's Digest*, el 71 por ciento de los entrevistados habían mentido a amigos o familiares sobre su aspecto para evitar herir sus sentimientos. Además, el 50 por ciento se habían quedado con dinero que no les pertenecía cuando les habían cobrado de menos o les habían devuelto más cambio del correcto, mientras que el 28 por ciento le había mentido a su cónyuge o pareja para encubrir una relación romántica ilícita.[1]

A partir de esa encuesta, es evidente que la mayoría de nosotros hemos decidido en alguna ocasión que más valía mentir que decir la verdad. Puede que ni siquiera nos hayamos dado cuenta. Por naturaleza, buscamos en los demás la verdad, mientras nosotros mismos la tergiversamos. Por eso, los padres no tienen que enseñar a sus hijos a mentir. El yo falso tiende a mentir siempre que eso comporta beneficios personales.

La misma encuesta de *Reader's Digest* mostraba que, aunque hombres y mujeres mienten en la misma proporción, tienden a mentir de formas distintas. La insinceridad de los hombres está más relacionada por lo general con cosas impersonales, como llevarse material de oficina del despacho o defraudar en la declaración de hacienda. Las mujeres, por su parte, tienden a mentir para evitar conflictos (como ocultar a un novio o marido el precio de una compra) o para no herir los sentimientos de alguien (como decir: "¡No, no estás gorda en absoluto!").[2]

Eso plantea algunas cuestiones interesantes. ¿Hay acaso veces en las que está bien no ser sincero? ¿Qué ocurre cuando mentimos para proteger a alguien? Conscientemente o no, cada día nos hacemos esas mismas preguntas. ¿Está bien que le diga a mi esposa que le queda bien el vestido cuando no es cierto? ¿Debería decirle a mi padre que el médico ha dicho que el cáncer se ha extendido? ¿Tengo que decirle a mi marido que besé a aquel hombre en el viaje de trabajo cuando en realidad no fue gran cosa?

La mejor norma que podemos seguir para responder a todas esas preguntas es preguntarnos a nosotros mismos: ¿Responden ahora mismo mis palabras y mis acciones a las cualidades de la persona que ama de verdad? ¿Decir la verdad en esta situación será un acto de amabilidad, paciencia, capacidad de perdón, cortesía, humildad y generosidad? Si no es así, ¿qué puedo decir que contenga toda la verdad y, aun así, no deje de demostrar amor?

HÁBITOS A ADQUIRIR
Cuando no estés seguro de si debes decir algo, pregúntate: ¿Reflejan mis palabras las cualidades de la persona que ama de verdad?

Todas esas preguntas nos ayudan a saber en qué no consiste decir la verdad. Decir la verdad no implica:

- *Contar todo lo que sabemos.* Decir la verdad no quiere decir que debamos ser totalmente transparentes sobre nosotros mismos ni sobre los demás. Contar todo lo que sabemos puede arruinar la reputación de muchas personas buenas que han abandonado sus comportamientos poco correctos del pasado y han llegado a ser personas rectas y ciudadanos productivos. Es aquí donde entran en juego las cualidades de la persona que ama de verdad. El amor elige perdonar y se niega a hablar de lo que podría ir en detrimento de la reputación de otra persona.

- *Expresar todas las emociones.* Las emociones son reacciones no solicitadas a cosas que suceden durante el día. Somos seres emocionales, y las emociones fluctúan fácilmente. Si alguien te habla con dureza, es probable que tengas sentimientos negativos. Si te habla con amabilidad, es más probable que tengas sentimientos positivos. Informar diariamente de todas tus emociones negativas no solo no es necesario, sino que es destructivo. Es mucho mejor darse cuenta de que el hecho de tener emociones negativas indica que la relación necesita más atención. Mejora tus palabras y tus acciones, y es probable que tu amigo, cónyuge o compañero de trabajo responda de la misma manera. Cuando su conducta sea más favorable, tus emociones negativas se quedarán por el camino.

- *Usar cualquier excusa para comportarse de forma poco amorosa.* Cuando permites que las emociones controlen tus actos y las expresas disfrazadas de sinceridad, lo que haces es estimular nuevas emociones negativas en la mente de la otra persona. Esas emociones negativas se acumulan para formar una barrera que indica que algo falta en la relación.[3]

- *Contar secretos en beneficio propio.* Decir la verdad no debería servir de excusa para revelar secretos de las operaciones comerciales de tu empresa a un rival a fin de obtener alguna ganancia o para traicionar la confianza de un compañero de trabajo a fin de quedar bien ante tu superior. Jean Giraudoux resumió esa forma de entender la verdad en una conocida máxima: "El secreto del éxito es la sinceridad. Si eres capaz de fingir que eres sincero, enseguida conseguirás lo que quieras". Giraudoux no fue ni el primero ni el último en sacrificar la verdad en el altar del éxito personal.

- *Faltar a la justicia.* Decir la verdad no implica revelar información cuando, al hacerlo, hacemos que alguien corra el riesgo de recibir un trato injusto. Un ejemplo son las familias de las personas que escondían a judíos en su casa para protegerlos de la deportación nazi durante la Segunda Guerra Mundial. Oskar Schindler, Raoul Wallenberg, Corrie ten Boom y Chiune Sugihara son solo algunos de los individuos que arriesgaron la vida por salvar a los demás, aunque eso implicara en ocasiones no decir la verdad. El pequeño pueblo holandés de Nieuwlande decidió unánimemente en 1942 y 1943 que cada una de las casas del pueblo acogería a un individuo o a una familia judía. Docenas de personas se salvaron porque los vecinos protegieron a los refugiados, además de protegerse también entre sí. Las personas íntegras no dicen todo lo que saben cuando hacerlo puede ser contrario a la causa de la justicia.

A pesar de todo lo que acabamos de decir, ¿por qué es tan importante decir la verdad? Porque, aunque a veces nos sentimos inclinados a distorsionar la verdad, en nuestro interior todos somos conscientes de la diferencia entre verdad y falsedad. Recuerdo a un niño de cinco años que se puso al teléfono y dijo que su madre no estaba. Después, se quedó un momento callado y dijo: "en realidad, sí que está, pero está en la bañera". Constantemente luchamos con nuestro yo falso, aunque hay algo en nuestro interior que quiere que se nos tenga por personas de fiar. Perdemos el respeto por la gente que continuamente elige decir falsedades y, del mismo modo, respetamos a la persona que habla con sinceridad. No importa cómo nos comportemos en un momento dado, hay algo dentro de nosotros que sabe que la falsedad destruye, y el amor construye.

Dentro y fuera

Llegar a amar de verdad exige dejar de practicar la mentira y practicar la verdad. Pero la sinceridad va más allá de lo que decimos, para afectar a quienes somos. Cuando decimos la verdad, estamos siendo sinceros. Cuando vivimos con autenticidad, estamos siendo auténticos. Estamos siendo personas íntegras.

A menudo hablamos de la integridad de los líderes o los políticos. En otras palabras, buscamos a un líder cuyas palabras se correspondan con sus acciones. Podemos pasar por alto muchos defectos cuando creemos que, al menos, la persona está siendo sincera. En las relaciones personales, los demás perciben nuestro amor cuando actuamos con integridad aun en las circunstancias más insignificantes.

> **La sinceridad va más allá de lo que decimos, para afectar a quienes somos.**

Vivir con integridad significa:

- *Ser franco respecto a nuestras debilidades.* Cuando Carl aceptó el puesto de presidente de una pequeña empresa de aparatos de ejercicios, sabía que se estaba colocando a sí mismo en una situación difícil. El anterior presidente había abandonado el cargo en medio de una nube de controversias financieras y dejaba tras de sí a unos empleados resentidos y un espíritu de desilusión en todos los departamentos de la empresa. La junta de dirección contrató a Carl porque tenía experiencia en reflotar empresas, aunque nunca había trabajado en ese sector industrial. También tenía fama de ser una persona íntegra. Aun así, nada más estrechar la mano a sus desconfiados empleados en la primera reunión de personal, se dio cuenta de que tardaría tiempo en volver a crear una atmósfera de confianza.

    "Lo primero que me gustaría hacer", les dijo a los empleados, "es pasar un día en cada departamento. Tengo mucho que aprender de ustedes".

    Y así pues, la primera semana de trabajo, Carl pasó tiempo en ventas, en producción, en promoción, en asesoría legal y en desarrollo, haciendo preguntas sobre cómo funcionaba la empresa y sobre cuáles eran las virtudes y los defectos de sus productos.

    "No es este el tipo de contrato legal al que estoy acostumbrado", admitía ante un cargo intermedio. "¿Le importa que repasemos todos los párrafos uno por uno?".

    No tardaron mucho en ver los empleados de Carl que era

una persona en quien se podía confiar. Desde su llegada a la empresa, nunca puso en entredicho su papel como directivo ni pidió disculpas por su autoridad. Simplemente, admitió que aún tenía mucho que aprender para ser el mejor presidente posible.

Ser íntegros implica ser nosotros mismos, no quien queremos aparentar que somos. Intentar actuar de forma más inteligente, más audaz, más enérgica o más experimentada de lo que en realidad somos representa un gran gasto de energía. Cuando la integridad forma parte de todo lo que decimos y hacemos a diario, somos libres de mostrar nuestros puntos débiles, sabiendo que incluso la propia vulnerabilidad puede ser una forma de amar a los demás.

• *Reconocer la importancia de la verdad.* La persona íntegra es consciente de que su conducta siempre tiene algún efecto sobre los demás. Si hacemos algo con amor, tiene un efecto positivo. Si lo hacemos con engaño, tiene un efecto negativo. Las semillas que vamos plantando al final crecen y pueden ser una bendición o una maldición para los demás.

¿Cuántas veces no he visto llorar a un padre en mi despacho, consciente de que su propia vida de engaño ha influido negativamente en el carácter de su hijo? No determinamos la conducta de nuestros hijos, pero sí que tenemos una gran influencia en ella.

Por el contrario, la persona íntegra sienta un modelo a imitar. Recuerdo a un joven que se me acercó después del funeral de su padre y me dijo: "Me he dado cuenta, al repasar la vida de mi padre, que era un hombre íntegro. Yo no lo soy. A mis treinta y cinco años, solo he conseguido complicarme la vida. Necesito hacer algunos cambios radicales y le pido que me ayude". La vida de la persona sincera sigue influyendo en los demás aun después de la muerte.

• *Ser congruente en la conducta, las palabras, el tono y lo que queremos decir.* La pediatra Diane Komp escribe sobre un dibujo que le envió hace años una niña de doce años llamada Korey. Korey estaba preparándose para que le realizaran una operación de cáncer de huesos y quería que sus padres le dieran el dibujo a Komp. Korey estaba preocupada porque ella estaría en el quirófano, bajo los efectos de la anestesia, cuando la doctora viera el dibujo por primera vez.

"Cuando le quite el envoltorio, mírenla a los ojos. Es posible que diga que le gusta, pero quiero saber lo que piensa de verdad", les dijo Korey a sus padres.

La petición de Korey a sus padres molestó a la doctora Komp. "¿Eran solo los médicos, o eran los adultos en general, de los que desconfiaba la niña cuando hablaban por la boca? [...] Cuando las personas esperan oír la verdad, la mayoría cuenta con que boca y ojos dirán lo mismo [...] No podemos decir 'no, no' con la boca y que nuestros ojos digan 'sí, sí' y estar diciendo la verdad".[4]

A veces oímos hablar de la "integridad" de un edificio. Si un edificio es íntegro, es estructuralmente sólido, en todos los aspectos. Si un individuo es íntegro, sus ojos, su voz, sus palabras y sus acciones son estructuralmente sólidos, y todos reflejan la misma verdad.

* *Arriesgarse en nombre de la verdad.* Lynn veía con frecuencia a su padre después de licenciarse en la universidad, así que, cuando su carácter empezó a cambiar, ella se dio cuenta. A menudo le preguntaba varias veces los planes que habían hecho o se olvidaba de citas importantes. Una vez fue en auto al trabajo, pero volvió a casa en autobús. Lynn no sabía bien qué hacer. Su padre siempre había estado tan atento a los detalles. Sabía que se enorgullecía de su trabajo y de sus relaciones, y odiaba herirlo.

Cuando ya llevaba unos meses comportándose de esa forma extraña, Lynn sentía que estaba viviendo de forma poco sincera cada vez que, para protegerlo, lo excusaba ante los demás o, incluso, le mentía a él sobre cosas que había olvidado. Un fin de semana, por la noche, se sentó con él y le explicó algunas de las cosas que había observado las últimas semanas.

Su padre se quitó las gafas y se fregó los ojos cansados. "Lynn", le dijo, "estoy tan contento de que me lo digas. Me siento como si no fuera yo mismo, pero parece que nadie se ha dado cuenta".

Debido a que Lynn se arriesgó a ser sincera con él, su padre se hizo unas pruebas que determinaron que sufría Alzheimer prematuro. El hecho de que Lynn se enfrentara a la verdad posibilitó que le administraran un tratamiento temprano y, así, pudiera pasar más tiempo con la familia antes de que su salud declinara.

Si eres una persona emocionalmente sensible, puede que te resulte difícil hacer que alguien se enfrente a la cruda verdad. A una persona íntegra no le gusta desvelar que su cónyuge abusa de las drogas ni decirle a una amiga que hay síntomas de abuso en su matrimonio. Sin embargo, tras la lucha por enfrentarse a la verdad y tras el deseo de hacerlo siempre está el amor. La integridad exige que corramos con el riesgo de amar a los demás y decirles la verdad cuando sea necesario.

• **Cumplir las promesas.** Cuando prometes que le comprarás un helado a un niño y después olvidas lo prometido, no te excuses diciendo: "Ya es demasiado tarde. Es hora de irse a la cama". Es mucho mejor que busques una heladería abierta hasta medianoche, dejes que el niño se acueste más tarde de lo normal y cumplas la promesa. Cuando le prometes a un empleado un aumento de sueldo o a tu pareja que la llevarás a cenar por su cumpleaños, asegúrate de cumplir la promesa. Basta con una promesa incumplida para que alguien cuestione tu integridad.

⤙ Una persona íntegra

La Asociación Norteamericana de Psicólogos ofrece varias máximas que una persona íntegra defendería. La lista que ofrecemos a continuación precede del libro *Character Strengths and Virtues* (Fortalezas y virtudes del carácter), de Christopher Peterson y Martin E. P. Seligman.

- Es más importante ser tú mismo que ser popular.
- Cuando la gente insiste en decir la verdad, las cosas funcionan.
- Nunca mentiría para conseguir de alguien lo que deseo.
- Mi vida se guía por mi código de valores y recibe de él su sentido.
- Es importante que sea abierto y franco con respecto a mis sentimientos.
- Siempre voy hasta el final en mis compromisos, aunque me cueste.[5]

La sinceridad en el trabajo

Todos sabemos lo que es la falta de integridad en el trabajo. Hace pocos años salieron a la luz pública los escándalos del fraude contable de Ken Lay y Jeffrey Skilling en Enron, el fraude de Bernard Ebbers en los valores de WorldCom y la utilización de dinero de la empresa Tyco como propio por parte del directivo Dennis Kozlowski. Si piensas que esa clase de conducta no perjudica a las relaciones, piensa en las pérdidas que esas faltas de integridad han comportado para empleados, pequeños inversores y para la credibilidad del mundo empresarial.

En ámbitos más próximos, todos hemos vivido probablemente el engaño en el propio puesto de trabajo, tanto si se trata del compañero que miente en su cuenta de gastos, como del empleado que dice que un proyecto está acabado cuando ni siquiera ha comenzado, o del jefe que amaña los números en la cuenta de pérdidas y beneficios, o de la empresa que ofrece más en los folletos de lo que en realidad da.

De hecho, la encuesta de *Reader's Digest* que antes mencionaba revelaba que la mentira es un hecho muy común en el ámbito laboral. No obstante, parece que engañar a la empresa es algo mucho más común que mentir a un compañero de trabajo. Mientras que solo el 13 por ciento de los encuestados reconocían haberle echado la culpa a un compañero de algo que habían hecho ellos, el 63 por ciento decía que habían estado de baja aunque se encontraban bien. Además, el 91 por ciento de los hombres y el 61 por ciento de las mujeres admitían que robaban material de oficina.[6]

Resulta irónico que otras encuestan demuestren que la mayoría de nosotros valoramos la sinceridad por encima de todo lo demás en nuestros jefes y empleados. Terry Bacon, autor de *What People Want: A Manager's Guide to Building Relationships That Work* (Lo que la gente quiere: Guía para directivos para crear relaciones que funcionan), ha descubierto en su investigación que la sinceridad es "la cualidad más deseada" en un superior. También queremos que los demás confíen en nosotros. De hecho, "lo que más desean las personas de su superior es que les haga sentir que confía en ellas".[7]

Podemos creer que mentir en temas burocráticos o de material de oficina no afecta a nuestras relaciones, pero todo lo que elegimos hacer al margen de las cualidades del verdadero amor puede dañar a los seres cercanos. Si un compañero de trabajo no puede confiar en nosotros para revisar un informe, ¿cómo va a confiar cuando se trata de una promesa personal?

La impiedad de la mentira piadosa

Una de las conclusiones de otra encuesta reciente sobre la sinceridad es que "el punto en el que una mentira piadosa se convierte en una mentira con todas las de la ley varía según el individuo".[8] Eso nos da una idea de la ceguera existente frente a los peligros de esas "mentirijillas piadosas" que tan fácilmente podemos decir.

Una vez conocí a una ejecutiva que solía decir pequeñas mentiras por conveniencia, como cuando quería poner fin a una conversación o cuando no había podido prepararse para una reunión. Con frecuencia decía que le habían dicho mal la hora de la comida, en lugar de admitir que había llegado tarde, y a veces hacía que su secretaria se inventara una llamada "urgente" justo en el momento en que no quería admitir que tenía que irse. Las personas que trabajaban regularmente con ella ya esperaban todas esas falsedades, hasta el punto de que cuando realmente tenía una llamada urgente, todos le seguían la corriente, pero pensaban que no era verdad. Por lo demás, era una persona encantadora y muy respetada. Mentir era sencillamente parte de su forma de vida.

Un día estábamos hablando cuando mencionó que hacía poco había tenido ocasión de enseñarle algo a su hija adolescente sobre las relaciones. Según parece, la había llamado una amiga de la escuela y su hija no quería hablar con ella, así que le había pedido a la madre que le dijera que había salido.

"Le dije: 'No puedes inventar mentiras así con tus amigos. O hablas con ella o le digo que no quieres ponerte' ". La madre rió y sacudió la cabeza.

Para mí estaba claro por qué la niña quería mentirle a su amiga: había aprendido de la madre que la insinceridad en ese tipo de situaciones no es nada malo. Me di cuenta de que aquella mujer estaba tan acostumbrada a vivir al filo de la verdad que ni siquiera era consciente de ello. Podía percibir la insinceridad en los demás, pero su deseo de autoprotegerse era tan fuerte que no acertaba a ver lo destructivo que era su comportamiento para ella misma. Sus empleados disfrutaban de su compañía, pero no confiaban en que tomara la mejor decisión con respecto a su salario. Sus directivos la respetaban, pero no pensaban encargarle la gestión de los contratos verdaderamente importantes. Y ningún compañero de trabajo le confiaría un tema personal, ya que todos podían ver que solía revelar los secretos.

Las mentiras inocentes destruyen las relaciones. Cada vez que caemos en la mentira nos distanciamos de las personas con las que queremos mantener una relación.

HÁBITOS A ADQUIRIR
Acostúmbrate a no decir la más mínima mentira en el trabajo, con los amigos ni con la familia.

Conozco una empresa de residuos que puso por nombre a la calle en la que está situada "Círculo fiable". Está claro que los dueños de la empresa querían comunicar básicamente una cosa: puedes fiarte de nosotros. ¡Y eso que de lo que se trata es de la relación entre una empresa de residuos y sus clientes! ¿Acaso no es eso mismo lo que todos queremos transmitir a las personas con las que nos relacionamos? Puedes confiar en mi sinceridad, tanto por dentro como por fuera. Cuando somos sinceros en las pequeñas cosas, sentamos los cimientos sobre los que edificar una relación positiva.

Como ya hemos visto, la sinceridad puede englobar todas las cualidades del verdadero amor. Cuando amamos deliberadamente, discernimos naturalmente lo que es decir la verdad y lo que no. Queremos hablar y actuar con sinceridad porque es la única manera de mantener una relación sólida. Así pues, las cualidades de la persona que ama de verdad nos ayudan a determinar cómo decir la verdad con amor.

La fuerza de la costumbre

Una vez, en presencia de su prometida, Kelly, Derrick bromeaba sobre el hecho de ver películas porno, cuando se sorprendió por la cara de consternación que ponía ella. No tenía ni idea de que le importara tanto que mirara porno de vez en cuando, pero ese día Kelly le dejó muy claro que le parecía algo preocupante y que, si iba a casarse con ella, tendría que dejar de hacerlo. Derrick se lo prometió. Se lo prometió sinceramente. No obstante, a los pocos meses de estar casados, descubrió algunos sitios porno en internet. Al principio, sólo echaba algún vistazo de vez en cuando siempre que Kelly no estuviera cerca, pero pronto empezó a planear de antemano el conectarse cuando sabía que Kelly iba a estar fuera un buen rato. Antes de darse cuenta, se había enganchado al porno.

Una noche, estaba tan absorto visitando páginas en internet que no oyó a su esposa entrar en casa. Lo primero que oyó fueron sus lloros desde la puerta del despacho. La discusión duró casi toda la noche, y Derrick acabó prometiéndole una vez más que dejaría el porno.

Pero no fue capaz de dejarlo por mucho tiempo o, al menos, el hecho es que no lo dejó. Cada vez se volvió más hábil en ocultar sus actividades y, con frecuencia, le mentía y le decía que tenía que trabajar hasta tarde o que tenía que enviar algunos e-mails "importantes" desde casa. Kelly sospechaba lo que pasaba. Cuando Derrick negaba que siguiera mirando porno, a Kelly le dolía tanto la mentira como su adicción a la pornografía. La pareja llegó incluso a hablar de divorcio. Después de varios meses de asesoramiento, Derrick reconoció el problema e hizo grandes progresos para liberar su vida de la pornografía. Sin embargo, reconstruir la confianza con Kelly le llevó años.

Como hemos visto con las demás cualidades del amor, amar o no amar es cuestión de hábito. Mentir es especialmente susceptible de crear hábito. Cada mentira requiere una nueva mentira para encubrir el engaño. Por eso, tal vez más que con cualquiera de las otras faltas de amor, en el caso de la insinceridad es fácil que no nos demos cuenta de que ésta se ha acabado convirtiendo para nosotros en una pauta de comportamiento. He asesorado a personas tan atrapadas en la insinceridad que han llegado a creerse sus propias mentiras. Si siguen nutriéndose de su yo falso, es fácil que su vida sea para siempre una pseudovida.

Frank W. Abagnale hizo de la mentira una profesión, y acabó en la cárcel por ello. Entre los dieciséis y los veintiún años, era uno de los artistas del timo de mayor éxito del mundo. Había cobrado cheques falsos por valor de 2,5 millones de dólares en cincuenta estados y veintiséis países. Sus mentiras lo habían llevado a hacerse pasar por abogado, piloto de aerolíneas, profesor universitario y pediatra, antes de que lo detuviera la policía francesa. Afortunadamente, en el caso de Abagnale los buenos hábitos han venido a sustituir a los hábitos destructivos. Hoy en día es un respetado experto en malversación, falsificación y suplantación de documentos.

La película de 2002 *Atrápame si puedes* describe la vida de Abagnale, forjada a fuerza de apilar una mentira sobre otra. También muestra cómo el personaje de Abagnale va perdiendo poco a poco la confianza en los demás, lo que lo lleva a una vida de aislamiento y relaciones truncadas. George Bernard Shaw dijo una vez: "El castigo del mentiroso no es en absoluto que no lo crean, sino que no puede creer a nadie". Uno de los peligros que se ocultan tras el hábito de mentir es que cuanto menos dignos de confianza nos volvemos, menos dignos de confianza pensamos que son los demás. Como consecuencia, la costumbre de mentir daña las relaciones de más formas de las que al principio imaginábamos.

Amar o no amar es cuestión de hábito.

La buena noticia es que el decir la verdad también crea hábito. Cuando cultivamos conscientemente la sinceridad en la vida diaria, las palabras insinceras que salen de nuestra boca empiezan a llamar nuestra atención. Comienzan a disgustarnos porque vemos que dañan nuestras relaciones.

Cuanto más decimos la verdad, mejor nos sentimos. Comportarse con autenticidad es liberador, tanto en términos psicológicos como de relaciones. No hace falta que pensemos: "¿Qué fue lo que le dije a la última persona?". Ya sabemos que a todo el mundo le explicaremos la misma historia.

Reconstruir la confianza

El primer paso para ser una persona íntegra es reconocer los fallos personales. Confesar las mentiras del pasado es la vía para volver a sentir respeto por nosotros mismos. Lo que he podido comprobar es que la persona que escoge la vía de la confesión encuentra que la gente está dispuesta a perdonarla de verdad. Hay algo en el alma humana que hace que nos guste ver que los demás hacen lo correcto. Tener el valor de confesar indica que se tiene también el deseo de seguir un rumbo distinto en el futuro. Es el proceso de librarse del yo falso y adoptar el yo verdadero.

CONFESAR INMEDIATAMENTE

En cualquier relación, no hace falta ser perfecto para reconstruir la confianza. Sin embargo, si has engañado a tu pareja, a un amigo o a un compañero de trabajo, en el futuro lo que debes hacer es confesar inmediatamente y pedirles perdón. Si no, volverás a caer en una conducta de engaño sistemático y no recuperarás nunca la confianza.

ACEPTAR LA RESPONSABILIDAD

Decir la verdad implica aceptar la responsabilidad de nuestros propios actos. Cuando un superior pregunta "¿quién se ha olvidado de reservar la sala de conferencias?", la persona sincera dice "he sido yo" si él es el culpable. Cuando un compañero de piso hace una pregunta delicada con respecto a los gastos de la casa, la persona que quiere ser íntegra responde con la verdad. Muchos matrimonios y amistades rotos podrían haberse salvado si los individuos hubieran decidido antes decir siempre la verdad.

GANARSE LA CONFIANZA DE LOS DEMÁS

En la agencia de asesoramiento suelen preguntarme: "¿Cómo puedo recuperar la confianza que mi cónyuge ha perdido en mí? Lo he engañado durante tanto tiempo. Ahora lo cierto es que quiero cambiar de conducta, y él está dispuesto a perdonarme. Sin embargo, no sé qué hacer para que vuelva a confiar en mí después de todo lo que he hecho". Solo hay una forma de recuperar la confianza. La persona que ha atentado contra ella debe procurar volver a merecerla. Si vuelve a ser sincero a partir del momento mismo en que confiesa su mentira, al final la confianza volverá a surgir.

Por eso, aconsejo a las personas que han sido infieles en su matrimonio que faciliten a su cónyuge acceso completo a su ordenador, su teléfono móvil y sus cuentas. El mensaje es: "Mi vida es un libro abierto. No tengo nada que ocultar a partir de ahora. He puesto punto y final al engaño. Soy una persona que dice siempre la verdad. Te doy toda la libertad para examinar mi vida tan a fondo como quieras". Con esa actitud y el compromiso de decir la verdad, el cónyuge infiel ha dado el primer paso para reconstruir la confianza dentro del matrimonio.

La confianza es como una planta joven. Cuando alguien violenta la confianza, es como si pisoteara la planta y la hundiera en el fango. Decir la verdad es como el agua que le devuelve la vida.

RECORDAR NUESTRO YO VERDADERO

Cuando nos disculpamos, lo que transmitimos es: "Sé la diferencia entre lo que está bien y lo que está mal, y esta vez he hecho mal. Sé que mis acciones y mi comportamiento te han hecho daño, así que ahora quiero hacer las cosas bien. ¿Qué puedo hacer para que puedas perdonarme?". Cuanto más rápida y más profunda sea la disculpa, más probable es que la persona que se disculpa reciba auténtico perdón y se restaure la relación. Las personas íntegras hacen todo lo que está en su mano para restaurar las relaciones disculpándose y pidiendo perdón. Es posible que el yo falso ejerza su influencia de vez en cuando y nos empuje a mentir, pero el amor nos lleva a disculparnos, buscar el perdón del otro y comprometernos nuevamente a decir la verdad.

Rival de la sinceridad: la autodefensa

Si alguien esgrime frente a ti un bate de béisbol, tu primer instinto probablemente sea cubrirte la cabeza con los brazos y girar la espalda. Igualmente, si alguien te acusa de mentir en una prueba o de olvidar un compromiso, el primer instinto es probable que sea el de mentir y decir que tú no has hecho tal cosa o que no ha sido culpa tuya. El yo falso se manifiesta claramente cuando de lo que se trata es de ser sincero. Todos tenemos tendencia natural a protegernos, aunque eso implique mentir.

Cuando mentimos, olvidamos que, en el proceso de protegernos a nosotros mismos, estamos abriendo la puerta a la destrucción de la relación. Salvamos la apariencia que queremos ofrecer, pero no a quien realmente somos.

Escoger decir la verdad es una de las opciones más liberadoras que podemos tomar. La opinión de los demás es importante para nosotros solo en la medida en que esta tiene que ver con la forma en que amamos a la otra persona. Cuando cultivamos el hábito de ser sinceros, lo natural es que deseemos salvar la integridad por encima de todo, no por una cuestión de apariencia, sino porque comportarse con integridad es una forma de amar a los demás.

Estar del lado de la verdad

Vivir sinceramente implica defender la verdad aun cuando esta va contra la opinión popular. Cuando William Wilberforce se declaró públicamente por primera vez en contra de la esclavitud, en la Inglaterra de 1789, estaba tomando partido por la verdad y la justicia, aunque se tratara de una postura muy impopular. Sin embargo, gracias a sus esfuerzos y a pesar de la oposición, ese capítulo negro en la historia de la humanidad quedó zanjado, y el comercio de esclavos se declaró ilegal en Gran Bretaña en 1807.

Cuando Aleksandr Solzhenitsin afirmó en su discurso a raíz del premio Nobel que "una palabra de verdad pesa más que el mundo entero", hablaba de su propia experiencia. En 1966, cuando le pidieron que participara en una lectura pública en el Instituto Lasarev de la Unión Soviética, en lugar de limitarse a leer de sus novelas, habló contra la censura y el KGB. La respuesta fue mucho mayor de lo que él esperaba. Más tarde, recordaba: "¡Casi cada una de las frases abrasaba el aire como pólvora! ¡Qué ansias de verdad debía de tener aquella gente! ¡Ah, Dios, qué ganas tenían de oír la verdad!".[9] El escritor Os Guinness cuenta que Solzhenitsin y los líderes de la Revolución de Terciopelo sabían que "sólo había dos formas de derrocar a la poderosa tiranía soviética. Una era oponerse físicamente a las fuerzas soviéticas, algo imposible para un escaso puñado de disidentes en una época de misiles SS-20 y KGB. La otra era oponerse a la fuerza física con la moral, apostando por su postura desde el convencimiento de que la verdad tendría más fuerza que las mentiras y toda la maquinaria de propaganda, engaño y terror. Escogieron la segunda vía y sucedió lo impensable. Ganaron".[10]

Las idas y venidas de la historia están llenas de ejemplos de gente como Wilberforce y Solzhenitzyn, que se pusieron del lado de la verdad cuando la mayor parte de su cultura creía las mentiras, y fue la verdad la que resonó en el corazón de los oprimidos.

En el otro bando de la historia están quienes perpetraron una mentira y los miles de personas que guardaron silencio mientras la mentira se cobraba su factura. Hitler y el Holocausto son ejemplos monumentales de esa trágica realidad. En 1980, el Gobierno polaco reconstruyó según su diseño original el campo de concentración de Auschwitz, donde más de un millón y medio de personas perdieron la vida durante la Segunda Guerra Mundial. Grabadas en una placa del sector italiano aparecen las siguientes palabras: "Visitante, observa las ruinas del campo y piensa que, procedas del país que procedas, no eres un extraño. Actúa de forma que tu viaje no sea en vano y nuestras muertes no hayan sido inútiles. Para ti y para tus hijos, las cenizas de Auschwitz guardan un mensaje. Actúa para que los frutos del odio, cuyas señales has visto aquí, no engendren nuevas semillas, ni mañana ni nunca jamás".[11]

Tomar partido por la verdad no implica que estemos libres de error. Significa que no nos complacemos en el mal, sino que cada expresión de sinceridad nos llena de alegría.

En la vida diaria, tomar partido por la verdad puede implicar dedicar tiempo y energías a protestar contra una postura política que consideras equivocada. También puede implicar enfrentarte a tu superior por acoso sexual en tu departamento, aun a riesgo de perder el empleo. Puede ser algo tan simple como irse a casa después de ver la película en el cine cuando tus amigos deciden quedarse dentro para verla otra vez sin pagar.

Estar del lado de la verdad también implica ser sinceros con nosotros mismos. Recibimos gran cantidad de mensajes todos los días: en la televisión, en las revistas y periódicos y en muchas páginas web. Debemos filtrar los mensajes del día y preguntarnos si son ciertos. Cuando elegimos vivir en la verdad, nos amamos a nosotros mismos y amamos a los demás. Tenemos presente que, aunque a veces la verdad parece quedar eclipsada por la oscuridad de este mundo, nunca se desvanece del todo.

El precio de la deshonestidad

El ex presidente Richard Nixon tenía fama de ser un hombre de gran determinación. También tenía fama de ser una persona que conocía a mucha gente, pero que no tenía ninguna amistad íntima. Docenas de biografías han tratado de explicar por qué y de explorar la relación de Nixon con sus padres, las ocasiones en las que fue víctima de acoso en la escuela y los casos de traición en su carrera política. El historiador Stephen Ambrose ofrece una explicación diferente: Nixon no cultivaba relaciones próximas porque carecía de la cualidad de la integridad.

Ambrose compara a Nixon con el presidente Dwight Eisenhower, que "nunca representaba papel alguno, era siempre él mismo".[12] La coherencia de Eisenhower en su forma de dirigir es bien manifiesta en su carrera militar, como en la ocasión en que reprendió al general George Patton por maltratar a un soldado herido en la Segunda Guerra Mundial. Aunque Eisenhower necesitaba desesperadamente a Patton en la guerra, su integridad no le permitía ignorar el comportamiento de Patton. Le escribió para decirle que no podía excusar su conducta, y concluía diciendo: "Ninguna otra carta que haya tenido que escribir me ha causado tanta angustia mental como esta, no solo por la larga y profunda amistad personal que nos une, sino también por lo mucho que admiro sus cualidades militares. Sin embargo, le aseguro que no se tolerará [...] ninguna conducta como la descrita".[13] Debido en gran parte a la coherencia existente entre sus palabras y sus acciones, Eisenhower gozó a lo largo de toda su carrera militar y política de la amistad de muchos, incluida la del general Patton.

Por el contrario, Nixon adoptaba un papel distinto en cada situación. El encargado de redactarle los discursos dijo de él una vez que podía "asumir una nueva personalidad con tan solo abrir una puerta".[14] La falta de integridad de Nixon en las relaciones personales diarias acabó dando lugar al engaño del escándalo Watergate. Después de su dimisión, le dijo a un ayudante que cuando llegas a lo más alto, "no puedes dejar de jugar del mismo modo que lo has hecho siempre […] Y así, eres pobre, mezquino, hábil y sigues andando en la cuerda floja".[15]

Nixon tenía fama de ser suspicaz e incapaz de confiar en los demás, tal vez porque él mismo no era digno de confianza. Admiraba a gente como Charles de Gaulle, que "representaba un personaje, jugaba un papel que él mismo había creado".[16] Una vez le dijo a uno de sus socios: "En cuanto empiezas a coger familiaridad con la gente, empiezan a aprovecharse de ti".[17]

Al ser preguntado sobre la falta de amistades próximas, Nixon hizo referencia a la soledad del líder: "En mi trabajo, no puedes permitirte el lujo de tener amigos personales íntimos. No puedes confiar absolutamente en nadie. No puedes hablar demasiado de tus planes personales, de tus sentimientos personales".[18] Sus palabras contradicen la vida de muchos de los grandes líderes de la historia, como Eisenhower, que cultivaron una amistad cándida y sincera con un grupo de personas cercanas.

Mientras representaba el papel que se esperaba de él, Nixon nunca fue lo suficientemente franco para mostrar su propio yo. Como consecuencia, pocas personas estuvieron a su lado al final. La incoherencia entre lo que decía, lo que hacía y sus valores le costó, no solo la amistad, sino también la presidencia.

La libertad que otorga el vivir con sinceridad crea un espacio propicio a unas relaciones ricas. Ocultar palabras, sentimientos y creencias, aunque sea de formas insignificantes, es perjudicial para nuestros intentos de amar auténticamente. La única forma de que los demás reciban el amor que queremos darles es que puedan confiar en nosotros, no solo por lo que decimos, sino por quienes somos.

¿Cómo serían tus relaciones si…

- siempre pensaras en si tu yo exterior se corresponde con tu yo interior?
- convirtieras en un hábito el decir la verdad a los demás con amor?
- dejaras de decir pequeñas mentiras, aun cuando parece que no tiene ninguna importancia?

- te disculparas por los errores, en lugar de procurar encubrirlos mediante el engaño?
- eligieras tomar partido por la verdad aun cuando resulte impopular?

Adáptalo a tu vida

TEMAS PARA REFLEXIONAR

1. Piensa en algunos ejemplos de directivos, atletas o empresarios cazados en una red de mentiras. ¿Cómo afectaron todos esos escándalos públicos a sus relaciones?

2. ¿Piensas que están mal las pequeñas mentiras piadosas? ¿Por qué sí o por qué no?

3. ¿Cuáles son algunas de las personas que te han dicho la verdad con amor a lo largo de los años? ¿Cómo has respondido tú?

4. ¿Has tenido alguna vez la ocasión de decirle a alguien la verdad con amor cuando seguía un rumbo equivocado? ¿Cómo se resolvió la situación?

5. Piensa en alguna mentira inocente que hayas dicho recientemente. ¿Tuviste en ese momento la sensación de estar mintiendo?

6. ¿Alguna vez has pagado algún precio por tomar partido por la verdad?

POSIBILIDADES DE APLICACIÓN

1. ¿Te resulta fácil mentir? Si es así, ¿cuál es el primer paso que deberías dar para convertirte en una persona sincera?

2. ¿Cuándo es más probable que distorsiones la verdad por un deseo de autoprotección? ¿Qué es lo que debes recordar en esas situaciones para actuar con integridad?

3. Durante un día, anota todo lo que digas que no sea del todo cierto. Pregúntate si lo que dijiste movió a alguien a engaño. Si la respuesta es sí, ¿qué es lo primero que debes hacer para restaurar la relación?

4. Piensa en alguna ocasión en que hablaste con sinceridad. Piensa ahora en las demás cualidades de la persona que ama

de verdad, además de la sinceridad: amabilidad, paciencia, capacidad de perdonar, cortesía, humildad y generosidad. ¿Reflejaron tus palabras y tu comportamiento en esa ocasión todas esas cualidades? ¿Qué cualidades debes cultivar más en tus expresiones de sinceridad?

Tercera parte

HACER DEL AMOR UNA FORMA DE VIDA

CAPÍTULO 9

Convertir el amor en una forma de vida en el matrimonio

Un matrimonio satisfactorio es un edificio que hay que reconstruir cada día.
—ANDRÉ MAUROIS

Charlotte y John salieron durante todos los estudios de posgrado antes de casarse cerca de la casa de los padres de Charlotte en Chicago.

"Los dos primeros años fueron divinos", me explicaba Charlotte en mi despacho, mientras miraba de reojo a John. "Vivíamos en un apartamento diminuto en Bloomington; teníamos dos empleos cada uno y apenas si podíamos pagar las deudas que habíamos contraído para estudiar, pero éramos felices. Íbamos a la cafetería del barrio cada sábado por la mañana, nos sentábamos y leíamos el periódico juntos". Esbozó una breve sonrisa. "John siempre me traía mi pastel favorito, un bollo de canela, mientras yo esperaba en la mesa con mi café. Cuando teníamos fiesta, salíamos en bici o recorríamos tiendas de antigüedades.

"Entonces la madre de John se puso enferma, y el año antes de su muerte las cosas se volvieron más difíciles. El trabajo de jornada completa de John fue a más, mientras que el mío fue a menos. La mayoría de fines de semana, John quería visitar a sus padres. Un mes antes de la muerte de su madre, supimos que yo estaba embarazada. Nos molestaba tanto que la gente nos dijera cuánto nos iba a cambiar la vida con un niño. Sin embargo, es cierto que todo cambió cuando nació Caitlin. Parecía que los únicos momentos en que hablábamos era cuando nos relevábamos para cuidar a la niña y cuando teníamos que decirnos cuánto había dormido o comido ese día.

"Me quedé embarazada de Jackson antes de lo que esperaba, y tuve que dejar el trabajo. Económicamente no importaba, porque a John le iba bien en el trabajo. Sin embargo, pensaba que no era justo que yo tuviera que dejar colgada mi carrera. Ahora los niños van al colegio y yo trabajo media jornada, y sigo teniendo la sensación de que John y yo no nos vemos nunca en realidad. No paro de decirle que me gustaría que saliéramos juntos algún día, pero parece que no le importa. Pagamos las facturas, ayudamos a los niños con los deberes y nos hacemos compañía, pero es como si fuéramos socios en una empresa, y no una pareja que se quiere".

A Charlotte se le llenaron los ojos de lágrimas al decir la última frase. Miré a John, que tenía los ojos fijos en el suelo.

—¿Tú cómo describirías la relación? —le pregunté.

—Bueno —John se aclaró la garganta—, es verdad que solíamos pasar más tiempo juntos. No discutíamos mucho. Pero tampoco es que las cosas fueran perfectas entonces. Siempre estábamos preocupados por cómo pagaríamos el alquiler. Yo pensaba que en cualquier momento podía perder el trabajo si no me esforzaba lo suficiente. Es verdad que a veces salíamos a tomar café, pero al menos ahora tenemos una buena casa, dos autos y los niños. Habla como si ni siquiera quisiéramos a nuestros hijos.

—Sabes que no es eso lo que quería decir —dijo Charlotte en tono cortante.

—No me interrumpas —dijo John antes de dirigirse nuevamente a mí—. Fue ella quien se ofreció a quedarse en casa después de que naciera Jackson. Muchos días habría deseado ser yo quien echara una siesta por la tarde en lugar de trabajar diez horas y, después, volver a casa y ponerme a cambiar pañales. Ahora intentamos trabajar los dos. El otro día yo tuve que salir antes del trabajo para ir a buscar a los niños al colegio porque ella tenía una reunión. Dijo que volvería antes de cenar, pero luego resulta que decidió salir con unas amigas después de la reunión. Me llamó hacia las siete para decírmelo. Al final, les tuve que dar de comer a los niños, ayudarlos a acabar los deberes y meterlos en la cama antes de que ella volviera a las nueve, feliz como unas pascuas, como si nada hubiera pasado —Charlotte le lanzó una mirada.

—Te llamé antes. Llamé cuando los niños ya estaban en casa después de la escuela para asegurarme de que todo iba bien. Me dijiste que estaba todo controlado y que no hacía falta que me diera prisa en volver. Y eso es lo que hice. Además, ¿has pensado alguna vez que yo también aporto mi dinero a la familia? Tengo que organizar toda mi vida en torno a los niños. De vez en cuando me gustaría ser yo quien decidiera cuándo voy a volver a casa.

—Pensaba que ya estabas volviendo. Quería decir que no te dieras prisa con el auto y volvieras tranquilamente —John me miró y siguió hablando—. Por lo que respecta a salir por ahí juntos, sería fantástico, excepto porque apenas si podemos llevar la vida que llevamos. Y tampoco me importaría que se esforzara un poco más con las cosas de la casa. Yo no puedo hacerlo todo. No sé cuándo se va dar cuenta.

—Hemos venido aquí —me dijo Charlotte—porque estoy cansada de vivir de este modo. Siento como si siempre estuviéramos a punto de discutir. Siento como si John siempre estuviera enojado conmigo, y siempre estoy sola. Francamente, no sé si podemos seguir así.

Después, ambos me miraron con la misma pregunta en los ojos que he oído tantas veces en mi despacho: "¿Puede hacer que volvamos a estar enamorados?".

Enamorarse y darse de bruces

A lo largo de los años, he pasado muchas horas escuchando cómo las parejas me explicaban sus peleas. Invariablemente, uno culpa al otro de lo pobre que es la relación. Cada uno de ellos desea desesperadamente sentirse amado por el cónyuge, pero ambos esperan que sea el otro quien tome la iniciativa. Mucho antes de venir a mi consulta, ya se han planteado mutuamente sus quejas. Y, siempre, las quejas han acabado en condena mutua porque ambos creen que el otro se está comportando de manera injusta. Ella argumenta que ojalá él hiciera lo que le prometió: "amarla y respetarla hasta que la muerte nos separe". Raras veces entiende que él piensa y siente lo mismo que ella. La asombrosa tasa de divorcios de este país es prueba de que miles de individuos no llegan a saber nunca lo que es liberarse de esa adictiva forma de pensar.

Todas esas parejas viven con una idea equivocada. Tal y como hemos visto en los capítulos anteriores, el amor no es un sentimiento que escape a nuestro control. Muchas parejas recuerdan la euforia que sentían cuando estaban saliendo, cuando deseaban estar juntos todo el tiempo que pasaban despiertos. Sin embargo, después de la boda todas esas emociones remitieron. Ahora las diferencias se han hecho evidentes y no tardan en ponerse a discutir. Las discusiones hacen que usen palabras duras, lo que provoca sentimientos negativos y, al final, la pareja saca lo peor de cada uno. Si añadimos la presión que comportan los hijos, a veces el divorcio parece la única opción para conseguir una vida mejor.

Si repaso mi propia vida, veo que cuando me casé estaba "enamorado", pero no sabía nada del verdadero amor. La experiencia de estar "enamorado" tiene una base emocional. Nos dejamos arrastrar por las emociones. Vemos lo mejor de la otra persona, y la relación estimula lo mejor de nosotros. En realidad, hacemos y decimos cosas que parecen verdaderamente altruistas. Hacemos regalos que no nos podemos permitir, hacemos promesas que jamás podremos cumplir y hacemos cosas por el otro que nos hacen creer que amamos de verdad.

Los investigadores sociales nos dicen que la vida media de ese fenómeno de enamoramiento es de dos años.[1] Después, descendemos de las alturas emocionales, la euforia se esfuma completamente y descubrimos que, en realidad, no sabemos amar. Somos dos seres egocéntricos que se han hecho promesas que no son capaces de cumplir. A la euforia la sustituyen sentimientos de dolor, rabia, decepción y miedo.

La vida media del sentimiento de enamoramiento es de dos años.

Comprender la verdad sobre el amor es lo único que puede abrir la puerta a una relación de amor para toda la vida. El amor es una actitud que provoca un cambio de conducta. El amor pretende el bienestar del otro y encuentra formas elocuentes de expresar tal cosa. Esas expresiones de amor estimulan sentimientos cálidos y afectuosos dentro de la otra persona. Cuando nuestro cónyuge nos corresponde con su comportamiento, también nosotros sentimos afecto por él. Las emociones son consecuencia del amor, no son el amor en sí mismo.

¿Sé amar correctamente?

En una escala del 0 al 10, donde 10 es la puntuación más alta, valora lo bien que has mostrado las siguientes cualidades del amor en tu matrimonio (o relación sentimental) durante los últimos siete días. Ten presente en todo momento cuáles son tus virtudes y tus defectos mientras sigues leyendo el resto del capítulo.

___ Amabilidad
___ Paciencia
___ Perdón
___ Cortesía
___ Humildad
___ Entrega
___ Sinceridad

Cuando el amor es una forma de vida

Cuando el amor se convierte en una forma de vida en el matrimonio, las siete cualidades del amor que hemos discutido en este libro fluyen libremente entre marido y mujer. Veamos cómo sería el matrimonio de Charlotte y John si el amor fuera para ellos una forma de vida.

LA AMABILIDAD

Todas las cualidades de la persona que ama verdaderamente son importantes en el matrimonio, pero, si hubiera de resaltar solo una, escogería la amabilidad. Anteponer a tu cónyuge a ti mismo es crucial para que el matrimonio funcione.

En mi conversación con Charlotte y John quedaba claro que habían dejado de ser amables entre sí. Tal vez uno de ellos, o ambos, había intentado ser amable con el otro cuando los niños eran pequeños, pero se había desanimado porque la otra persona no parecía corresponderle. Tal vez habían llegado a pensar que no había nada que pudieran hacer para que las cosas cambiaran, así que habían dejado de intentarlo.

No es exagerado decir que los pequeños gestos amables de cada día pueden salvar un matrimonio. La amabilidad es señal de que valoramos a la otra persona. Reconocemos sus necesidades y deseamos anteponerlas a las nuestras. Eso implica estar pendiente de la forma de recibir amor del otro. John mostraba su amor aportando una buena nómina cada dos semanas, y Charlotte quería que le mostrara amor saliendo juntos a divertirse. Si John estuviera pendiente de ser amable, decidiría sacar a Charlotte aunque pensara que era una forma de perder el tiempo. Le mostraría así su amor porque, deliberadamente, antepondría lo que ella necesita a sus propias necesidades.

Igualmente, la amabilidad le exigiría a Charlotte que reconociera que John estaba trabajando mucho para la familia. Debería apreciar su trabajo y hacérselo saber, aunque no fuera la forma en que ella preferiría ser amada. La amabilidad exigiría de Charlotte que sacrificara el tiempo que pasa con sus amigos cuando fuera necesario, igual que John sacrificó tiempo de su trabajo ese día. La amabilidad la habría llevado a darle las gracias —sin que eso implicara un "ya era hora"— como un modo de reconocer que el tiempo de John es algo valioso.

Cuando el amor se convierte en forma de vida dentro del matrimonio, alguien cocina, lava los platos, pasa la aspiradora, limpia los baños, pasea al perro, poda los arbustos, paga las facturas y viste a los niños, todo ello con una actitud positiva. Tal vez no use estas palabras, pero su actitud está diciendo: "Es un placer cocinar esta comida para ti", y "Estoy encantado de sacar la basura".

Charlotte y John estaban a la ofensiva el uno contra el otro.

Su orgullo no estaba dispuesto a aceptar que la otra persona pudiera hacer algo por amor. En los matrimonios que se caracterizan por la amabilidad, los cónyuges se hablan con respeto. Se quejan cuando se sienten ofendidos o están enojados, pero siempre con palabras que reafirman el valor del otro.

Cuanto más practicamos la amabilidad, más la practica nuestro cónyuge. Y, sobre todo, cuanto más amables somos con una persona, más afecto sentimos por ella.

LA PACIENCIA

Cuanto más hablaban, más claro estaba para mí que Charlotte y John creían que estaban mostrando una paciencia extrema en la relación. Charlotte había esperado pacientemente a poder retomar su carrera profesional después del nacimiento de los niños. Pacientemente esperaba que John la sacara a divertirse alguna noche. Pacientemente ponía a dormir a los niños casi cada noche. John creía que mostraba paciencia cada vez que ayudaba con los niños cuando, en realidad, lo que quería era trabajar o ver la televisión al final del día. Era paciente cuando veía que Charlotte no acertaba a tener la casa en orden. Pacientemente esperó a que Charlotte volviera a casa la noche que salió con las amigas.

Toda relación matrimonial necesita paciencia, tanto si esperamos años a que el cónyuge adquiera un cierto rasgo de carácter como si esperamos veinte minutos mientras se prueba unos tejanos en la tienda. Sin embargo, esperar no es lo mismo que tener una actitud paciente. Cuando el amor se convierte en forma de vida dentro del matrimonio, nunca uno de los cónyuges empieza a caminar arriba y abajo mientras le va diciendo al otro: "No sé por qué te cuesta tanto arreglarte para salir". La paciencia tal vez pueda pedirle algún cambio a la otra persona, pero nunca se lo impone. Si el cambio no se produce, la paciencia acepta las imperfecciones del cónyuge.

Una vez me dijo un marido: "Ojalá mi esposa cerrara los cajones de la cómoda cada vez que saca algo. Aunque, después de dos años, me di cuenta de que le faltaba el gen responsable de cerrar los cajones. Entonces asumí que cerrar los cajones era tarea mía". Qué contraste con la actitud de John y Charlotte de "la casa [o los niños, o el trabajo] es su responsabilidad. Si soy yo quien lo hace, significará que estoy cediendo, y no soy yo la causa del problema".

La paciencia hace que toleremos los defectos de los demás. Es comprensible que John se enfadara o se preocupara cuando Charlotte no volvía a casa a la hora que había dicho. Una actitud paciente haría que escucháramos la explicación de Charlotte y estuviéramos abiertos a aceptar su punto de vista. La paciencia no excusa a las personas, pero nos recuerda que no es razonable esperar que los demás sean perfectos.

Charlotte y John podrían hacer algunos cambios positivos en la forma de relacionarse y dar un giro a su matrimonio. El matrimonio es un proceso incesante de crecimiento. En todas las parejas hay formas de conducta que molestan al otro, así como defectos flagrantes que ofenden al otro. La paciencia hace que la frustración sea compartida y pide un cambio. Cuando uno de los cónyuges sigue sin cambiar, el otro, si ama de verdad, aprende a compensar sus defectos, en lugar de condenarlo. Esperamos con ganas y con esperanza que el otro cambie, pero nuestro amor no depende de que cambie.

> El amor no depende de que nuestro cónyuge haga o no un cambio positivo.

EL PERDÓN

Si el amor fuera una forma de vida en el matrimonio de John y Charlotte, Charlotte se habría disculpado rápidamente por volver más tarde de lo previsto y John habría aceptado las disculpas y no se lo hubiera tenido en cuenta en el futuro. El amor verdadero también habría ayudado a John a entender que sus propios defectos también habían contribuido a esa situación. De hecho, era la primera vez durante el curso que iba él a recoger a los niños y los cuidaba toda la tarde, y solo a regañadientes había aceptado hacerlo. Un espíritu de perdón y confesión haría que John fuera consciente de que su propio egoísmo contribuía a la necesidad desesperada que tenía Charlotte de relajarse con sus amigas.

Para mí estaba claro que el incidente del que hablaba John era solo uno en una cadena de incidentes a lo largo de los años en los que uno de los dos se sentía injustamente tratado. Tanto John como Charlotte hablaban con resentimiento de la tensión que existía en su matrimonio, de las horas que pasaban trabajando e, incluso, de la actitud que ambos tenían con los niños.

Si el amor fuera una forma de vida en su matrimonio, la pareja no dejaría crecer el resentimiento entre ellos. Continuarían ofendiéndose de vez en cuando el uno al otro, deliberadamente o no, pero el responsable pediría perdón rápidamente y el ofendido estaría dispuesto a perdonarlo, consciente de que no existe una relación positiva a largo plazo que no exija disculpa y perdón.

LA CORTESÍA

Un reflejo de la visión que nuestra cultura tiene del matrimonio es el hecho de que a menudo pensemos que la cortesía no forma parte de la relación matrimonial. ¿Qué tiene que ver aguantarle la puerta a alguien o traerle un vaso de agua con el compromiso para toda la vida? No obstante, dado que actuar con cortesía significa reconocer en alguien a un potencial amigo, cuando somos corteses con nuestro cónyuge, lo que le transmitimos es que queremos tener una relación de amistad con él o ella. Eso es importante porque una de las claves para que el matrimonio tenga éxito es no solo amarse, sino gustarse. Las parejas casadas más felices son las que son buenos amigos, no solo amantes o compañeros de piso.

La falta de cortesía dentro de la pareja es, en realidad, una de las señales de que el amor no es una forma de vida para esa pareja. Es algo que vi claramente en el caso de John y Charlotte. Entraron en mi despacho con aire de ira, con un espíritu de ir "cada cual a lo suyo". Durante la conversación, se interrumpían mutuamente, se hablaban con rudeza, se acusaban libremente y rara vez se miraban a los ojos.

Su relato reflejaba el deterioro de las formas más habituales de cortesía dentro de su matrimonio. Por cortesía, Charlotte debería haber llamado a John para ver cómo le iba antes de salir con las amigas. También podría haberle dado las gracias por recoger a los niños ese día. Es lo que habría hecho si hubiera sido un vecino el que los hubiera ido a buscar. En lugar de eso, había interpretado sus palabras como más le convenía, casi como si quisiera que él se enojara, en lugar de decir claramente lo que le estaba rondando por la cabeza para no dañar la relación.

Si John le hubiera estado haciendo un favor a un amigo, habría cuidado a los niños con una actitud más positiva. Piensen en los bollos de canela que le llevaba a Charlotte. La falta de interés por las necesidades más profundas de su esposa probablemente empezara por dejar de pensar en sus necesidades más nimias.

Cuando el amor pasa a ser una forma de vida en el matrimonio, marido y mujer se preguntan mutuamente para asegurarse de que están entendiendo bien lo que el otro dice. Los gritos no forman parte de su estilo de vida. Si el marido descubre que a su mujer le gusta que le abran la puerta del auto, lo hace. Por otra parte, si descubre que no es precisamente el tipo de cortesía que más le gusta, no intenta imponerle su forma de ser cortés. A las parejas que se tratan con cortesía, no es raro oírlas decirse comentarios positivos en presencia de los demás. Se dicen gracias por pequeñas cosas. Todo lo que creen que son fórmulas habituales de cortesía está presente en las acciones más cotidianas.

Igual que las fugas de agua en un embalse señalan la posibilidad de que existan problemas mayores, el hecho de abandonar las formas de cortesía en el matrimonio apunta a un problema mayor que es no valorarse mutuamente. Las consecuencias que a la larga acarrea olvidarse de las "pequeñas" acciones nos recuerdan lo importantes que eran antes esas mismas acciones.

Las consecuencias que a la larga acarrea olvidar los "pequeños" actos de amor nos recuerdan lo importantes que dichos actos son en realidad.

LA HUMILDAD

Al principio de su matrimonio, es probable que John y Charlotte hicieran muchos sacrificios el uno por el otro. Vivían con poco dinero para que ambos pudieran seguir la carrera profesional que habían escogido. Hacían trabajos extraordinarios para que el otro no tuviera que trabajar más horas de las necesarias. Visitaban a las respectivas familias aun cuando les habría gustado hacer otra cosa. Ambos hacían ese tipo de cosas porque valoraban a la otra persona. Estaban tan seguros del amor que sentían el uno por el otro que estaban dispuestos a olvidarse de sí mismos en beneficio del otro. En cambio, al venir a mi despacho, ni siquiera estaban dispuestos a limpiarle al otro la casa. ¿Qué había pasado?

Cuando Charlotte me dijo que no sabía por qué tenía que ser ella la que dejara en suspenso su carrera profesional y John me dijo que, en su momento, parecía que estaba encantada de hacerlo, pensé que ambos decían la verdad. Probablemente, Charlotte estaba dispuesta a hacerse a un lado y dejar que fuera John quien optara por tener una carrera profesional sólida. Sin embargo, tal vez esperaba que John reconociera el valor que tenía su sacrificio. Al no recibir ninguna confirmación de palabra, su resentimiento fue en aumento. El resentimiento también puede ser retrospectivo: tal vez Charlotte actuó con humildad al principio del matrimonio porque pensaba que era bueno para la relación y ahora se pregunta si valió la pena hacerlo.

Antes hemos definido la humildad como una "paz interna que nos permite hacernos a un lado para reafirmar el valor de otra persona". Cuando valoramos realmente a nuestro cónyuge, uno de nuestros mayores deseos es verlo triunfar en la vida. Tener un espíritu humilde nos proporciona paz interior porque no pensamos que "su" éxito sea perjudicial para "nuestro" éxito.

Es cierto que anteponer la carrera profesional del marido a la tuya propia, dejar que sea tu esposa la que explique una buena historia a un grupo de personas en lugar de hacerlo tú o animar a tu cónyuge a aceptar una invitación para dar una charla fuera de la localidad puede que afecte a tu propio éxito profesional. Sin embargo, recuerda que el auténtico amor transforma el significado de la palabra "éxito". El verdadero éxito procede del deseo de reafirmar el valor de los demás y fortalecer las relaciones, aunque eso implique hacer sacrificios.

LA GENEROSIDAD

—¿Qué es lo que más te gustaría que hiciera John ahora? —le pregunté a Charlotte.

—Me gustaría que me diera un beso cuando nos vemos al final del día. Me gustaría que habláramos un rato antes de ir a dormir sobre algo que no fueran los niños. Me gustaría que tomara la iniciativa y llamara a una niñera de vez en cuando para que pudiéramos salir a cenar.

—Y a ti, John, ¿Qué es lo que más te gustaría que hiciera Charlotte?

—Me gustaría que entendiera que hago todo lo que puedo por la familia. Me gustaría que me dejara algo de espacio los fines de semana para estar solo un rato. Me gustaría que limpiara la cocina más a menudo, en lugar de esperar siempre a que lo haga yo. Y me gustaría que dejara de hablar de todo lo que no funciona en nuestro matrimonio como si fuera culpa mía.

Lo que Charlotte más deseaba de John era tiempo. Y él pensaba que ya estaba siendo generoso con su tiempo por el hecho de trabajar todo el día y ayudar en la casa. Charlotte era incapaz de reconocer su amor porque lo que ella quería era que se sentara y hablaran un rato. Él veía eso como un sacrificio aún mayor porque implicaba dejar de hacer otras cosas.

Por otra parte, John creía que ella era injusta con él. Al principio del matrimonio, Charlotte ayudaba en la casa y parecía contenta cuando John recibía un ascenso o un aumento de sueldo. Ahora parecía que todo lo que hacía por él lo hiciera con resentimiento.

Cuando el amor es una forma de vida dentro del matrimonio, tanto el marido como la mujer buscan el modo de hacerle la vida mejor al otro. En primer lugar, se dedican tiempo mutuamente. Veinte minutos en el sofá, mirándose, escuchándose e interactuando tal vez no fueran la idea que John tenía del amor cuando se casó. Sin embargo, al descubrir que era importante para su mujer, el verdadero amor le exigía que se lo diera.

La pareja que se ama también comparte lo que cada uno de ellos sabe hacer. Cocinar, reparar la segadora de césped, planchar la ropa y restaurar muebles son todas ellas habilidades que pueden utilizarse para expresar amor.

En un matrimonio que se ama de verdad, una actitud generosa también afectará a la forma en que gestionan el dinero. Los asuntos económicos se discuten abiertamente y las decisiones que se toman manifiestan que ambas personas son valiosas. El dinero no es "tuyo" ni "mío", sino "nuestro". A diferencia de Charlotte y John, que discutían sobre quién se sacrificaba más para ganar más dinero, una pareja que se ama de verdad se ve a sí misma como un equipo. Si uno de los cónyuges aporta más dinero que el otro no es importante, porque la pareja trabaja conjuntamente para que todo funcione y, por lo tanto, todo lo que tienen es resultado de los esfuerzos de ambos.

Una de las cosas sobre las que John y Charlotte rara vez hablaban cuando los conocí era sobre mostrarse también generosos con la gente de fuera de la familia. Ser generoso dentro de la familia da pie a serlo también fuera de esta, y al revés. Ser generoso con los demás nos ayuda a tomar una cierta perspectiva con respecto a nuestros propios problemas. John y Charlotte estaban tan centrados en sí mismos que su mayor prioridad, aparte de cuidar de los hijos, era que el día les deparara lo que ellos esperaban.

LA SINCERIDAD

Cuando el amor se convierte en forma de vida dentro del matrimonio, ninguno de los cónyuges permite que se acumule el resentimiento dentro de la relación. El amor nos dice: "Tal vez estoy equivocado, pero esto es lo que siento. ¿No podemos buscar otra forma mejor de hacer esto?". Una vez más, el amor no impone, sino que busca el modo de que ambas personas se sientan respetadas como individuos.

Charlotte y John habían dejado escapar muchas oportunidades de ser sinceros con la otra persona. Si Charlotte hubiera expresado que necesitaba que John valorara el hecho de que ella había dejado el trabajo, tal vez no habría acabado resentida con el paso del tiempo. En lugar de eso, esperó años a que él "se lo imaginara".

John nunca le había dicho a Charlotte la carga económica que le suponía el trabajo. Le daba vergüenza que ella supiera que le preocupaba que su carrera profesional pudiera torcerse. Las reticencias de John a la hora de comunicar lo que pensaba y sentía también se podían apreciar en otras facetas de su vida. Cuando Charlotte lo llamó antes de salir a cenar aquella noche, por ejemplo, podría haberle dicho amable y sinceramente que le preocupaba que no llegara a casa a tiempo de ayudar a los niños con los deberes.

Que sea necesario clarificar los detalles y los sentimientos con la pareja no es señal de fracaso. Las parejas que más se quieren que yo conozco no piensan que el otro sea capaz de leer la mente. Como me dijo hace poco un amigo: "Me gusta que mi esposa me diga cómo se siente. No tengo que preocuparme de si está dándole vueltas a algo en la cabeza". Con el paso de los años, guardarse las cosas para uno mismo puede dañar el matrimonio. La sinceridad exige que digamos la verdad, sin perder de vista cada una de la cualidades del amor verdadero.

Las pequeñas insinceridades, o la ocultación de información, no solo provocan resentimiento, sino que llevan a mentiras mayores. John y Charlotte dieron un paso importante al reconocer que necesitaban ayuda en su matrimonio. Al hacer tal cosa, evitaron caer en el hábito del engaño motivado por intereses egocéntricos.

La verdadera satisfacción

Sin las siete cualidades de la persona que ama de verdad, la naturaleza egocéntrica de la persona se hace con las riendas en cuanto pasa la excitación de empezar a salir juntos. Cuando aprendemos a amar de verdad, podemos llegar a experimentar una relación verdaderamente profunda, que es mucho más satisfactoria que cualquier euforia temporal.

Creo que el matrimonio se concibió para dar a maridos y mujeres la oportunidad de servirse con expresiones mutuas de amor y con libertad para desarrollar sus respectivos intereses y habilidades de manera independiente. Cuando estamos seguros del amor de la otra persona, estamos en posición de observar a los demás desde los cimientos seguros que tenemos en casa.

El matrimonio no se concibió para crear personas amargadas. Se diseñó como institución del amor, de la voluntad de servir y de una enorme dicha. El matrimonio también puede ayudar a las personas a perfeccionar su forma de amar de un modo que podría resultar imposible sin este. Cuando el amor se convierte en forma de vida, el matrimonio llega a su máxima potencia.

Adáptalo a tu vida

PUNTOS PARA REFLEXIONAR INDIVIDUALMENTE

1. Piensa en alguna discusión reciente que hayas tenido con tu pareja. ¿Tu reacción inicial fue culpar a la otra persona del desacuerdo? Si es así, ¿cómo expresaste tu postura?
2. Piensa en alguna vez en que mostraras amor a tu pareja aunque él o ella no te correspondiera de la misma manera. ¿Cuál fue tu reacción al no sentirte correspondida en tu muestra de amor?
3. ¿Cuál de las cualidades de la persona que ama de verdad te resulta más difícil mostrar en tu matrimonio? ¿Qué podrías hacer esta misma semana para mostrar esa cualidad con tu pareja?

PUNTOS PARA DEBATIR EN PAREJA

1. ¿Cómo valoran la voluntad de servir al otro en su relación?
2. Si pudieran cambiar una sola cosa en su forma de relacionarse, ¿qué cambiarían?
3. La mayoría de las parejas dicen que siempre discuten por lo mismo. Piensen en algo por lo que discutan con frecuencia, o piensen en una discusión que hayan tenido recientemente,

aunque fuera por una "insignificancia". ¿Qué pasaría si ambos respondieran mostrando las siete cualidades de la persona que ama de verdad? Repasen dichas cualidades una por una, como hemos hecho en el caso de John y Charlotte, y piensen en cómo el hecho de tener más presentes esas siete cualidades podrían transformar su forma de comportarse en el futuro.

CAPÍTULO 10

Convertir el amor en una forma de vida con los hijos

Todo lo que quieran que sus hijos sean, procuren mostrarlo en sus propias vidas y en sus propias conversaciones.

—LYDIA H. SIGOURNEY

Jonathan y Erika habían venido a verme a la oficina. Llevaban dos años casados. Los conocía, aunque no demasiado bien, y al ver su nombre en la lista lo primero que pensé fue: *Válgame Dios, espero que no tengan problemas en su matrimonio.* Me llevé una grata sorpresa cuando Jonathan dijo: "Acabamos de saber que Erika está embarazada y nos hemos dado cuenta de que no tenemos ni idea de cómo ser padres. Yo crecí en una familia bastante desestructurada, y Erika también. No queremos que nuestro hijo crezca en un hogar como los que tuvimos nosotros, así que hemos pensado que podría darnos algunos consejos sobre cómo aprender a ser buenos padres".

Ratifiqué a Jonathan y Erika en su decisión de intentar aprender algo sobre cómo ser padres antes de la llegada del bebé. Después les dije:

—Lo más fundamental que pueden hacer los padres por sus hijos es amarlos y enseñarlos a amar a los demás. Si un niño se siente querido, se sentirá también seguro y estará emocionalmente abierto a aprender de los padres. Si el niño no se siente querido por los padres, es mucho más probable que se resista a la disciplina y a aprender de ellos.

—Creo que eso ya lo sabemos —dijo Jonathan—, porque ninguno de nosotros se sintió muy querido por sus padres. Mi padre abandonó a mi madre cuando yo tenía cinco años. Aún me duele pensarlo. El padre de Erika no los abandonó, pero era muy intransigente con su madre y muy crítico con ella y con su hermana. Creo que es eso lo que más nos preocupa. No queremos que nuestros hijos crezcan sintiendo lo mismo que nosotros sentíamos hacia nuestros padres.

—No hay duda de que pueden romper con ese patrón —les dije—. Lo primero es asegurarse de que ustedes dos se quieren de verdad.

El resto de la conversación la dediqué a hablar de cómo amar a los hijos, porque creo que es lo más fundamental que deben saber los padres.

Todos los padres se lamentan en algún momento: "Me gustaría viajar, o coger este empleo, o pasar más tiempo al aire libre, pero ahora no puedo porque tengo un hijo". Es natural que pensemos todo eso, pero si dejamos que esa actitud tan egocéntrica pueda más que el amor, el niño acabará por darse cuenta. Por otra parte, si centramos nuestros esfuerzos en hacer que en casa las relaciones sean satisfactorias, también el niño recibirá el amor que empleamos en ello.

Si eres padre o madre, sabes que el hecho de cuidar a los hijos puede hacer que aflore nuestra naturaleza egoísta con más facilidad de la que nos gustaría. También puede hacer que aflore el auténtico amor más que cualquier otra cosa y, así, proporcionarnos una de las relaciones más satisfactorias de nuestra vida.

> Amar a tu hijo con las siete cualidades del amor verdadero es lo más fundamental que hay que aprender para ser padre.

¿Cuáles son mis virtudes como padre?

En una escala del 0 al 10, donde 10 es la puntuación más alta, valora lo bien que has mostrado las siguientes cualidades del amor con tu hijo (o hijos) durante los últimos siete días. Ten presente en todo momento cuáles son tus virtudes y tus defectos mientras sigues leyendo el resto del capítulo.

___ Amabilidad
___ Paciencia
___ Perdón
___ Cortesía
___ Humildad
___ Entrega
___ Sinceridad

Una historia musical

Una madre joven, Julie, me explicó algo que le había pasado hace poco con su hijo de siete años y que nos irá muy bien para repasar las siete cualidades del amor verdadero desde la óptica del cuidado de los hijos.

Durante semanas, el hijo de Julie, Caleb, no dejaba de hablar del musical que los alumnos de segundo iban a representar en la escuela. Estaba muy ilusionado porque iba a tocar la batería en la última canción. Cuando ya estaba cerca el día de la representación, Julie se dio cuenta de que no podía faltar al trabajo ese día. Le dijo a Caleb que iría al ensayo general el día anterior, y que su padre iría a la representación. A Caleb daba la impresión de que le parecía bien el plan.

El día del ensayo, Julie vio que la maestra de música, la señora Horner, poco a poco perdía el control de la sala llena de niños de segundo curso. Los instrumentos entraban fuera de tiempo, los alumnos miraban al frente en lugar de cantar y el ruido de las risas y las voces de los niños era cada vez mayor. Julie podía percibir la frustración de la señora Horner, igual que veía que Caleb, que era muy sensible, no podía ocultar la rabia que sentía por el caos que había en la sala y la ira que había en la voz de la maestra.

—¡Quiero que todos se sienten ahí donde están ahora mismo! —gritó por fin la señora Horner, por encima del estruendo.

En ese momento, Caleb salió del gimnasio.

Julie fue tras él. Lo encontró llorando junto a la fuente. Se arrodilló para mirarlo a los ojos y le dijo:

—Menudo barullo había ahí dentro, ¿verdad?.

—¡Lo odio! ¡Odio a la señora Horner! ¡Odio la batería! ¡Odio que la gente me grite! No pienso volver ahí dentro —gritaba Caleb entre lágrimas de rabia.

Julie se encogió por los gritos de su hijo y tuvo que contenerse para no decirle que estaba reaccionando de manera exagerada. En ese mismo instante, sintió ganas de llevar inmediatamente al niño a casa, donde este se sentiría seguro. —Es culpa nuestra que sea tan sensible —pensó—. Deberíamos haberlo preparado para este tipo de cosas. Sin embargo, en lugar de salir corriendo con su hijo, le dijo:

—Caleb, entiendo que estés enojado, pero no grites tanto. No hace falta que hables mal cuando te enfadas —Julie estuvo unos minutos hablando con Caleb sobre lo que pasaba en el gimnasio y explicándole que probablemente no era el único que estaba frustrado—. Pero tenemos que volver a entrar. La señora Horner ha trabajado mucho con todos ustedes, y lo están haciendo muy bien.

Al final, Julie consiguió que su hijo volviera a entrar al gimnasio, con los ojos aún llorosos y ante la mirada curiosa de profesores y padres. Julie quería decirles a todos: "Ha estado enfermo; por eso hoy le cuesta más que otros días. Tiene tan gran corazón…". Pero cerró la boca, le hizo un gesto de ánimo a Caleb y se sentó en silencio en una de las sillas plegables el resto del ensayo.

Caleb estuvo normal el resto del día, pero al llegar la noche él y Julie volvieron a revivir todo lo que había pasado.

—¡No pienso ir! —decía Caleb a gritos mientras tiraba sistemáticamente los animales de peluche por toda la habitación. Julie pensó que se avecinaba una buena batalla. Se sentó en el suelo y esperó a que Caleb liberara parte de su frustración.

—Hoy ha sido un día frustrante, Caleb, pero sé que lo vas a hacer muy bien. ¿Recuerdas lo ilusionado que estabas con tocar la batería? Tal vez el musical no salga como a ti te gustaría, pero creo que estarás mucho más contento si vas.

—Pero ya no quiero ir. ¡Y tú ni siquiera vas a venir a verme! ¡Siempre me obligas a hacer lo que no quiero hacer! —Estuvo un momento callado antes de añadir—: ¡Te odio!

—Lamento mucho que sientas así hacia mí —Julie hacía esfuerzos para que no le temblara la voz—. No es eso lo que yo siento por ti. ¿Sabes que me hace mucho daño oírte decir eso, aunque sea una mamá? Me gustaría que te disculparas antes de seguir hablando —Caleb parecía sorprendido por su propia explosión de genio.

—Lo siento —dijo refunfuñando. Cuando vio que Julie no decía nada, levantó la vista y dijo más claramente: Lo siento.

—Gracias. Lo que iba a decirte, Caleb, es que hoy he decidido que realmente mañana quiero ir a ver el musical. Le he dicho al señor Cates que me era imposible asistir a la reunión. En cualquier caso, tanto si voy como si no, creo que es importante que cumplas la promesa que le hiciste a la señora Horner y participes en el musical. Eso es lo que hacen las personas amables.

Caleb observaba a su madre con gesto desconfiado. Después de unos cuantos minutos, aceptó participar en el musical al día siguiente.

—Caleb, tengo que decirte algo más —le dijo Julie antes de que saliera de la habitación—. Acabas de decir que saldrás en el musical, y estoy orgulloso por lo que has decidido. Si vuelves a quejarte o mañana vuelves a tener una actitud negativa, te quedarás sin usar el ordenador una semana. ¿Lo has entendido?

Caleb asintió solemnemente con la cabeza.

Julie suspiró aliviada cuando Caleb preparó las cosas para ir a la escuela al día siguiente. Estaba serio, pero no se quejaba. Sintió la tentación de decirle que no tenía por qué ir si no quería. Sin embargo, cuando esa tarde el niño fue a buscar a sus padres dando saltos después de la representación, se alegró de haberse mantenido firme en su decisión. El rostro de Caleb estaba radiante de orgullo y satisfacción después de haber dado lo mejor de sí mismo en algo que inicialmente no quería hacer en absoluto.

LA AMABILIDAD

Pasemos ahora a examinar las cualidades del amor que hemos discutido en este libro para ver cómo el trato de Julie a su hijo es una muestra de amor como forma de vida. En primer lugar, mantuvo un tono de voz amable aun cuando el nivel de frustración de Caleb era alto. Cuando alguien grita, el primer instinto es devolverle el grito. Algo bien sencillo que podemos hacer de ordinario en el trato con los hijos es hablar siempre en tono suave. Gritarle al niño solo es permisible si este está a punto de salir corriendo a la calle y meterse debajo de un auto, pero los gritos no deben ser nunca un patrón habitual del padre que verdaderamente ama. Es fácil coger el hábito de gritar, pero los gritos solo sirven para crear resentimiento en su corazón.

Julie se mostró también amable al darle la razón a Caleb por cómo se sentía. No le dijo "¡Obedece y basta!". Fue consciente de que sus necesidades eran más profundas de lo que se manifestaba en la superficie de la situación, respetó sus sentimientos y dedicó tiempo a hablar con él. También enseñó a Caleb a ser amable al hablar bien de la señora Horner, aunque la situación era en gran parte consecuencia de la impaciencia de la maestra.

Si queremos que nuestros hijos sean amables con los demás, debemos servirles de modelo. El padre que hace algo tan simple como ayudar a su hija a ponerse el abrigo está enseñándola a la vez a ayudar a los demás. El trato muy estricto y las palabras cortantes matan el espíritu de los niños, mientras que los gestos de ternura y las palabras amables lo enriquecen.

LA PACIENCIA

La paciencia es la virtud cardinal del trato con los hijos. Tanto si esperamos a que el niño de dos años se ponga los calcetines él

solo o si intentamos hablar en profundidad con el hijo de dieci-
siete años que hace meses que no nos dice realmente nada, para
ejercer de padres hay que recordar una y otra vez que, igual que
nosotros, nuestros hijos también están en proceso de llegar a ser
mejores personas.

Muchos padres encuentran más fácil ser pacientes con sus hijos cuando son pequeños. Cuando un niño está aprendiendo a caminar, por ejemplo, nos ponemos a dos metros de él y le decimos:
"Ánimo, tú puedes. Ánimo". El niño da medio paso y se cae. ¿Y
qué decimos nosotros? No le decimos: "¡Qué inútil que eres! No
sabes ni andar". Le decimos: "¡Muy bien!". ¿Y qué sucede entonces? El niño se pone de pie y lo vuelve a intentar.

A menudo nos olvidamos del poder de la paciencia cuando el
niño llega a la edad de Caleb. Al igual que Caleb, nuestros hijos
tienen una y otra vez los mismos problemas. ¿Cuándo aprenderán
de una vez? ¿Es culpa nuestra? ¿Cuántas veces tenemos que tener
la misma conversación?

La paciencia en el trato con los hijos requiere tiempo. Les
otorgamos responsabilidades, alabamos sus esfuerzos y los enseña-
mos a pasar al siguiente estadio de madurez. Julie demostró todo
eso en la forma de pedirle a Caleb que cumpliera lo prometido,
en la forma de reconocer sus esfuerzos y en cómo lo animó a hacer algo que le resultaba difícil. También le dejó el tiempo suficiente para que expresara sus sentimientos.

Los niños aprenden poco a poco que la buena conducta tiene
sus beneficios y la mala conducta hace la vida más difícil. El padre que tiene paciencia en todo ese proceso está expresando su
amor.

EL PERDÓN

En unas pocas horas, Caleb había avergonzado a Julie en frente
de los demás padres, le había gritado y le había dicho que la
odiaba. Julie le mostró que tenía ganas de perdonarlo al decirle
que estaba dolida y explicarle por qué se había portado mal. Después, le pidió que se disculpara. Cuando Caleb le dijo que lo sentía, ella aceptó la disculpa y pasó a otro tema.

El hecho de perdonar no implica que los padres no impongan disciplina a sus hijos. Perdonamos al niño cuando se disculpa, y nos disculpamos nosotros cuando hemos tratado injustamente al niño. Algunos padres son reticentes a disculparse ante los hijos porque temen que el niño no los respete si se disculpan. La verdad es justo lo contrario. Un niño respeta más a sus padres cuando estos se disculpan, además de entender mejor que en todas las relaciones hay que disculparse y hay que perdonar para crecer.

LA CORTESÍA

Julie se mostró cortés con Caleb por el mero hecho de decirle "por favor" y "gracias", aun en los momentos de mayor tensión. Y más importante, se mostró también respetuosa al actuar consideradamente con su carácter sensible.

Las fórmulas habituales de cortesía son algo que se aprende; no surgen simplemente al hacernos mayores. Los padres que aman tal y como es debido tratan a sus hijos con el mismo respeto que tienen por los amigos. Julie en ningún caso comprometió su autoridad sobre Caleb, sino que le hizo ver que era una persona valiosa y que sus sentimientos eran importantes. Esa actitud cortés la ayudó a transmitirle su amor a su hijo en una situación difícil.

LA HUMILDAD

El término "humildad" no es una palabra que aparezca en la mayoría de los libros sobre la crianza de los hijos. Solemos pensar que los padres son la autoridad, y que la humildad no encaja bien con dicha imagen. Sin embargo, la verdadera humildad siempre va de la mano de la autoridad que se ejerce con amor. Para ayudar a nuestros hijos a crecer, a veces hay que estar dispuestos a dejar de lado nuestra necesidad de autoafirmación y aprobación.

Por ejemplo, Julie se agachó para ponerse a la altura de Caleb, tanto físicamente como en términos de la relación, cuando este necesitaba ayuda. En realidad, la conducta de Caleb la estaba hiriendo en su orgullo. Hizo que se pusiera a la defensiva frente a los demás padres, pero ella decidió que no le importaba lo que pensaran los demás. Lo que le importaba era el desarrollo personal de Caleb y la forma en que este se trataba a sí mismo y a los demás.

La humildad requiere además que evitemos caer en una de las trampas más usuales del hecho de ejercer como padres: el sentimiento de culpa. Si acaso te preguntas si estás siendo el padre perfecto, yo te diré la respuesta: no, no lo eres. Pero si no dejas de preocuparte por todos tus defectos, eso hará que te distraigas de lo más importante: amar a tu hijo.

Si Julie hubiera pasado demasiado tiempo dándole vueltas a todo lo que había hecho mal como madre, no habría podido ofrecerle a Caleb su verdadero amor. Por el contrario, lo que hizo fue concentrarse en lo que Caleb necesitaba en ese momento. Después de la función, tal vez Julie reflexionara sobre la forma de preparar mejor a Caleb para enfrentarse a las iras de los demás. Ser humilde significa estar siempre dispuesto a mejorar nuestro comportamiento como padres, aunque sin asumir toda la responsabilidad por los malos comportamientos de nuestro hijo.

> **Ser humilde implica reconocer nuestros defectos como padres, pero sin obsesionarse con ellos.**

LA GENEROSIDAD

La generosidad con tu hijo empieza el mismo día en que el niño llega a casa y no termina en toda la vida. Cuando el amor es una forma de vida, ser generoso es una de las cosas más comunes en casa.

Julie le prestó a Caleb todo el tiempo que hizo falta para hablar de sus sentimientos y tomar una buena decisión. También le demostró que a veces tenemos que sacrificar algo importante por los demás: sacrificó la reunión del día de la función y Caleb se sacrificó por el hecho de hacer algo que no quería hacer.

Ser generoso no implica que les demos a nuestros hijos

todo lo que desean. Julie podría haber sido "generosa" y darle a Caleb un día de descanso de la escuela, pero eso habría sido egoísta.

En la vida diaria, es difícil saber cuándo hay que decirle que no a un hijo. Ayuda preguntarse si estamos diciendo que no en nuestro propio interés o movidos por las siete cualidades de la persona que ama de verdad.

LA SINCERIDAD

A los niños no les gustan las verdades edulcoradas. Julie sintió la tentación de decirle a Caleb: "Ya verás como te lo pasas muy bien", o "La señora Horner me ha dicho que estaba muy triste porque querías perderte el musical". Esas mentiras piadosas tal vez hubieran logrado terminar antes con la conversación, pero no habrían servido para afianzar la relación ni para enseñarle a Caleb lo importante que es decir la verdad. Lo cierto era que Caleb tal vez no lo pasara nada bien en la función y que la señora Horner bastante tenía ya con salir indemne al día siguiente. Caleb tenía que saber que, aunque las cosas no salieran como él quería, probablemente se sentiría mejor si cumplía su palabra. Julie también fue sincera con Caleb cuando este hirió sus sentimientos. Tenía que saber que sus palabras podían hacer daño.

Si te olvidas de acudir a su recital de piano y le dices a tu hijo que te has encontrado con un atasco, o si estás cansado de jugar a la pelota y le dices que tienes que llamar por teléfono, sutilmente le estás enseñando que no está mal amañar la verdad para autoprotegerse. Tú eres la persona de este mundo en quien más confía tu hijo. Una relación saludable entre padre e hijo no puede edificarse sobre mentiras.

George Bernard Shaw escribió una vez: "Los niños mejor criados son los que han visto a sus padres tal y como son. La hipocresía no es el primer deber de los padres". Los padres que aman como es debido no mienten para ocultar sus errores ni para salirse de una situación bochornosa con su hijo. Sus palabras, sus acciones y su actitud, tanto dentro como fuera de casa, son coherentes entre sí.

Un amor poderoso

La escritora Elizabeth Stone señala que tener un hijo es como si "tu corazón anduviera por ahí fuera de tu cuerpo". Los hijos saben lo que nos molesta, lo que nos gusta y lo que nos ablanda. Son capaces de sacar cada día lo mejor o lo peor de nosotros o, más bien, nosotros podemos "dejar" que saquen lo mejor o lo peor que llevamos dentro. Como sucede con cualquier otra relación, no depende de las acciones de nuestros hijos que nosotros mostremos nuestro amor. Si amar es para nosotros una forma de vida, tratamos a nuestros hijos de la forma más beneficiosa para ellos y sentimos la satisfacción de traspasar nuestro amor al corazón de otra persona.[1]

Adáptalo a tu vida

TEMAS PARA REFLEXIONAR

1. ¿Cómo crees que tus experiencias durante la infancia afectan al modo en que tratas a tus hijos?
2. ¿Cuál es tu forma preferida de expresarle amor a tu hijo? ¿Por qué?
3. ¿Cuándo te resulta más difícil mostrarle verdadero amor a tu hijo?
4. ¿Cuál es tu reacción habitual cuando te sientes culpable por algo que le has hecho o le has dicho a tu hijo?

POSIBILIDADES DE APLICACIÓN

1. Piensa en algún conflicto que tengas habitualmente con tu hijo. ¿Qué pasaría si reaccionaras con todas y cada una de las siete cualidades del amor en esas situaciones? Repasa una por una dichas cualidades, tal y como acabamos de hacer, y piensa cómo el hecho de concentrarte en ellas podría transformar tu manera de reaccionar en el futuro.
2. ¿Estarías dispuesto a hacerle a tu hijo las siguientes preguntas y tomarte en serio sus respuestas? (Sugiero que se las preguntes una cada semana.)

a. ¿Qué puedo hacer yo para ayudarte?
b. Dime una cosa que crees que puedo hacer para ser mejor padre o mejor madre.
c. ¿Qué te gustaría que te enseñara este mes?
d. ¿Qué hago normalmente que te gustaría que dejara de hacer?

CAPÍTULO 11

Convertir el amor en una forma de vida en el trabajo

Pequeños actos amables, pequeñas cortesías, pequeños gestos de consideración, si se practican habitualmente, otorgan más atractivo al carácter que el despliegue de grandes talentos y éxitos.

—MARY ANN KELTY

Ramona no podía apartar la vista del e-mail que tenía ante sí. "Nos complace anunciar la fiesta de lanzamiento del nuevo monitor Tomkins. La fiesta tendrá lugar el próximo miércoles, a las 10:00, en la sala de conferencias". El e-mail, enviado por Jeff, iba dirigido a los departamentos de marketing, diseño y producción. "En preparación de la feria comercial que se celebra a mediados de año, efectuaremos una demostración del producto y celebraremos una sesión de *brainstorming* para buscar nuevas formas de desarrollar estrategias de marketing basadas en el excepcional diseño del producto. (Como podrán ver, el departamento de diseño nos ha desviado un poco del rumbo original.) Después, celebraremos la llegada de este emocionante producto que tanto ha tardado en materializarse". El comunicado se despedía con unas cuantas frases positivas más.

Ramona estaba lívida y profundamente enojada. Su relación con Jeff estaba plagada de minas. Sus expectativas eran muy poco realistas. Imponía sus ideas sin escuchar a los demás. Hacía comentarios que podían sonar graciosos, pero denigraban a los demás. En los mejores momentos, Ramona sabía que Jeff era bueno en su trabajo e intentaba hacerlo lo mejor que sabía. Pero este no era uno de esos momentos. Cogió el teléfono. Lo volvió a dejar. Se levantó y volvió a sentarse. Por fin se puso de pie, fue hasta el despacho de Tim, al otro lado del pasillo, y cerró la puerta. Tim se dio la vuelta en la silla con gesto de entendimiento.

—Ya lo sé. Acabo de leerlo.

—Ese e-mail es una nueva muestra de que Jeff no escucha a nadie. Le dije la semana pasada que no estaríamos listos para hacer una reunión sobre el lanzamiento hasta dentro de un mes como mínimo. ¿Y has leído la indirecta sobre el cambio de rumbo? No se entera de nada. Tal vez, si se hubiera fijado en los resultados de los ensayos, entendería por qué tuvimos que cambiar de planes a mitad de proyecto. Estoy harta de que no pare de decir que vamos retrasados. Solo para quedar bien él, hace que parezca que todo es culpa nuestra. No lo veo por aquí a las ocho de la noche cuando yo aún sigo trabajando.

—Lo sé —dijo Tim—. Siempre nos lo hace pasar mal a nosotros, cuando no tiene ni idea de lo que significa encargarse de nuestra parte del proceso. Si hacemos la demostración del monitor esta temporada, será imposible que arreglemos el problema de la batería antes de empezar a recibir pedidos.

Ambos levantaron la vista cuando su superior, Meghan, llamó a la puerta y entró.

—Solo quería decirles esto —dijo, y le entregó a Tim una carpeta de papel.

—Gracias. ¿Has visto el e-mail de Jeff?

—Sí. Voy a hablar ahora con él sobre el tema. No creo que podamos tenerlo listo para el próximo miércoles, ¿verdad? —Tim y Ramona intercambiaron una mirada de satisfacción.

—Justo ahora lo estábamos comentando —dijo Ramona—. Jeff tiene un problema con los detalles, ¿no? O tal vez sea que simplemente no escucha.

—Bueno, ya les diré qué es lo que me explica —Meghan salió y cerró la puerta tras de sí.

—Ya estoy harta de esto —dijo Ramona después de que Meghan saliera del despacho—. Creo que tenemos que hablar con Meghan y decirle por qué Jeff no debería tener el cargo que tiene.

Tim y Ramona siguieron compadeciéndose mutuamente unos cuantos minutos más, bajando a menudo la voz hasta susurrar cuando hablaban de los fallos de su compañero, excesivamente expeditivo. Meghan no tardó en llamar de nuevo a la puerta.

—Solo quería decirles que he hablado con Jeff. Vamos a aplazar el lanzamiento hasta el próximo mes. Eso nos dará algo más de tiempo para encajarlo todo, y Mark estará aquí para entonces, así que también podrá asistir. Le he dicho a Jeff que seguimos pensando en tenerlo todo a punto para la feria, pero que queremos asegurarnos de tener el mejor producto posible.

—¿Jeff no sabía ni siquiera que Mark iba a estar fuera? —dijo Ramona. Meghan enarcó las cejas.

—De hecho, Jeff había programado la reunión a primera hora porque sabía que ustedes querían que Mark asistiera, y había oído que Mark estaba libre a esa hora. No he visto a Jeff tan excitado con un proyecto desde hace mucho tiempo. Está ansioso por sacar el producto al mercado.

—Supongo que no sabía que el departamento de producción aún no ha resuelto el tema de la batería —Ramona intentaba sonar tolerante con el descuido de Jeff y la ineficacia de los de producción.

—Sabe que hay algún problema, pero pensaba que con lo que ya hay podríamos pasar adelante. Dice que habló con ustedes la semana pasada.

Ramona dudó por un momento. No estaba dispuesta a hacerle más concesiones a Jeff llegados a este punto.

—Estuvimos hablando de si sería *posible* convocar la reunión pronto, pero dijimos que sería mejor dejarla para algo más tarde.

—Bueno, no es eso lo que él me ha dicho. En cualquier caso, el tema ya está resuelto. Dentro de unos minutos enviará un nuevo e-mail —Meghan empezaba a marcharse cuando Ramona la hizo detener.

—De hecho, ahora mismo estábamos hablando de que este tipo de cosas pasan demasiado a menudo con Jeff —dijo Ramona casi susurrando—. ¿No crees que es así?

—Vaya, no necesariamente. Sé que Jeff habla a veces sin pensar. Cuando se concentra en algo, es difícil que escuche nada más. Pero hace un excelente trabajo. En gran medida, el aumento de ventas del trimestre pasado se debe a él.

Meghan sonrió y salió del despacho. Esta vez dejó la puerta

abierta. Ramona estaba por los suelos. Según parecía, Jeff seguiría en el mismo sitio en un futuro próximo.

—Creo que ya está —le dijo a Tim—. Mejor que vuelva al trabajo.

Cuando volvió a su despacho, volvió a leer el e-mail de Jeff. Tal vez estuviera resuelto el problema de la reunión, pero sabía que nunca le gustaría la forma de actuar de Jeff. Tal vez la próxima vez que surgiera un problema como ese no saldría tan bien parado. Sacudió la cabeza y cerró el e-mail.

¿Muestro amor en el trabajo?

En una escala del 0 al 10, donde 10 es la puntuación más alta, valora lo bien que has mostrado las siguientes cualidades del amor con tus compañeros de trabajo durante la última semana. Ten presente en todo momento cuáles son tus virtudes y tus defectos mientras sigues leyendo el resto del capítulo.

___ Amabilidad
___ Paciencia
___ Perdón
___ Cortesía
___ Humildad
___ Entrega
___ Sinceridad

La llamada del verdadero éxito

Las relaciones en el trabajo pueden suponer un verdadero desafío para nuestras mejores intenciones de hacer realidad las siete cualidades de la persona que ama de verdad. La mayoría de nuestros compañeros, si no todos, son personas con las que no hemos escogido pasar ocho (o diez, u once…) horas al día. Sin embargo, muchos de nosotros pasamos más horas con ellos que con nuestra familia.

Las relaciones que establecemos en el trabajo tienen un gran potencial para ampliar nuestra capacidad de amar porque exigen que apreciemos el valor de personas con prioridades distintas, personalidades especiales, grandes necesidades personales y, a veces, con agendas muy apretadas. Entretanto, estamos presionados por superiores exigentes, clientes impacientes y plazos de finalización. Tal vez no creamos que el trabajo sea un lugar para mostrar amor, pero, cuando deseamos tener una relación sólida con los compañeros, encontramos la motivación para convertir en hábito cada una de las cualidades del amor verdadero.

LA AMABILIDAD

Estamos educados para intentar destacar en el trabajo, en lugar de prestar atención a los demás. La ambición profesional no es nada malo en sí misma. El deseo de quedar bien ante el jefe, el hecho de venirse abajo cuando alguien desprecia nuestras ideas y la búsqueda de oportunidades para mostrar nuestras virtudes son parte natural de nuestra jornada laboral. Sin embargo, es fácil usar los errores ajenos para resaltar nuestros propios aciertos, llevarse el mérito de lo que otra persona ha hecho o actuar como si quienes están por debajo nuestro no importaran.

Tener éxito en la profesión y fracasar en las relaciones es un mal negocio. Una sucesión temporal de momentos egocéntricos no justifica la devaluación de otras personas ni la destrucción de unas relaciones que, a la larga, podrían aportarnos beneficios profesionales.

Una de las mejores formas de desarrollar una actitud amable en el trabajo es pensar lo mejor de las personas con las que trabajamos. En lugar de juzgar el e-mail de Jeff por lo que literalmente decía, Ramona se lo tomó como un ataque personal. En sus palabras leyó todas las cosas negativas que ya sabía de él, en lugar de otorgarle el beneficio de la duda o de procurar ver las cosas desde su punto de vista. En otras palabras, solo prestó atención a lo que Jeff había hecho mal.

Ramona parecía no darse cuenta de que ser amable con los demás puede propiciar el éxito profesional. Cuando actuamos movidos por el amor, es más fácil que los compañeros de trabajo nos respondan de la misma forma. Si quieres que tu superior preste más atención a las necesidades de tu departamento, actúa como si ya lo estuviera haciendo. Si quieres que tu colega se muestre más seguro en sus acciones, actúa como si estuviera cumpliendo bien con sus responsabilidades. Es más probable que Jeff respete a Meghan en el futuro porque ella lo respetó a él. La amabilidad nos pide que eduquemos de nuevo nuestra mente para comprender que el éxito profesional y el éxito personal pueden darse juntos.

El éxito en las relaciones suele propiciar el éxito profesional.

LA PACIENCIA

Hace falta paciencia para dejar de lado la ira mientras esperamos a oír el punto de vista de otra persona. Meghan fue un modelo para Tim y Ramona de cómo gestionar una situación de potencial conflicto. Al final, informarse, ir a hablar con la persona implicada y pasar a otro tema llevan menos tiempo que dar vueltas y más vueltas a los defectos de los demás.

Pequeños temas de conflicto pueden provocar explosiones de ira, sentimientos heridos e ineficiencia. No era esa la primera vez que Ramona no estaba de acuerdo con las decisiones de Jeff. Él tenía un carácter fuerte y, por su posición en la empresa, conocía mucho mejor los objetivos primordiales de lo que Ramona y su sensibilidad creativa estaban dispuestos a reconocer. Ramona justificaba su conversación con Tim porque Jeff había actuado a sus espaldas demasiadas veces como para que en ese momento ella tuviera paciencia con él.

La paciencia deja de ser paciencia si tiene un límite. Jeff tenía sus defectos y sus peculiaridades. Lo mismo podría decir él de Ramona. Hasta que Ramona no conceda a Jeff la libertad de ser una persona en constante proceso de mejora, siempre encontrará motivos para enojarse con él.

EL PERDÓN

Junta a más de una personalidad y más de una opinión en una habitación, y crearás una ocasión para que surja el conflicto. Junta a cuatro, cinco o veinticinco en un departamento, y los desacuerdos están asegurados. Cuando nuestra actitud consiste en negociar los motivos de irritación y perdonar los errores, somos capaces de diferenciar entre malas acciones y simples desacuerdos.

Una actitud de perdón habría llevado a Ramona a diferenciar eso mismo en su relación con Jeff. Si, aun así, Ramona decidiera que se había portado mal con ella, el verdadero amor la habría llevado a ir hasta él, explicarle lo que pensaba y aceptar sus disculpas. El amor también la habría llevado a disculparse por sus propios fallos de comunicación o por ser capaz de empeorar la situación.

Disculparse en el ámbito laboral es difícil porque nos coloca en una posición vulnerable. ¿Y si el jefe descubre que hemos cometido un error? ¿Y si la persona con la que nos disculpamos no deja que olvidemos nunca lo que ha pasado? Tenemos que ser prudentes a la hora de reconciliarnos con compañeros difíciles o que no nos merecen ninguna confianza. Lo más importante en este caso es transmitirle a la otra persona que es una persona valiosa.

Si te enfadas cada tarde porque te toca suplantar a un compañero que siempre llega tarde, la ira se interpondrá en tu relación con él y probablemente afectará también a tu relación con los clientes que tengas esa tarde. El amor verdadero nos pide que nos enfrentemos a los demás cuando hacerlo sirve para crear un ambiente de trabajo más productivo y saludable.

LA CORTESÍA

La lista de formas habituales de cortesía en el trabajo es tan larga como la lista que podríamos elaborar para casa. Ser cortés implica no hablar a voces por el móvil, o no dejar ni siquiera que suene la melodía de tango que le hemos puesto, mientras la persona de al lado intenta trabajar. Implica llegar puntual para que la persona que hace el mismo turno que nosotros no tenga que cargar con nuestro trabajo. Como demuestra Meghan, cortesía es llamar antes de entrar en el despacho de alguien, respetar la privacidad de los empleados y apreciar las intenciones de otra persona de hacer las cosas bien. Cuando te veas obligado a darle a alguien malas noticias o a hacerle algunas sugerencias sobre su trabajo, hazlo con respeto.

Una de las formas más importantes de ser cortés en el trabajo tal vez sea no caer en una trampa muy común: el cuchicheo. El escritor Walter Wangerin, Jr. dice: "El cuchicheo es [...] como un ataque guerrillero: golpea y rápidamente desaparece antes de librar batalla en toda regla". Comentarios insignificantes pueden ser semilla de destrucción. Comentarle a un compañero, "Paul ha estado mucho tiempo en el despacho de Dean. Espero que todo vaya bien. Sé que el último viaje de ventas no fue muy bien" puede que parezca que no tiene mayor importancia, pero es en realidad una comidilla con poder para herir a los demás y destruir relaciones.

Ramona probablemente diría que su conversación con Tim era un desahogo o, para describirla de forma más positiva, una forma de ver cómo podían responder a lo que había pasado. Hay veces en las que todos tenemos necesidad de hablar sobre nuestro trabajo, sobre todo cuando tenemos algún problema. Lo ideal es hablar con el causante de nuestras quejas. Si lo único que quieres es desahogarte, lo mejor es hablar con alguien a quien le importes y que no trabaje en el mismo sitio que tú. Hables con quien hables, lo que debes preguntarte es: ¿Hablar sobre esa persona me ayuda a quererla más? ¿Contribuye a que la persona con la que hablo piense mejor o peor de ella?

Claro está que hay veces en las que tenemos que hablar con algún compañero o con nuestros superiores de otro empleado. La cortesía exige que hablemos de la persona como si fuera un amigo, en lugar de buscar la forma de mostrar que somos superiores a ella. Los amigos quieren que los demás amigos prosperen. Cuando te resulte especialmente difícil hablar bien de alguien, haz cuanto puedas para comunicar únicamente la información requerida, y nada más. Meghan podría haberse sumado a la conversación sobre Jeff, pero, en lugar de hacerlo, se limitó a comentar los hechos.

Si quieres practicar la cortesía en el trabajo, elogia a tus compañeros cuando no están presentes. Inicia rumores (ciertos) sobre algo que han hecho bien. Acostúmbrate a comportarte como si la persona que más te hace enojar fuera tu amigo. Mírate la situación desde fuera y comprueba cómo eso hace que las cosas sean distintas.

LA HUMILDAD

Los desacuerdos en el trabajo ponen a prueba nuestro orgullo de manera más intensa que la mayoría de las situaciones familiares o con los amigos. Aunque no tengamos pensado permanecer en el mismo cargo o en la misma empresa mucho tiempo, la mayoría de nosotros quiere hacer las cosas bien en el trabajo. Queremos reconocimiento, aumentos de sueldo y la satisfacción personal de hacer bien nuestro trabajo. Todo eso hace difícil que aplaudamos cuando otra persona recibe elogios, dinero, un despacho mejor o el ascenso que deseaba. Cuando nos sentimos inseguros en el trabajo, es más fácil todavía que aprovechemos la primera oportunidad que se nos presente para quedar bien.

Ramona tuvo varias ocasiones para ser humilde en la conversación con Meghan sobre Jeff, aunque fuera en el contexto de expresar su frustración. Podría haber reconocido que, como iban retrasados con el producto, necesitaban una ampliación del plazo más allá de los planes originales. Podría haber apreciado el hecho de que Jeff se había encargado de planear el lanzamiento. Podría haber hablado bien del trabajo que hacía Jeff y admitir que, a veces, ella reaccionaba de manera exagerada ante la actitud de Jeff. Podría haberse reconocido a sí misma que ella quería causar buena impresión y que Jeff, con sus prisas con el proyecto, no la estaba ayudando demasiado. La humildad habría exigido que se pusiera en la piel de Jeff en lugar de juzgarlo desde su propia posición. Por el contrario, su objetivo último era mostrar su poder y su superioridad haciendo que despidieran a Jeff.

A la inversa, Meghan sí que actuó de manera humilde, a pesar de que era ella quien realmente tenía poder. Fue respetuosa con Jeff al ir a verlo directamente y no hablar de él a sus espaldas. Escogió no hacer alarde de su posición ni sugerir que su departamento trabajaba más o mejor que el de Jeff.

El amor radical que nos lleva a la humildad nos llama a valorar el éxito, aunque no sea el nuestro, y a hablar bien de los demás en lugar de arremeter contra ellos para quedar bien nosotros. No solo suena difícil, lo es. Es por eso por lo que debemos practicar.

LA GENEROSIDAD

Cuando acudimos al trabajo con una actitud generosa, estamos dispuestos a dedicar nuestro tiempo, nuestras habilidades y nuestra atención a extraer lo mejor de los demás. Siempre hay alguna combinación de teléfono, fax, e-mails, pacientes, clientes, busca o agenda electrónica que nos distrae. Muchas de esas cosas son esenciales para nuestro trabajo, pero también tienen la capacidad de distraernos de la persona que necesita nuestra atención.

Meghan no se puso a hablar sobre Jeff con otras personas ni lo llamó desde su despacho mientras comprobaba los e-mails. Dedicó el tiempo necesario a hablar con él en persona. No solo fue una decisión llena de amor porque mostraba respeto por la otra persona, sino que fue una decisión eficiente. Dedicar cinco minutos a aclarar una situación tal vez no satisfaga el deseo egocéntrico de enfadarnos por algo, pero ahorra tiempo y energía.

Ser generoso en el trabajo implica igualmente tener cuidado de no acaparar conocimientos sin necesidad. Ramona no tardó en culpar a Jeff de algo tan poco importante como no saber que un compañero estaba de viaje de trabajo. Ese conocimiento insignificante sobre la otra persona le otorgaba una ventaja sobre lo que Jeff sabía. A veces nuestro trabajo implica manejar información clasificada que debemos mantener en privado. Sin embargo, en un entorno ambicioso, es muy fácil que nos guardemos información que nos otorga un cierto poder y que solo la mostremos cuando necesitamos exhibir dicho poder. Un espíritu generoso se comunica de forma que ayude a los otros a ser lo mejor posibles.

Ser generosos implica hacer bien nuestro trabajo a la vez que damos todo lo que podemos. Actuar eficientemente, apropiadamente y con sabiduría en el trabajo es una forma de amar a los demás.

Tener un enemigo en el trabajo consume tiempo y energía.

LA SINCERIDAD

Si no intentamos de manera consciente convertir las siete cualidades del amor en un hábito, es fácil caer en la mentira en situaciones de trabajo. Hasta que no se lo preguntaron, Ramona no mencionó que ella y Jeff habían hablado de la posibilidad de convocar una reunión antes. Probablemente no se le ocurriera porque estaba muy decidida a destacar el comportamiento inapropiado de Jeff, comportamiento del que era más fácil quejarse si no mencionaba la conversación que antes habían mantenido. La verdadera sinceridad implica no decir mentiras sobre los demás, no inventarse información poco exacta para encubrir un error y no estirar la verdad en interés propio.

Ser sincero en el trabajo implica, además, no halagar falsamente a nadie para pasarle por delante. Cuando hemos resuelto vivir con coherencia en nuestras palabras, acciones e ideas, usamos palabras positivas en buena conciencia. Es ese el tipo de reconocimiento de la otra persona que va acompañado de la verdad y que más la puede ayudar.

Lo central en el trabajo

Hay muchas personas que cuentan con un compañero de trabajo entre sus mejores amigos. Y, cuando dos personas que rivalizan en la oficina llegan con el tiempo a apreciarse y a disfrutar de la compañía del otro, la satisfacción que produce la relación es especialmente rica.

No importa cuánta tecnología tengamos sobre el escritorio, las relaciones siguen siendo lo central en el trabajo. Si necesitas un motivo para mostrar verdadero amor en el trabajo, piensa lo siguiente: la elección de valorar a las personas en la vida cotidiana mejora las relaciones entre empleado y cliente, genera mayor productividad y reduce la rotación de personal. Cuando las siete cualidades del amor se convierten en un hábito diario, forjamos relaciones que nos aportan verdadera satisfacción profesional. No solo disfrutamos de lo que otros hacen, sino también de quiénes son.

Adáptalo a tu vida

TEMAS PARA REFLEXIONAR

1. ¿Cuál de las siete cualidades del amor crees que está más ausente de los lugares de trabajo? ¿Por qué crees que es así?
2. ¿Cuál de las siete cualidades del amor te cuesta más mostrar en el trabajo? ¿Por qué?

POSIBILIDADES DE APLICACIÓN

1. ¿Hay alguien a quien tengas rencor en el trabajo? ¿Qué pasaría si te libraras de ese rencor? ¿Estás dispuesto a hacerlo? ¿Por qué, o por qué no?
2. ¿Hay alguien en el trabajo con quien deberías disculparte? ¿Qué es lo que más miedo te da de disculparte?
3. ¿Cuándo fue la última vez que cuchicheaste sobre alguien en el trabajo? ¿Qué puedes hacer para romper con ese hábito?
4. Piensa en algún conflicto que hayas tenido recientemente con alguna persona en el trabajo. ¿Qué habría pasado si hubieras demostrado todas y cada una de las siete cualidades del amor en medio de dicho conflicto?
5. Piensa en tres personas con las que trabajes muy de cerca. ¿Qué te gusta más de ellas? ¿Cómo puedes decírselo esta semana?

CAPÍTULO 12

La motivación para amar

Encontrarás, al mirar atrás en la vida, que los momentos que destacan por encima de todo son los momentos en que has hecho cosas movido por un espíritu de amor.

—HENRY DRUMMOND

Era una noche fría de noviembre cuando entré en la residencia de pacientes terminales para visitar a Joe y Carolyn. Seis meses antes habían venido a verme para hablar del funeral de Joe. Como eran amigos míos, y como sabían que yo he sido ordenado pastor, me habían pedido que dirigiera el funeral de Joe.

"Tengo este cáncer", me dijo en aquella ocasión. "Voy a luchar contra él con todo lo que tengo, pero sé que existe la posibilidad de que no lo supere. Mientras aún me sienta bien, quiero hacer los preparativos para mi funeral. Quiero que todo sea tan fácil como sea posible para Carolyn, llegado el momento".

Ahora, tras meses de tratamientos, parecía que la hora de la marcha de Joe estaba cerca. Había ido a discutir los detalles del funeral y a decirle adiós. Una sonrisa se dibujó en la cara de Joe cuando entré en la habitación. Me dijo: "Me alegro de que hayas venido".

Un rato después me explicó: "Soy un hombre dichoso. Carolyn y yo hemos pasado cuarenta y siete años juntos. No han sido perfectos, pero han sido buenos. Tenemos cinco hijos, además de una hija que murió con cuatro años. Tenemos trece nietos, de los que estamos muy orgullosos. He tenido buenos empleos todos estos años. Nos hemos mudado varias veces a diferentes ciudades, y hemos hecho amigos en todos los lugares en los que hemos estado. No puedo pedir más. Les he dicho a mis hijos que no se preocupen por mí. Estoy listo para marcharme. Hemos estado pensando en los últimos detalles de mi funeral, y creo que puedes ayudarnos".

Durante los veinte minutos siguientes, escuché, tomé notas y respondí a sus preguntas. Al final, le sugerí que rezáramos juntos. "Encantado", dijo Joe. Me cogió la mano con su mano izquierda e hizo lo mismo con Carolyn con la derecha. Yo le di la mano a Carolyn por encima de la cama. Rezamos. Al acabar la oración, soltó mi mano, pero retuvo la de Carolyn. Se la llevó a la cara, la besó, esbozó una sonrisa y, después, la soltó.

En busca de amor

Cuando salí de la habitación, mientras caminaba hacia el auto, la idea no dejaba de darme vueltas en la cabeza: *Ojalá todas las parejas pudieran acabar este viaje con tanto amor y tanto apoyo.* Creo que el ingrediente que falta en los matrimonios que fracasan, o en cualquier relación que fracasa, es el tipo de amor auténtico que hemos explorado en este libro. ¿Por qué pierden el contacto los hermanos? ¿Por qué se desvanecen las amistades? ¿Por qué atletas de un mismo equipo quieren mejorar sus estadísticas personales más de lo que desean contribuir a la victoria del equipo? ¿Por qué trabajadores de un mismo equipo de trabajo se dedican a pisotearse los unos a los otros por progresar en la empresa? En todos los casos, es porque los individuos implicados anteponen el yo falso del egocentrismo al yo verdadero del servicio a los demás. No aciertan a perseguir las cualidades que componen el verdadero amor.

En los capítulos anteriores hemos examinado las cualidades del amor. Hemos hablado de en qué consisten dichas cualidades cuando hacemos del amor una forma de vida. Ahora, me gustaría centrarme en una cuestión fundamental que se esconde tras esas características del amor: ¿Qué es lo que hace que la motivación para amar sea más fuerte que la motivación para preocuparnos de nosotros mismos? Al principio del libro preguntaba: ¿Es realista el amor? ¿Es posible amar sistemáticamente en la vida diaria, dada nuestra tendencia hacia una vida egoísta? O, para decirlo con otras palabras, si queremos tener tanto éxito en nuestras relaciones como Joe y Carolyn en su matrimonio, ¿dónde podemos encontrar la capacidad para sobreponernos a nuestra naturaleza egoísta?

Un poder superior

Miles de alcohólicos se han liberado de la dependencia química dando los pasos uno y dos del programa de Alcohólicos Anónimos. Los pasos dicen: "Hemos admitido que éramos impotentes ante el alcohol, que nuestra vida se había vuelto ingobernable. Hemos llegado a la creencia de que un Poder mayor que nosotros mismos podía devolvernos la cordura".[1]

Una vida egocéntrica no es una dependencia química, pero sí es una adicción, una adicción en la que nos centramos en obtener lo que deseamos. Cada transacción y cada relación la vemos a través de la lente del "¿qué supondrá esto para mí?". En ese tipo de vida, incluso lo que parecen ser actos de amor está motivado por el deseo egoísta y, por lo tanto, se convierte en manipulación, y no en amor en absoluto.

Una y otra vez he oído la misma cantinela de la persona que dice: "Estaría dispuesto a hacer cambios si ella me correspondiera al cincuenta por ciento". La afirmación suena razonable, pero no tiene nada que ver con el amor. El enfoque de "yo lo hago si tú también lo haces" se basa en un contrato concebido para conseguir algo que deseamos.

Esa esclavitud egocéntrica está profundamente arraigada en el alma humana y no es fácil de romper. Después de tres décadas trabajando cerca de las personas en mi agencia de asesoramiento, he llegado a la conclusión de que las personas que más triunfan a la hora de hacer del amor una forma de vida son aquellas que reconocen la necesidad de ayuda externa. Todos nosotros, si fuéramos sinceros y conscientes de nosotros mismos, deberíamos admitir que no podemos convertirnos en personas que aman de verdad por nuestros propios medios.

El esfuerzo individual por sí solo no romperá las cadenas

que nos atan al egoísmo. Eso es cierto para cualquier relación. En mi propia vida, donde lo he visto más claramente ha sido en la relación con mi mujer. Me gustaría compartir la historia con ustedes.

La vida egocéntrica es un ciclo adictivo que es posible romper.

El viaje hacia el amor

Antes de casarme, yo ya me había licenciado en Antropología y había cursado el primer curso de posgrado en Teología. Estaba locamente enamorado de Karolyn y apenas podía esperar a ser tan feliz como estaba convencido que sería después del matrimonio.

Imaginaba cómo serían las cosas. Me veía a mí mismo volviendo a casa por la tarde, después de un duro día de clases, para encontrar a una mujer que me recibía en la puerta con abrazos y besos y me llevaba hasta el sofá, donde yo descansaba mientras ella preparaba la cena. Durante la cena, nos mirábamos a los ojos mientras comentábamos lo que habíamos hecho ese día. Tras la cena, yo la ayudaba a lavar los platos y, después, pasábamos una noche tranquila. Yo me sentaba en la mesa a hacer los trabajos de la universidad, y ella, en el sofá a leer un libro de su elección. A las diez y media de la noche, nos íbamos a dormir y hacíamos el amor. Nuestra vida sería fantástica.

Si estás casado, me imagino que ahora estarás sonriendo porque te ves reflejado en lo que acabo de escribir. O tal vez estés enojado, porque puedes ver mi egoísmo inocente y flagrante. Qué poco consciente era yo de que por la mente de mi mujer pasaban imágenes muy distintas de cómo sería la vida después del matrimonio.

No tardé en descubrir que mi mujer no tenía ningún interés en sentarse a leer en el sofá mientras yo acababa de estudiar. Prefería ir al centro comercial o asistir a una función social donde pudiera interactuar con la gente. En su imaginación, las diez y media no era la hora de ir a dormir, sino de relajarse leyendo un libro o viendo la televisión. Cuando la veía leyendo en el sofá, yo pensaba: "¿Por qué no lees tu libro mientras yo leo el mío y, así, podemos ir a la cama juntos?". Pronto supe que ir a la cama no era uno de sus objetivos. Lo que yo llamaba "hacer el amor" no era su idea de un final perfecto para un día maravilloso.

Los conflictos llegaron pronto en nuestro matrimonio. A ambos nos cogió por sorpresa la profundidad de los sentimientos de ofensa e ira hacia la otra persona. ¿Cómo era posible que lo que sentíamos cuando solamente salíamos juntos se evaporara tan rápidamente después de la boda? No teníamos ninguna preparación para resolver conflictos porque, en nuestra imaginación, no existían los conflictos. Así pues, discutíamos mucho, pero no hacíamos ningún propósito, y con el tiempo me empezó a inundar la idea de que me había casado con la persona equivocada. No quiero decir que no hubiera momentos agradables juntos, que sí que los había. Sin embargo, bajo la superficie se escondían todos esos conflictos sin resolver que creaban una enorme distancia emocional entre los dos.

Mientras tanto, yo proseguía con los estudios de teología y me preparaba para ser pastor. Sin embargo, la brecha existente entre mi vocación y la naturaleza de mi relación matrimonial era cada vez mayor. Me costaba imaginar cómo podía ofrecer esperanza a los demás cuando estaba tan desesperanzado con mi propio matrimonio. Había días y semanas en las que lograba sumergirme en los estudios y pensaba que, después de obtener el título, todo sería diferente. Sin embargo, en mi interior sabía que era solo una ilusión.

Según se iba acercando la fecha en que finalizaría los estudios y me vería obligado a abandonar la torre de marfil de la universidad e incorporarme al mundo real, mi frustración iba en aumento. En ese estado, arremetía contra Dios y lo culpaba de haberme metido en un matrimonio que era imposible que funcionara. Después de todo, ¿acaso no había rezado para pedirle consejo antes de casarme? ¿Y por qué había estado tan seguro de hacer lo correcto al casarme y, ahora, me sentía tan frustrado? ¿Y acaso no había rezado todo ese tiempo para pedirle que nos ayudase a encontrar el modo de resolver nuestras diferencias? Todas las oraciones parecían inútiles. Estaba enojado con Dios y no sabía cómo podía llegar a ser uno de sus pastores.

UN AMOR BASADO EN EL SERVICIO

Durante un tiempo después del día de mi ira con Dios, las cosas parecieron mejorar algo en mi matrimonio. Karolyn y yo tuvimos algunas conversaciones agradables y encontramos algunos puntos de acuerdo en algunos de nuestros conflictos. Pero ese cambio aparente duró poco y, después de unas cuantas semanas, volvimos a discutir o a sufrir en silencio. Recuerdo el día, varias semanas después, en que le dije a Dios: "No sé qué más hacer. He hecho todo cuanto sé y las cosas no mejoran. De hecho, parece que vayan aún peor. No sé cómo podré ayudar a los demás si soy tan impotente a la hora de cambiar mi propio matrimonio". Acabé la oración con las mismas palabras con las que la había comenzado: "No sé qué más hacer".

Cuando acabé de rezar, me vino a la mente una imagen visual de una historia de la Biblia. La historia nos explica la noche antes de que Jesús fuera colgado en la cruz, cuando celebraba la fiesta de la Pascua judía con sus más próximos discípulos. En cierto momento, Jesús sorprendió a todos los presentes cuando vertió agua en una jofaina y les lavó a todos, uno tras uno, los pies. Ese acto de servicio estaba reservado a los esclavos más bajos, ya que era una tarea desagradable. (¿A alguien le gustaría lavar los pies de unos hombres que han estado caminando en sandalias por caminos polvorientos?) Sin embargo, Jesús, líder del grupo y Señor de los presentes, realizó deliberadamente ese acto humilde y amoroso de servidumbre a sus amigos.

Con esa imagen en mi mente, en el corazón sabía que estaba escuchando la respuesta de Dios a mi oración: "Ese es el problema de tu matrimonio. No muestras hacia tu esposa la actitud de Cristo". Entendí claramente el mensaje, ya que recordaba lo que Jesús había dicho a sus discípulos cuando se incorporó después de utilizar la jofaina y dejó a un lado la toalla: "¿Entendéis lo que he hecho con vosotros? Vosotros me llamáis Maestro y Señor, y decís bien, porque de verdad lo soy. Si yo, pues, os he lavado los pies, siendo vuestro Señor y Maestro, también habéis de lavaros vosotros los pies unos a otros. Porque yo os he dado el ejemplo, para que vosotros hagáis también como yo he hecho". En otra ocasión, Jesús les había dicho algo similar: "[...] el mayor entre vosotros será como el menor, y el que manda como el que sirve".[2]

Ese encuentro con Dios me conmovió profundamente, porque sabía que había encontrado la respuesta. No había seguido las enseñanzas de Jesús. Mi actitud durante los primeros años de nuestro matrimonio podía resumirse en las palabras que repetidamente, de una u otra forma, no había dejado de decirle a mi esposa: "Mira, yo sé lo que es tener un buen matrimonio. Si me escuchas, lo tendremos". Karolyn no "me escuchaba", y yo la culpaba a ella de los males de nuestro matrimonio. Pero ese día escuché un mensaje distinto. El problema no era Karolyn. El problema era mi propia actitud. Así que le dije a Dios: "Por favor, perdóname. Con todos los estudios de griego, hebreo y teología, he perdido de vista lo esencial. Por favor, perdóname". Después me puse a rezar: "Haz que muestre hacia mi esposa la actitud de Cristo. Enséñame cómo servirla igual que Jesús sirvió a sus discípulos".

TRES PREGUNTAS QUE CAMBIARON MI VIDA

Retrospectivamente, esa fue la oración más importante que nunca he rezado sobre nuestro matrimonio, porque Dios hizo que mi corazón se transformara. Un panorama completamente nuevo se abrió en mi mente, y me vi a mí mismo desempeñando un papel totalmente distinto en nuestro matrimonio. Ya no era el rey que ladraba órdenes a mi esposa y le comunicaba lo que esperaba de ella. Por el contrario, me dedicaría a ofrecerle actos de amor y de amabilidad pensados para enriquecer su vida y animarla a ser la persona que estaba diseñada para ser.

Tres preguntas hicieron que todo eso me resultara practicable. Desde el momento en que estuve dispuesto a plantear esas tres preguntas, nuestro matrimonio cambió radicalmente. Son preguntas simples, pero a mí me proporcionaban la información que necesitaba para convertirme en una persona que amaba de verdad a su esposa:

1. ¿Qué puedo hacer hoy para ayudarte?
2. ¿Cómo puedo hacer que la vida te sea más fácil?
3. ¿Cómo puedo ser un marido mejor para ti?

Cuando yo me digné a hacerle esas preguntas, mi esposa se mostró dispuesta a darme las respuestas. De hecho, no encontré ninguna reticencia por su parte para responder a las preguntas. Y cuando dejé que sus respuestas me enseñaran cómo expresarle amor de manera que ella lo entendiera, nuestro matrimonio cambió drásticamente. No fue de un día para otro, pero después de un mes aprecié un cambio en su semblante y su actitud hacia mí. En tres meses, empezó a hacerme ella también a mí esas mismas preguntas. Estaba asombrado por los cambios que apreciaba en su actitud y en su comportamiento. No habría podido imaginar que nuestra relación pudiera dar un giro tan positivo en tan poco tiempo.

No sabía entonces lo que ahora sé, después de tantos años ejerciendo de consejero matrimonial. El amor propicia el amor. Como la gente necesita tan desesperadamente amor, cuando lo recibe, se siente atraída hacia la persona que los ama.

Para amar mejor, pregúntales a las personas que te importan: ¿Qué puedo hacer para servirte mejor?

Hacer el viaje del amor hasta el final

Mi esposa y yo llevamos más de cuarenta años transitando por la vía del amor, y tenemos una relación increíble. No hace mucho tiempo le dije: "Si todas las mujeres del mundo fueran como tú, no existiría el divorcio". ¿Por qué iba un hombre a dejar a una mujer que hace todo lo que puede para ayudarlo? Y mi objetivo a lo largo de todos estos años ha sido amar a mi esposa tan bien que ningún otro hombre pudiera tratarla tan bien como yo.

He compartido con ustedes mi viaje personal hacia el amor, no para presentarme como arquetipo de la persona que ama de verdad, ni con la idea de que todo el mundo debería reproducir mi experiencia. Lo que espero es que mi vulnerabilidad ayude a algunas personas a descubrir la verdadera fuente del amor y que, con la ayuda de Dios, seamos capaces de encontrar la motivación y la fuerza para cambiar nuestra actitud y nuestro comportamiento. Mis tendencias egoístas me habían llevado a anteponer mis propias necesidades a todo lo demás. Cuando me di cuenta de que eso estaba destruyendo mi matrimonio, miré hacia Dios, quien me motivó para desear servir a Karolyn. Deliberadamente, servir se convirtió en un hábito para mí.

En este capítulo, me he centrado en el matrimonio porque es el ámbito en el que yo mismo he experimentado y observado mayores transformaciones. Sin embargo, muchas personas pueden dar testimonio del poder de la ayuda que nos brinda Dios para recuperar amistades, socios empresariales y otras relaciones que antes parecían condenadas al fracaso. Cuando pedimos a Dios la motivación necesaria para amar a otra persona, siempre recibimos respuesta.

Estoy convencido de que la mayoría de nosotros necesitamos ayuda externa para virar hacia el amor en nuestras relaciones con los demás, tanto en el trabajo como en la tienda de comestibles o en casa. No amamos verdaderamente por nuestra propia naturaleza, y dos personas egocéntricas nunca crearán una relación basada en el amor verdadero. Hasta que no seamos tocados en el centro mismo de nuestro ser por un poder más grande que nosotros mismos, seguiremos viviendo con la idea de "¿qué gano yo con esto?", y será muy difícil que hagamos de las siete cualidades del amor verdadero una forma de vida.

No estoy sugiriendo que las personas no religiosas no puedan llegar a amar de verdad. Todos los humanos tenemos la capacidad de amar. Sin embargo, para la mayoría de nosotros, el deseo de autopreservación es más poderoso que el deseo de ayudar a los demás. La historia humana testifica tal hecho. Por lo que a mí respecta, estoy completamente dispuesto a admitir que necesito la ayuda de Dios para hacer del amor una forma de vida.

Superar el egoísmo natural en las relaciones es algo que lleva toda la vida. Mi relación con Karolyn experimentó una verdadera revolución cuando me di cuenta de que no la amaba como es debido. En las décadas transcurridas desde entonces, he tenido que seguir aprendiendo lo que significar servirla. Créanme, no siempre lo he conseguido, pero sigo intentándolo.

Cuando el servir a los demás se convierte en hábito, somos conscientes de cuando nos apartamos de dicho hábito. Con el tiempo, la práctica de servir a los demás nos lleva a gozar dulcemente de una relación íntima y llena de amor y amabilidad.

Quiero acabar siendo una persona fuerte. Quiero seguir practicando el amor verdadero y disfrutando de las relaciones que el amor propicia. Y, al final de viaje de la vida, si soy yo quien se marcha primero, mi idea es mirar a Karolyn, sonreír, tomar su mano con la mía y besarla.

Adáptalo a tu vida

TEMAS PARA REFLEXIONAR

1. ¿En qué dirías que difiere la visión más habitual del amor, como la idea cultural de "enamorarse", del amor auténtico?
2. ¿Qué te motiva a amar a los demás?
3. ¿Has sido alguna vez testigo de cómo el egocentrismo ha dañado tus relaciones?
4. ¿Te resulta difícil amar a los demás? Si es así, ¿cuándo y por qué?
5. ¿Qué opinas de la idea de que para vencer el egocentrismo en las relaciones es necesario recurrir a la ayuda de Dios?
6. ¿En qué ha cambiado tu actitud hacia el amor y las relaciones desde que empezaste a leer este libro?

POSIBILIDADES DE APLICACIÓN

1. ¿Cuál de todas tus relaciones es la que más deseas enriquecer con el amor verdadero?
2. ¿En cuál de las siete cualidades de la persona que ama de verdad crees que deberías trabajar más? ¿Por qué?
3. ¿Estarías dispuesto a pedir ayuda a Dios para fortalecer esa cualidad del amor en tus relaciones? ¿Por qué sí o por qué no?

Epílogo

Hace pocos años, paseaba por el campus de la Universidad de Virginia, donde me habían invitado a dar una charla. Al pasar por el Cabell Hall Auditorium, me detuve un momento a leer las siguientes palabras, inscritas en una de las puertas de entrada: "Estás aquí para enriquecer el mundo, y te empobreces a ti mismo si olvidas dicha misión" (Woodrow Wilson). Esas palabras captan la esencia de la visión del mundo que he intentado compartir con ustedes en estas páginas.

Mi propósito con este libro es ayudarlos a centrar la atención en lo más importante en este mundo: dar amor a los demás. Nada les aportará mayor satisfacción en la vida, temporal y eterna, que el dar y recibir auténtico amor.

A comienzos del siglo XXI, nos enfrentamos a la amenaza del terrorismo global y de líderes despóticos que asesinan a miles de personas cada año y que empujan a cientos de miles de personas a concentrarse en campos de refugiados. Los crímenes vinculados a las drogas y las enfermedades pandémicas destruyen la vida de muchos de los mejores jóvenes de esta generación. La inestabilidad del matrimonio y de las relaciones familiares ha dejado cicatrices emocionales en muchas personas. La pobreza extrema es la norma en muchos países.

Algunos llegarán a la conclusión de que, cada día que pasa, el mundo se vuelve un lugar más oscuro. Sin embargo, me gustaría recordarles que, cuanto mayor es la oscuridad, mayor es la necesidad de la luz que otorga una vida de amor. Si la gente de nuestro planeta es capaz de redescubrir el poder del amor en sus interacciones diarias, podemos cambiar la oscuridad por la luz, la enfermedad por la curación, la pobreza por el sustento y la ruptura por la reconciliación. No es solo una ilusión decir que el amor puede salir victorioso.

Creo que Albert Schweitzer tenía razón al decir: "Sé una cosa: los únicos de ustedes que serán realmente felices son los que hayan buscado y encontrado la manera de servir a los demás". Es mi sincero deseo que este libro les ayude a descubrir sus identidades como personas que aman de verdad y a dejar su rincón en este mundo mejor que lo encontraron.

Notas

Todas las direcciones de internet estaban activas y eran apropiadas en el momento de la redacción de este libro. Lamento no poder garantizar que estén disponibles después de esa fecha o que no hayan variado su contenido desde entonces.

1. LA SATISFACCIÓN DE UNA VIDA DE AMOR

1. Gary Chapman, *Los cinco lenguajes del amor*, UNILIT, Miami, 1996.
2. Catherine Skipp y Arian Campo-Flores, "Beyond the Call", *Newsweek*, 10 de julio de 2006, pág. 71.
3. Citado en Timothy George y John Woodbridge, *The Mark of Jesus*, Moody Publishers, Chicago, 2005, págs. 47–48.

2. LA AMABILIDAD

1. Discurso inaugural de George H. W. Bush, 20 de enero de 1989, www.yale.edu/lawweb/avalon/president/.navy/bush.htm.
2. Véase www.pointsoflight.org.
3. Jackson Diehl, "Pistachios at Guantanamo", *The Washington Post*, 23 de julio de 2007, http://www.washingtonpost.com/wp-dyn/content/article/2007/07/22/AR2007072200882.html.
4. David Wilkerson, con John y Elizabeth Sherrill, *The Cross and the Switchblade*, Random House, Nueva York, 1963, pág. 72.
5. Oído el 10 de octubre de 2006, en el Benton Convention Center de Winston-Salem, Carolina del Norte.
6. Son muchos los estudios que demuestran los beneficios mentales, físicos y

emocionales de la amabilidad. Esta lista en particular la hemos confeccio-
nado a partir de Allan Luks, *The Healing Power of Doing Good: The Health
and Spiritual Benefits of Helping Others*, iUniverse.com, Nueva York, 2001.
El Niagara Wellness Council, de Niagara Falls, Nueva York, confeccionó
esta lista a partir del libro de Luks y la colocó en internet en Health Benefits of Kindness, http://www.actsofkindness.org/inspiration/health/detail
.asp?id=2.

7. Benjamin Franklin, "Benjamin Franklin to Benjamin Webb", http://en
    .wikisource.org/wiki/Franklin_to_Benjamin_Webb.
8. Jeff Leeland, "Our Story—The Power of One", Sparrow Clubs, http://
    www.sparrowclubs.org/About_Us/Our_Story/default.aspx. Para más infor-
    mación sobre la historia de Michael y los Sparrow Clubs, USA,
    véase también Jeff Leeland, *One Small Sparrow*, Sisters, Ore,
    Multnomah, 2000.

3. LA PACIENCIA

1. Greg Risling, "Road Work Rage Closes California Highway", *The
    Washington Post*, edición en internet, 21 de julio de 2007, http://www
    .washingtonpost.com/wp-dyn/content/article/2007/07/21/AR2007072100
    279.html.
2. Esta versión de "Bóreas y el Sol" es la que aparece en Wikisource,
    http://es.wikisource.org/wiki/B%C3%B3reas_y_el_Sol.
3. Andrew Hill and John Wooden, *Be Quick—But Don't Hurry!*, Simon &
    Schuster, Nueva York, 2001, págs. 71–72.
4. Erich Fromm, *El arte de amar*, Paidós, Barcelona, 1959, pág. 112.
5. Proverbios 30:32–33.
6. Proverbios 15:1.

4. EL PERDÓN

1. Jay Evensen, "Forgiveness Has Power to Change Future", *Deseret Morning
    News*, 3 de octubre de 2005, http://deseretnews.com/dn/view/0,1249,6001
    57066,00.html.
2. Ibíd.
3. Leah Ingram, "Victoria Ruvolo, Compassionate Victim", beliefnet,
    http://www.beliefnet.com/story/179/story_17937_1.html.
4. "Forgiveness in the Court", Good News Blog, 22 de agosto de 2005,
    http://www.goodnewsblog.com/2005/08/22/forgiveness-in-the-court.
5. Para más información sobre cómo disculparse efectivamente, Gary Chap-
    man y Jennifer Thomas, *Los cinco lenguajes de la disculpa*, Miami, Tyndale
    House Publisher, 2006.

6. Citado en "Getting Angry Won't Correct the Past", The Forgiveness Project, http://www.theforgivenessproject.com/stories/michael-watson.

5. LA CORTESÍA

1. Andrew J. Horner, *By Chance or by Design?*, Harold Shaw, Wheaton (Illinois), 1995, pág. 58.
2. Ibíd.
3. Citado en Lynne Truss, *Talk to the Hand*, Penguin, Nueva York, 2005, pág. 44.
4. Malcolm Gladwell, *La clave del éxito*, Taurus, Madrid, 2007, pág. 8.
5. David Haskin, "'Butt Dialing' and the Nine New Deadly Sins of Cell Phone Use", *Computer World*, 22 de junio de 2007, http://www.computerworld.com/action/article.do?command=viewArticleBasic&articleId=9025358.
6. George Sweeting, *Who Said That?*, Moody Press, Chicago, 1994, pág. 128.
7. Ibíd., pág. 209.
8. Herbert V. Prochnow y Herbert V. Prochnow, Jr., *5100 Quotations for Speakers and Writers*, Baker, Grand Rapids (Michigan), 1992, pág. 335.
9. Keith Benman, "Is U.S. a Fast, Crude Nation?", nwi.com, 8 de julio de 2007, http://nwitimes.com/articles/2007/07/08/news/top_news/docb9a1489cab90ee7e86257312000195f1.txt.
10. Deborah Tannen, *The Argument Culture: Stopping America's War of Words*, Ballantine Books, Nueva York, 1998, págs. 1-3.
11. Gene Weingarten, "Pearls Before Breakfast", Washingtonpost.com, 8 de abril de 2007, http://www.washingtonpost.com/wp-dyn/content/article/2007/04/04/AR2007040401721.html.
12. Peter Hay, *Movie Anecdotes*, Oxford University Press, Nueva York, 1990, pág. 274.
13. Evelyn Underhill, *The Spiritual Life*, Morehouse Publishing, Harrisburg (Pensilvania), 1937, pág. 93.

6. LA HUMILDAD

1. Jim Collins, *Empresas que sobresalen (Good to Great)*, Ediciones Gestión, Barcelona, 2000, 2006, págs. 12-13.
2. Ibíd., pág. 27.
3. Susan Cheever, *My Name Is Bill: Bill Wilson–His Life and the Creation of Alcoholics Anonymous*, Simon & Schuster, Nueva York, 2004, pág. 190.
4. Citado en ibíd., págs. 188, 190.
5. Ibíd., pág. 190.

6. Ibíd., pág. 191.

7. Citado en ibíd., pag. 182.

8. John H. Rhodehamel, ed., *American Revolution: Writings from the War of Independence*, Library of America, Nueva York, 2001, sin página.

9. Joy Jordan-Lake, *Working Families*, WaterBrook Press, Colorado Springs, 2007, pág. 158.

10. Roger Ebert, "I Ain't a Pretty Boy No More", *Chicago Sun-Times*, 24 de abril de 2007, http://www.suntimes.com/news/metro/355049,cst-nws-ebert 24.article.

11. Henri Nouwen, *In the Name of Jesus: Reflections on Christian Leadership*, Crossroad, Nueva York, 1989, págs. 10–11.

12. Citado en Raymond McHenry, *The Best of In Other Words*, Raymond McHenry, Houston, 1996, pág. 135.

13. Citado en James S. Hewett (ed.), *Illustrations Unlimited*, Tyndale, Wheaton (Illinois), 1988, pág. 298.

14. Jacquelyn Berrill, *Albert Schweitzer: Man of Mercy*, Dodd, Mead, Nueva York, 1956, pag. 5.

15. Ibíd., pág. 127.

16. Stephen E. Ambrose, *Comrades*, Simon & Schuster, Nueva York, 1999, págs. 100–01.

17. Citado en ibíd., pág. 102.

7: *LA GENEROSIDAD*

1. John Kasich, *Courage Is Contagious*, Doubleday, Nueva York, 1998, págs. 63–64.

2. Tony Bartelme, "Jack McConnell, M.D.: 'What Have You Done for Someone Today?' ", publicado originalmente en *Physician Executive*, noviembre–diciembre de 2004, http://findarticles.com/p/articles/mi_m0843/is_6 _30/ai_n8563545.

3. Ibíd.

4. "Jack McConnell, M.D.: Curing a Clinic Shortage", *AARP*, enero de 2008, http://www.aarpmagazine.org/people/impact_awards_2007_mcconnell .html.

5. Kasich, pág. 63.

6. James Vollbracht, *Stopping at Every Lemonade Stand*, Penguin, Nueva York, 2001, pág. 86.

7. Annie Dillard, *The Writing Life*, Harper Perennial, Nueva York, 1990, pág. 32.

8. Estas provocadoras palabras han sido atribuidas a varias personas, entre ellas J. P. Morgan, John D. Rockefeller y Winston Churchill.

9. Robertson McQuilkin, *A Promise Kept: The Story of an Unforgettable*

        Love, Carol Stream, (Illinois), Tyndale House Publishers, 2006, pág. 22.

10. David Bach, *The Automatic Millionaire*, Broadway, Nueva York, 2004, pág. 214.

11. C. S. Lewis, *Mero cristianismo*, Madrid, Editorial Rialp, 1995, págs. 81–82.

12. 1 Corintios 13:3.

13. Frederick T. Gates, en 1906, citado en el documental de la serie *American Experience* de la PBS, "The Rockefellers, Part One".

14. Sheldon Vanauken, *A Severe Mercy*, Nueva York, HarperCollins, 1977, pág. 33.

15. Para más información, véase www.joniandfriends.org.

16. Jack Canfield et al., *Chicken Soup for the Volunteer's Soul*, Deerfield Beach (Florida), Health Communications, 2002, págs. 60–63.

17. Mother Teresa, *Words to Live By*, Ave Maria Press, Notre Dame (Indiana), 1983, pág. 79.

18. Citado en Vollbracht, *op. cit.*, pág. 95.

19. Gary Tuchman, "The Kindness of Others…", Anderson Cooper Blog 360°, 6 de agosto de 2007, http://www.cnn.com/CNN/Programs/anderson.cooper .360/blog/archives/2007_08_05_ac360_archive.html.

20. En conversación personal con el autor, 14 de agosto de 2007. Para más información sobre la historia de Barbara, véase www.barbaracurtis .com.

21. Anna Quindlen, *A Short Guide to a Happy Life*, Random House, 2000, Nueva York, págs. 16, 23.

8: LA SINCERIDAD

1. Nancy Kalish, "Honesty Survey: Discover How Honest You Are Compared to Others Across the Country", *Reader's Digest*, enero de 2004, resultados actualizados el 24 de julio de 2006, http://www.rd.com/content/ do-you-lie/.

2. Cynthia Dermody, "Battle of the Sexes: Do Men and Women Lie Differently?" *Reader's Digest*, enero de 2004, resultados actualizados el 24 de julio de 2006, http://www.rd.com/content/are-men-or-women-more-honest/.

3. Para más ayuda sobre cómo procesar las emociones en las relaciones, véase las obras del doctor Chapman *Los cinco lenguajes del amor*, UNILIT, Miami, 1996, y *Los cinco lenguajes de la disculpa*, Miami, Tyndale House Publisher, 2006.

4. Diane Komp, *The Anatomy of a Lie*, Zondervan, Grand Rapids (Michigan), 1998, págs. 141–42.

5. Christopher Peterson and Martin E. P. Seligman, *Character Strengths and Virtues*, Oxford University Press, Nueva York, 2004, pág. 250.

6. Nancy Kalish, "How Honest Are You? Nearly 3,000 People Took This Survey. Their Answers Surprised Even Themselves", *Reader's Digest*, enero de 2004, resultados actualizados el 24 de julio de 2006, http://www.rd.com/content/how-honest-are-you/.

7. Citado en Dana Knight, "What Workers Want", *Indianapolis Star*, 5 de agosto de 2007, http://www.gazette.com/articles/boss_25703_article.html/looks_workers.html.

8. Paul Nicholson, citado en Nick McDermott, "Two Thirds Admit to Being Dishonest—and the Rest Are Probably Lying", *Daily Mail*, http://www.dailymail.co.uk/news/article-472709/Two-thirds-admit-dishonest—rest-probably-lying.html. Véase también Royal & SunAlliance, "UK Honesty Test Reveals a Nation of Liars", nota de prensa, 8 de marzo de 2007, http://www.rsagroup.com/rsa/pages/media/ukpressreleases?type=press&ref=411&view=true.

9. Citado en Os Guinness, *Time for Truth*, Baker, Grand Rapids (Michigan), 2000, pág. 10.

10. Ibíd., págs. 10–11.

11. Citado ibíd., págs. 71–72.

12. Ambrose, *op. cit.*, pág. 67.

13. Citado en ibíd., pág. 59.

14. Citado en ibíd., pág. 67.

15. Citado en ibíd., pág. 68.

16. Ibíd., 71.

17. Citado en ibíd., pág. 72.

18. Citado en ibíd., págs. 72–73.

9: CONVERTIR EL AMOR EN UNA FORMA DE VIDA EN EL MATRIMONIO

1. Dorothy Tennov, *Love and Limerence: The Experience of Being in Love*, Stein & Day, Nueva York, 1979, pág. 142.

10: CONVERTIR EL AMOR EN UNA FORMA DE VIDA CON LOS HIJOS

1. Si desean más ayuda para hacer del amor una forma de vida con los hijos, quizás les interese leer un libro que escribí hace algunos años: Gary Chapman y Ross Campbell, *Los cinco lenguajes del amor de los niños*, Miami, UNILIT, 2000. Si sus hijos ya son mayores, pueden leer, en inglés, Ross Campbell y Gary Chapman, *Parenting Your Adult Child*, Northfield Publishers, Chicago, 1999.

12: LA MOTIVACIÓN PARA AMAR

1. Bill W., *Alcoholics Anonymous: The Story of How Many Thousands of Men and Women Have Recovered from Alcoholism*, Alcoholics Anonymous World Services, Nueva York, 1976, pág. 59.
2. San Juan 13:12–15; San Lucas 22:26.